【投稿論文】

116 1970年代の農林年金の給付改善の過程　　　　　　　　　　　　福田　順

128 戦時動員政策と既婚女性労働者　　　　　　　　　　　　　　　堀川祐里
　　　：戦時期における女性労働者の階層性をめぐる一考察

【書　評】

141 山田壮志郎 著『無料低額宿泊所の研究：貧困ビジネスから社会福祉事業へ』　評者 岩永理恵

144 矢野　亮 著『しかし, 誰が, どのように, 分配してきたのか　　　　　　　評者 大西祥惠
　　　　　　　：同和政策・地域有力者・都市大阪』

147 本田一成 著『チェーンストアの労使関係　　　　　　　　　　　　　　　　評者 白井邦彦
　　　　　　　：日本最大の労働組合を築いたZモデルの探求』

150 金　成垣 著『福祉国家の日韓比較：「後発国」における雇用保障・社会保障』　評者 李　蓮花

154 【SUMMARY】

159 【学会関連資料】

社会政策学会誌　Social Policy and Labor Studies

社会政策

社会政策学会 編

2018
MARCH Vol.9, No.3 (28)

ミネルヴァ書房

2018 MARCH 第9巻 第3号（通巻第28号）

社会政策
目次

Social Policy and Labor Studies

【巻頭言】

1 制度を動かすもの：政治過程と制度改革　　　　　　　　　　仁田道夫

【特集】

福祉の市場化を問う

〈特集趣旨〉座長報告：

05 福祉の市場化を問う　　　　　　　　　　　　　　大塩まゆみ・平岡公一

16 わが国における高齢者福祉政策の変遷と「福祉の市場化」　　森　詩恵
：介護保険制度の根本的課題

29 市場化が進む保育施策と保育労働の実態　　　　　　　　　　清水俊朗

44 福祉国家の変容とケアの市場化　　　　　　　　　　　　　　原　伸子
：イギリスにおける保育政策の展開とジェンダー

62 「福祉の市場化・民営化」と労働統合型社会的企業　　　　　米澤　旦
：社会サービス供給組織への新しい見方

【小特集】

今日の労使関係の動向と課題

〈小特集趣旨〉

74 小特集に寄せて　　　　　　　　　　　　　　　　　　　　木下武男

77 製造業派遣・請負労働者の組織化過程の検討　　　　　　　　今野晴貴
：紛争の様態と組織化の戦略との連関から

89 裁量労働制を規制する労使関係の実態　　　　　　　　　　三家本里実

102 ブラック企業に対抗する労使関係の構築　　　　　　　　　青木耕太郎

巻頭言

制度を動かすもの：政治過程と制度改革

仁田　道夫

1　制度変動と政治過程

　市場か制度か，というように問題をたてて論じるときに，市場は抽象的・機能的に純化されたものとして捉えられる。だが，制度は，なんらかのルールによって広義の経済活動が処理されるメカニズムだという点では共通しているとしても，ルールの性質やその制定・運用者のあり方など，個性的で多様である。ある種の制度が適切かつ効率的に運用されるかどうかは，状況次第で不確定である。同じルールでも，誰がその運用に当たるかによってその効果は異なったりする。だからこそ，経済学者が多くの場合，制度に懐疑的で，市場を優先的に選択することが望ましいと考えがちになるともいえる。この場合，現実存在としての市場経済は，理論上想定される純化された機能としての市場とは異なる「不純な」制度的要素を組み込んだものであることを忘れがちになることが理論上，一つの問題である。

　ここでは，焦点を，制度の動かし方に当てる。とりわけ，環境条件が変化した際の制度の変動がどのように行われるかについて考えてみよう。制度のなかで，外形的にも明確で，ルールの強度が高いものとして，法律によって規定される制度がある。法律は議会での手続きをへて改正されなければ変更できないが，環境条件が選挙民の認識に反映され，それが政党の政策綱領に影響し，最終的には選挙による議会構成の変更を待ってはじめて重要な変更が実現される。手間暇がかかり，環境変化への対応が遅れがちとなる。これが法的制度の硬直性を生む。こうした制度的惰性の存在は，市場の制度に対する優位を論ずる場合に，一般的に指摘される点である。

　ここで，そうした政治過程の効率性・合理性が高ければ，そうした政治過程を通して変動する制度の効率性・合理性も高くなるだろう。逆に，政治過程が非効率・非合理であれば，それを通じて修正・改良される制度も，非効率・非合理となりやすい。だとすると，制度を重視する社会科学者は，そうした政治過程の機能性に関心を持たざるを得ないことになる。

2　選挙制度改革の方策

　しかし，むなしいことに，この政治の季節に聞こえてくるのは，選挙運動カーの大音量マイクによる候補者の名前の連呼である。政見の広報はほとんどひとかけらもない。このようなプロセスで選ばれる議員たちが選挙民の意思を適切・効率的に反映すると期待できるだろうか。そもそも，政治の組織者の側から選挙民の政治意思を喚起・触発して一定の形をとるよう促せるのだろうか。もちろん，選挙公報やテレビの政見放送などの媒体は存在するが，少なくとも選挙期間中の候補者たちのエネルギーと時間投入量を考えると，この馬鹿馬鹿しい騒音拡散運動が最も主要な活動なのだろうと思わざるを得ない。わが国の政治過程の根

本をなす総選挙がこのようなものだとすると，政治過程を通じて効率的・合理的な制度の改訂・運用を保証するというような期待はおよそ持てない気がする。

だいたい，衆議院選挙の運動期間がたった12日しかないというのはどういうことなのか。この短い期間に候補者は何ができるかを考えれば，選挙区を車で走り回って名前を連呼するくらいしかないということになるのかもしれない。せめてイギリスなみに，一か月程度は与えるべきではないか。運動期間が短く設定されているのは，運動費を抑え，経済力の乏しい候補者が立候補しやすくするという建前があったらしいが，それには，選挙費用の総額を規制すれば十分であり，選挙期間を短くする理由にはならない。単に現職が再選されやすいようにしているだけのことではないのか。

同じくイギリスなみという点でいえば，戸別訪問の禁止も解くべきであろう。その昔，自身が下院議員であったジェフリー・アーチャーの小説『めざせダウニング街10番地』を読んだときの印象の一つは，候補者自身による戸別訪問の有様を描いた選挙運動の姿だった。「こういう選挙運動のほうがずっとまともだ」と感じたものだ。戸別訪問の禁止は，昔学校で習ったところでは，選挙期間中の買収や供応を抑えるという狙いがあるということであったが，別に戸別訪問をしなくても買収はできるだろう。買収は分かりやすい選挙違反だから，つかまえるのに，それほど困難はないのではないか。人の口に戸は立てられないのだから。とにかく，戸別訪問禁止は，およそ時代遅れの規制だと思う。

もちろん，外国の制度を参考にしたり，真似たりするときは，「隣のバラは赤い」と思いがちだという傾向があることは確かだし，現状でイギリスの政治過程がうまく機能しているのかどうか分からない。しかし，日本社会に瀰漫している政治的閉塞感を打ち破るためには，政治改革の本道に立ち返り，ささやかな選挙制度改革をしてみてもよいのではないか。

3　国会議員の任期短縮

もっと大きな政治制度改革も検討してよいだろう。社会状況の変化が激しく，民意の変動も大きい状況では，民意の適時適切な反映を行うために，選挙をより頻繁に行う必要があるのではないか。端的にいえば，議員の任期を短縮すべきではないか。6年前の参議院選挙で選ばれた議員は，何を争点として，いかなる政見を掲げて当選したのか，人々の記憶すら不確かだろう。とりあえず衆議院は3年任期，参議院は4年任期に短縮したらどうか。だが，日本国憲法第45・46条にそれぞれの任期は4年と6年と明確に定められているから，憲法改正手続きを経なければ，これは実現不可能である。確かに政治制度の根幹に関わる改正であるが，両院で3分の2の賛成で発議しなければ国民投票にかけられないほどの重要事項であろうか。

もっとも，邪推だが，3分の2どころか，半数の議員も，この改正に賛成しそうもない。自分で自分の任期を短縮することには，超党派で反対しそうである。そうしてみると，この任期短縮案は，永久に実現しそうもない夢物語ということになる。だが，この程度の制度改正も最初から選択肢の範囲外というのでは，政治制度改革といってもさしたることは実現できず，政治的閉塞感の打破も難しかろう。本来，このような議員の身分に関わる制度改正は，議会の外側からのイニシアチブで実現可能なようにしておくべきである。憲法改正手続きが必要だというのであれば，たとえば順番を逆にして，まず国民投票を先行させ，その結果を改正発議とし，これを両院で審議決定するシステムを用意しておいてもよかったのではないか。そうすれば，民意は明確になった上で議会が審議するのであるから，両院議員も無視することはできまい。日本国憲法立案者は，そういうことは考えなかったのだろうか。

二院制度が日本の政治を大きな混乱に追い込んだのは，2007年から2013年に至る時期に発生した「ねじれ国会」である。両院で多数派が異なる政党となり，これが相当期間に渡って解消しなかっ

たので，事実上，政権が自らの政策を実現するための法案を決定する能力を失い，統治の麻痺状況が起きた。究極的な混乱回避策として，参議院を廃止して一院制とするラディカルな改革案も提唱されたりした。憲法を改正するというなら，それも検討対象となり得ると思うが，そこまでせずとも，上記のような任期短縮を実施すれば，参議院は2年に一度は選挙をおこなうことになり，また衆議院も3年で任期が終わるから，かりにねじれが発生したとしても，その期間が長引くことは防げるだろう。

以上，ここで取り上げてきた政治制度の改革は，専門分野からいえば，政治学が取り上げるべき課題であろう。憲法論にわたるような提案もあるから，憲法学にも関係しよう。いずれにせよ，一介の労使関係研究者が門外漢であることは，確かである。しかし，専門家たちが積極的に取り上げ，議論してくれているようには思えないので，あえて床屋政談のそしりを恐れず，一石を投じてみた。本誌読者の海容を乞う。

（にった　みちお：東京大学名誉教授）

特集◆福祉の市場化を問う

〈特集趣旨〉

座長報告：福祉の市場化を問う

大塩　まゆみ・平岡　公一

　本号の特集「福祉の市場化を問う」は，本学会第134回（2017年度春季）大会の共通論題での報告をもとにして執筆された4本の論文を中心に構成される。本稿は，この共通論題の企画の趣旨・背景と報告の概要を紹介するとともに，そこで提起された政策展開および研究に関わる課題と展望について座長の立場からの考察を行ったものである。政策上の課題については，市場化に伴う公的責任の後退のなかで，サービス利用機会の格差，消費者被害等の利用者側に生じた問題，および，福祉・介護分野の雇用の不安定化や低賃金，人手不足等の事業所・労働者側に生じた問題を指摘し，賃金引き上げ・労働条件の改善，介護職等の専門性の向上等の課題を提起した。研究上の課題と展望については，市場化改革の多様性と文脈の理解，サードセクター・非営利セクターの多様性と変化の検討，新たな福祉文化への着目，福祉の市場化のなかでの労働の変化の検討等の論点について検討した。

　　キーワード　福祉の市場化　　福祉・介護労働　　サードセクター

1　はじめに

　社会福祉サービスは，もともとは憲法第25条に基づき，公的責任で行うべきものとされ，措置制度で実施されてきた。ただし，当初から実際のサービスの経営主体は，民間非営利組織の社会福祉法人が多かった。

　1980年頃からは，保育分野ではベビーホテル等の無認可保育施設が現れ，高齢者分野では，有料老人ホームやホームヘルプ・サービス，福祉用具等に民間営利事業所が参入してきた。その後，ベビーホテルでの死亡事件や有料老人ホームでのトラブルが発生し，民間営利事業所を健全育成するために，旧厚生省が関与するようになった。

　1985年に旧厚生省にシルバーサービス振興指導室が設置され，1987年に，旧厚生省所管で社団法

人シルバーサービス振興会が設立された。基準を満たし認定された企業・事業所にシルバーマークを交付する制度が始められ，シルバーサービスの健全な発展と質の向上が目指された。その後1991年に，旧厚生省のシルバーサービス振興指導室は，老人福祉振興課に発展的改組された。

　保育政策に関しては，厚生労働省は「認可外保育施設への指導監督基準」を改正し，保育の質と量の改善を図っている。ベビーホテルに対しては，必ず年1回以上の立入検査を行うことになった［全国保育団体連絡会・保育研究所編，2015，249-250］。

　2000年の介護保険開始以降，市場化が本格的に進み，営利企業の供給が拡大した。社会福祉基礎構造改革が実施され，規制緩和も進んだ。その後，介護保険の訪問介護や通所介護，特定施設入居者生活介護など，営利法人が供給の過半数を占める

サービスが増えた。障害者福祉サービスでも，居宅介護や重度訪問介護，就労継続Ａ型事業等は，営利事業者が過半数となっている。保育に関しても，市場化が急速に進んでいる。高齢者介護と保育分野では，民間事業者の参入が増え，営利企業やNPO法人等の多様な供給主体が拡大している。

このような福祉サービスの市場化は，社会政策学の立場から見て，どのような変化をもたらしているのか。その功罪はどのようなものなのか。本稿は，このような問題意識から企画された社会政策学会第134回（2017年春季）大会共通論題での各報告の論点をまとめた座長報告である。日本の介護と保育の市場化の現状をとりあげ，イギリスの例を参考にして課題を考える。

2　我が国における高齢者福祉政策の変遷と「福祉の市場化」：介護保険制度の根本的課題

大阪経済大学の森詩恵会員の報告は，介護保険導入までの高齢者福祉政策を検討したうえで，介護保険開始後の福祉の市場化による変化と課題を明らかにしたものであった。以下，森報告をまとめる。

（1）高齢者福祉政策の流れ

戦後の日本の高齢者福祉政策は，「救貧」から「防貧」，「選別」から「普遍」を目指した。高齢期の生活問題は，貧困階層のみが経験するものではなく，一般所得階層にもあてはまる。それは，医療の進歩や疾病構造の変化，家族・世帯構成の変容等により，旧来の身寄りのない低所得者層だけではなく，全世帯が福祉サービスを必要とするようになったからである。

1963年の老人福祉法制定後，1970年代には，在宅サービス充実へ方向づけされた。当時，「福祉見直し論」「日本型福祉社会論」が登場し，個人・家族の自助努力や近隣・地域の相互扶助を強調し，公費節約を図った。「小さな政府」を目指した行政改革と同時進行の在宅福祉サービスは，量的にも質的にも十分とはいえなかった。そのた

め個人や家族の自助努力の限界が露呈したが，1980年代には民間活力と競争原理が導入された。これが高齢者福祉の市場化の始まりとなった。その後，1990年代に高齢者サービスの基盤整備が行われ，2000年から社会保険方式の介護保険が導入された。措置から契約へと利用方式が変わり，サービス提供主体を拡大して量を増やし，競争による質の向上が目指された。

（2）介護保険導入による変化

介護保険導入時の2000年では，営利法人が多数を占めるのは，福祉用具貸与（82.6%）と訪問介護（30.3%）程度であったが，2015年では，訪問介護（64.8%），特定施設入居者生活介護（67.8%），通所介護（59.3%）をはじめ，営利法人の急増が目立つ。さらに，介護サービスのみならず，ケアマネジメント機関である居宅介護支援事業所についても，2000年時点最も多かった社会福祉法人（35.0%）や次に多かった医療法人（25.1%）が，2015年には，営利法人（48.7%）に逆転している。社会福祉法人（25.7%）と医療法人（16.1%）も減っているが，地方公共団体は，さらに11.9%から0.9%へと縮小した。

市場化により介護サービス供給のみが市場開放されたわけではなく，対人支援サービスである相談業務も営利法人に委ね，行政の役割から外すようになった。介護支援専門員（ケアマネジャー）のケアプランの偏りが当初より指摘されていたが，保険者である市町村が利用者の生活実態を把握しない方向に変化させ公費を削減している。

介護保険利用者は，単に介護保険の限度額内でのサービスが提供されれば問題が解決するのではなく，金銭的課題や虐待，セルフネグレクト（ゴミ屋敷・社会的孤立）等の介護保険だけでは解決できない生活困難を抱えていることもある。しかし，市場化により，介護問題は「人権問題から消費者問題へ」と矮小化されている。

（3）介護保険改正後の問題点

さらに，2005年の介護保険改正により地域包括ケアが進められ，2014年改正では新総合事業が動

特集趣旨　座長報告：福祉の市場化を問う

き出した。要支援者への予防給付であった介護予防訪問介護と介護予防通所介護を市町村の地域支援事業化し，これまで介護保険給付外サービスであった高齢者の生活支援サービスと一体的に提供する仕組みへと変更させた。生活支援サービスの提供主体は，ボランティア，NPO，住民主体，共同組合等へさらに拡大された。「高齢者の社会参加」を名目に，自立した高齢者をサービス提供側に位置づけることによって，「安上がりな福祉」を再生産し，「日本型福祉社会」を再現させている。

　介護保険導入までは，高齢者福祉制度は公的責任で利用者の生活保障を行ってきた。が，介護保険開始後は，公的領域や公費が削減され，行政の役割がサービス事業者の規制や介護保険の運営管理へと変わった。その結果，市町村は，本当に援助が必要な利用者の存在や住民が介護サービスを利用して最低生活を営めているか等を把握できず，従来の生活保障や公的責任が後退している。

　以上の森報告から，「介護の社会化」が，社会保障制度としての"社会化"から，地域住民の互助・相互扶助に依存した"地域福祉化"に変容していることがわかる。このままでは，家庭内の「老々介護」が地域の「老々ボランティア」になる懸念もある。これで，安心して介護が受けられるのだろうか。何のために保険料を納めるのかという疑問も生じる。

3　市場化が進む保育施策と保育労働の実態

　次に，全国福祉保育労働組合の副中央執行委員長の清水俊朗氏による保育の現状についての報告を要約する。

（1）社会福祉基礎構造改革と保育政策の動向

　「国民の自立の社会連帯の考え」を理念とした社会保障審議会の1995年勧告は，次のような方向性を示した。①利用者と事業者との直接契約方式の導入，②運営費用を利用者へ直接給付する仕組みの導入，③利用料の応益負担化，④サービス受給に関わる認定システムの導入，⑤営利企業の参入への規制緩和。

　このような社会福祉基礎構造改革の動向にあって，保育施策は2015年から「子ども・子育て支援制度」（以下「新制度」と略す）が実施された。子ども・子育て支援の質・量の拡充を目的としてスタートした保育制度改革であったが，待機児童や保育士不足問題はまだ解決されていない。そこで次に，「新制度」実施後の変化を確認する。

（2）「子ども・子育て支援制度」

　保育所は，児童福祉法により位置づけられる児童福祉施設であるが，「新制度」により，市町村の保育実施義務を定めた児童福祉法第24条第1項は堅持されたが，新たに市町村の保育実施義務を伴わない利用者と事業者の直接契約による保育施設・事業が設けられた。認定子ども園や小規模保育事業，事業所内保育，居宅型保育事業等である。

　また，「新制度」実施後は，公立保育所の民営化・子ども園化・大規模化が各地で進行し，保育の公的責任が後退している。更に，規制緩和により認可基準を満たしていれば営利企業が保育施設・事業を運営することが可能になり，民営化が進んだ。

　株式会社・有限会社が設置する保育所は，新制度実施前の2014年では657か所であったが，2016年には，1236か所と倍増している。市町村設置の公立保育所は，9644か所から8917か所へと減少している。

　2016年から新設された企業主導型保育事業は，待機児童対策の目玉とされているが，小規模保育所Bの基準で，保育士の半数は無資格者でもよいとされており，施設整備基準についても詰め込みを余儀なくされるような水準である。

　このように規制緩和により，企業参入や保育の市場化が進行しているが，2016年時点でも，保育所等利用率は約40％（厚生労働省の統計による）であり，待機児童解消には，ほど遠い。

　最近は，保育所のハコモノを作っても保育士が集まらないので開園できないといわれており，その大きな要因が保育士の労働条件である。その保

育士不足の原因を探るためには，保育労働の実態を把握する必要がある。

（3）保育士の労働条件に関する調査から

　厚生労働省の「平成28年賃金構造基本統計調査」所定内給与額によると，2016年の一般労働者の賃金30万4000円（42.2歳，勤続11.9年）に対して，保育士は23万7000円（31.3歳，勤続6.2年）で，賃金では約7万円の差がある。看護師は，29万9000円（39歳，勤続8年），福祉施設介護職員21万5000円（40.5歳，勤続6.3年），ホームヘルパー21万3000円（46.6歳，勤続6.3年）であり，福祉系は軒並み低い。

　2017年実施の全国福祉保育労働組合の調査（「2017春闘福祉に働くみんなの要求アンケート」）では，正規雇用の保育労働者の平均賃金は22万3000円で，厚生労働省の調査結果よりもさらに低い。臨時・嘱託である月給制の非正規雇用労働者の平均賃金は16万1000円とさらに低い。また，これ以外の非正規雇用労働者の時給は961円であるが，これらの非正規雇用労働者であっても子どもの命を預かる責任の重さは同じで，正規雇用労働者とほぼ同じ保育業務を行っている。

　また「福祉職場の時間外労働・休憩・休暇に関するアンケート」（2016年実施）では，「所定の勤務終了時間に退勤できない日」が「何日かあった」との回答が68.1％であった。そのうち，「1日〜5日」が45.7％，「6日〜10日」が31.2％であり，「11日〜15日」が14.4％であった。1か月の勤務日を22日とすると，かなり多くの労働者が時間外労働をしている。

　さらに，勤務終了後に行っている業務で多いのは，「事務（記録など）」で24.5％，「行事の準備」が20.4％，「日常業務の準備」20.3％，「利用者への対応」19.7％，「会議」11.1％であった。つまり，子どもを保育しながら事務的業務等をすることは不可能なので，時間外労働が慢性化していると言える。しかもこの時間外労働に対して「賃金が支払われていない」という回答が49.5％であった。賃金未払いの残業を余儀なくされている。

　また，休憩時間に「事務（記録など）」をして

いるという回答が，34.8％と最多で，28.9％が「会議・打ち合わせ」を，23.2％が「行事の準備」を休憩時間にしている。これでは，休憩時間はないに等しく，健康への影響が懸念される。

　そこで，「普段の仕事での心身の疲れについて」の質問では，「とても疲れる」が48.7％，「時々疲れを感じる」が48.6％で，両者で97.3％にのぼる。

　「仕事や職場で強いストレスを感じますか」に対しては，「常に感じる」21.4％，「時々感じる」62.1％で，合計83.5％になる。ストレスの原因については，「責任や業務量の増加」が51.7％で，「職場の人間関係」10.7％，「利用者の変化への対応」9.4％よりもかなり多い。これら以外のアンケート結果については省略するが，要するに，保育労働者の労働条件が改善されないことが，離職増加や人材確保難に結びついている。

　保育所運営に必要な費用は，国の基準に基づいて積算され，園児の定員や利用数，保育士数等の基準にしたがって給付される。処遇改善加算があるものの定期昇給相当額をカバーできる水準ではなく，保育士の専門性や技能・経験が評価されているとは言えない。

　職員配置基準も低いが，全国平均すると，国の基準の1.8倍に増やして保育士を配置している。そうでなければ，子どもの安全や質の良い保育が実施できない。それでも時間外労働が慢性化し，健康への影響も懸念される現状がある。

（4）保育士政策の課題

　厚生労働省は，2017年から保育職員の処遇改善対策として2％の「処遇改善加算」以外に，「技能・経験に応じた保育士等の処遇改善の仕組み」を導入し，キャリア・パスを構築しようとしている。しかし，これは，すでに導入されている介護分野でも資格要件の緩和と結びついた不安定雇用労働者を増大させている。福祉サービスの質低下を招き，労働者間の職位・職階の差別化や賃金格差によるチームワークの低下などの問題が指摘されているのである。

　以上のような報告から，保育労働者を低賃金の底辺に固定することで，国の保育に関わる人件費

を押さえ，社会保障費を抑制していることがわかる。このような状態では，待機児童問題の解消はできず，安心して子どもを産み育てられる社会になるとはいえない。ひいては，少子化問題も解決できないのではないか。

市場化により，保育士の資格がなくても保育ができる保育施設が増え，保育士の価値評価すら下がっている。保育所の役割の重要性を認め，保育士の専門性をもっと高く評価し，それに応じた賃金を支給できるような社会政策が求められる。

4　福祉国家の変容とケアの市場化：イギリスにおける保育政策の展開とジェンダー平等

法政大学の原伸子会員からは，1990年代後半以降のイギリスの保育政策の変化と市場化について論じられた。原氏の報告を要約する。

（1）イギリスの政策動向

イギリスでは，保育は家族の私的責任という考え方や女性がケアを担当する「男性稼ぎ主モデル」の規範が根強かった。そのため，母子家庭の貧困が深刻である。

イギリスでは，1980年代以降は保守党が政権を取っていたが，1997年以降2010年までは労働党に，2010年から15年までは，保守党・自由民主党の連立政権に移行した。2015年からは保守党の単独政権が成立した。

1997年以降の「ニューレイバー」による「第三の道」は，「福祉の契約主義」のもと，福祉サービスの準市場化と福祉の契約主義，ワークフェア政策を進めた。中央から地方への権限移譲，公私の多様な経済主体による福祉供給等が特徴である。

2010年以降の保守政権では，労働党政権の政策を批判し，脱中央集権化，コミュニティの重視，多様な経済主体（市民，企業，ボランティア団体）のパートナーシップによる「福祉の契約主義」を進めた。このような近年のイギリスの福祉政策の動向の中で，保育は，次のように変化した。

（2）保育の市場化

1997年に政権を取った「ニューレイバー」は，貧困の撲滅を目指し，貧困地域への保育施設を充実させた。しかし同時に，保育を準市場化したために，保育料が高くなり，支払いが困難で保育所を利用できない世帯も現れた。保育料の補助や保育料控除・勤労所得控除はあるものの，働くことよりも生活保護を受けながら家庭で育児をすることを選択するシングルマザーも存在している。

保育の供給主体を私企業とボランティア組織に任せたので，1997年から2006年までに，企業による保育園が7倍に増加した。2002年では，私企業の割合が86％になった。2006年時点では，企業経営の保育所と独立系および公私のパートナーシップ経営の市立保育園は，全体の約78％を占め，公立保育園は約10％に過ぎなかった。大手投資銀行や金融機関系列の事業者も保育に進出した。

2007年には，私企業の割合が，10年前の1997年の7倍に増加した。保育市場の78％が私企業の経営で，それにボランティアを合わせると9割になる。その結果，保育料が急速に高まり，働く女性の5人に1人が保育料の支払いが困難であった。特に，シングルマザー世帯では，保育料の支払いができないために保育所を利用できず，そのために働けないという結果も生じた。

「ニューレイバー」が保育所を拡充する政策をとったのは，母親（特にシングルマザー）の就労促進が狙いであったが，保育料がネックで，シングルマザーの就労率は依然として低いままであった。1994年では，シングルマザーの就労率は42％であったが（フルタイム21％，パートタイム21％），2004年でも，54％で（フルタイム28％，パートタイム26％），二人親世帯の母親の同比率64％，71％に比べ，かなり低い。シングルマザーが低熟練であった場合には，フルタイムでも低賃金から抜け出すことは難しく，ワークフェア政策が功を奏していなかった。

また2008年以降は保育政策の普遍化の方向性が示されたが，2010年には，13年続いた労働党政権から保守党・自由民主党の連立政権に変わった。それにより，労働党政権時代の Sure　Start

Child Centers の3分の1が閉鎖され，公的な財政援助も削減された。2013年には，保育の質の監督に関する規制緩和が行われた。これにより3～4歳時保育における保育士と子どもの比率が，1対8から1対13に改悪され，保育の質的監督を行う地方の権限が縮小された。また，同年の調査では，子どもをもつ親の48％が保育費用に困難を抱えており，ひとり親家庭（特にシングルマザー）世帯では，48％が持続的貧困状態にあるという。

（3）イギリスの課題

2015年からは保守党の単独政権になり，一層，市場化が進み，「保育は消費者選択に依拠するものになっている」といわれている。しかも，「情報の非対称性」や「逆選択」がある中で，仮に最善の情報が与えられたとしても，消費者が「選択」できない実態があるという。

以上の原報告のように，保育の市場化によって保育が商品となったが，働くために不可欠な保育という「ニード」に対して，社会的に保障する制度が必要である。

5 「福祉の市場化・民営化」と労働統合型社会的企業

明治学院大学の米澤旦会員は，福祉の市場化・民営化が進展しつつあるなかでサードセクターを捉える枠組みに関して，労働統合型社会的企業に焦点をおきつつ，おおよそ以下の内容の報告をされた。

（1）セクター単位での研究（セクター本質主義）の限界

福祉国家再編期の特徴の一つである社会支出におけるサービス給付の比重の高まりに伴って，福祉の生産・供給の多様性が増しており，この点は，「福祉の生産モデル」に依拠することで，よりよく理解できる。そして，現金給付に比べてサービス給付では，政府と個人を媒介する要素がはるかに複雑である。このことから，福祉の生産に関してより柔軟な枠組みが必要となる。

このようななかで，行政，営利，サードセクター，家族などの「セクター」に関して，固有合理性の原理，境界一元制の原理，セクター単位での政策提言といった考え方を前提にしている「セクター本質主義」の限界が明らかになっている。セクター本質主義は，セクター内部の多様性を認識できず，他のセクターに属する組織との境界の曖昧性に対応できない。

（2）サードセクターの理論と制度ロジック・モデルの可能性

従来からサードセクターを理論的に捉えるモデルとして，独立モデルと媒介モデルがあるとされてきた。サードセクターを国家・市場から独立した価値・原理を体現する組織の同質的集合とみる独立モデルの見方をとるものとしては，福祉多元主義論，「協セクター論」などがあるが，2000年代以降は，セクター間の境界の曖昧さを強調し，再分配・市場交換・互酬の緊張関係としてサードセクターをとらえる媒介モデルが有力になっており，ペストフの福祉トライアングルモデルが影響力をもっている。

しかし，媒介モデルにもいくつかの点で限界があり，より柔軟に社会福祉供給に関わる組織の目的の多元性を区別することが可能なモデルとして，新制度派社会学に基礎を置く制度ロジック・モデルが注目されるようになってきている。

この制度ロジック・モデルでは，サードセクターは複数の異なるセクターの原理や合理性の混合する場として捉えられ，このモデルによる，サードセクターやほかのセクターの捉え方には，価値・合理性の重なりと複層性，あるいはセクター境界の可変性と構築性の認識，そして合理性の重なり，境界の可変性を踏まえた政策提言という特徴がある。

（3）「制度ロジック・モデル」の労働統合型社会的企業への適用

「制度ロジック・モデル」を用い，労働統合型社会的企業を分析することにより，就労支援による労働力の過剰な商品化を回避するべく市場の論

特集趣旨　座長報告：福祉の市場化を問う

理を緩和する論理に，伴走型支援の導入（支援的社会的企業）と，民主主義の論理の導入（連帯型社会的企業）という二つの方向性があることが明らかになった。

（4）制度ロジック・モデルの理論的含意と政策的含意

理論的含意としては，「社会の論理」の多様性が識別できるということがある。政策的含意としては，異なる制度ロジックに従うことによる組織的多様性を踏まえてアクティベーション政策とその規制が行われる必要があるということがいえる。

6　考察（座長まとめ）

以下では，福祉の市場化による変化と課題について政策的な観点から考察すると共に，福祉の市場化をめぐる研究上の課題について検討する。

（1）福祉の市場化による変化と課題

①市場化による変化

前半の報告で共通する点は，公的責任の後退である。それにより，生活保障にひずみを受ける人が出ている。森会員と原会員は，市場化によりサービスの利用料が上がり，利用できない人が発生していると報告した。つまり，家計の経済力によりサービス利用が左右される。イギリスの保育の市場化でも保育料が高くて利用できず，目論んでいたシングルマザーの雇用促進にはつながっていない。これは，家族介護者や子をもつ母親の就労や生活・人生に影響を及ぼす。

介護保険開始後，特定施設入居者生活介護や認知症対応型共同生活介護，訪問介護，通所介護などは，営利法人が供給の過半数を占めるようになった。なかでも，有料老人ホームやサービス付き高齢者向け住宅（サ高住）や認知症対応型グループホームでは，介護保険の利用者負担以上の費用負担ができる世帯でなければ利用できない。特別養護老人ホームであっても，居住費等を含めた費用負担が，本人の支払い能力を超える金額になることもある。格差社会にあっては，経済力のある

世帯では，介護保険の限度額を超える有料サービスを使えるが，経済力がない場合は，負担を押さえるために，限度額上限までも使わ（え）ない世帯も多い。利用料を払えないから介護保険を利用しないという人もあり，「老後の沙汰も金次第」になっている。家族が仕事をやめて在宅ケアをしている場合も多く，1970年代の「日本型福祉社会論」の家族ケアに逆戻りである。家族がいない人や家族がいても家族に頼れない一人暮らしの人も多く，今後は，さらに一人暮らしが増える見込みである。

また，国民生活よりも経済を優先する社会では，介護がビジネスチャンスとなっている。

②福祉労働の問題

さらに，市場化の進展と共に，介護職や保育士不足が社会問題となっている。介護分野では，介護保険導入後，サービス供給事業者が量的に拡大した。市場化により介護労働者の需要が拡大し，その流動性を高めた。もともと介護や保育は，女性労働者が多く，結婚・出産・育児等による離職もあるが，離職の本当の理由は，それだけではない。[2]十分な労働条件や雇用環境がない職場では，より良い職場を求めて労働者が移動し，離職率を高める結果となっている。介護保険導入前には，サービス供給を多様化・市場化することによって，良いサービスが生き残るという自由競争による淘汰が想定されていた。しかし，労働集約型の介護労働にあっては，経営効率を上げるということは，介護労働者の過重労働を意味し，質を上げるどころか施設内虐待を続発させてしまっている。介護保険のトラブルや不満は苦情として処理されることもあるが，苦情を言いたくてもいえない人もいる。後見制度の利用が低迷しているだけではなく，後見制度を悪用した財産侵害被害も発生している。

一方，2016年には，介護事業所の倒産件数が過去最多になったと報道された。倒産の最多の原因は「販売不振」（63.8％）であるが，異業種から安易に参入したものの経営不振に陥る等の理由も36.2％ある。その背景にあるのが人手不足だといわれている。[3]他方，職員の定着率の良い福祉施設もあるので，その要因を明らかにし，職員の満

足度や労働条件等を十分検討して問題解決する必要がある。

介護保険導入時には，供給主体を多様化することによって競争原理を働かせて，サービスの質を向上させ，利用者がサービスを選べるようにすることが介護保険の一つの狙いだといわれていた。しかし，現在では，供給量の多い地域では，利用者が事業所を選ぶだけではなく，介護労働者も事業所を選んでいる。入所施設での介護労働は，交替制勤務なので，介護労働者に選ばれるような職場環境や労働条件がなければ人材確保が難しい。介護サービス経営者は，利用者にも介護労働者にも選んでもらえる事業を実施することが求められる。

保育も同様で，事務や記録などの作業を休憩時間にしなければならないような労働環境や低賃金の現状を改善する必要がある。

③介護労働の質と社会的評価の向上

2014年の介護保険改正により，要支援者の介護予防のための予防給付が総合事業として地域支援事業化された。住民参加や地域福祉に大きな期待がかけられ，「高齢者の社会参加」という美辞麗句で，元気な高齢者をサービス提供側に位置づけた。介護予防は重要である。しかし，介護保険の介護サービスの質向上が困難な現状であるのに，ボランティアでサービスの質が確保できるのだろうか。以前の「安上がり福祉」を再生産せているのではないだろうか。

1980年代前半にさかのぼると，高齢化進行による介護需要を満たすために，主婦のボランティアがあてにされた。当時，無償ボランティアから有償ボランティアへと発展していったが，量的・質的に人材を十分確保できず，1987年に介護福祉士の専門職化が行われた。

現在，訪問介護のみならず，他の施設や事業でも介護職に，ホームヘルパー2級（初任者研修終了）を求めている事業者が多い。それは，最低限の質や専門性を確保したいからである。にもかかわらず，そのような研修すら行わないボランティアを介護予防としての訪問介護や通所介護に導入すると，介護は，ボランティアでもできると見な

される。そうなると，ますます介護は誰でもできる仕事だと思われ，介護職の労働条件や社会的評価が下がるのではないか。介護職不足の昨今，介護や社会福祉の専門性を社会的に評価されるような政策が求められる。

（2）研究上の課題と展望

次に福祉の市場化にかかわって今回の共通論題における報告と議論が提起している課題と，この主題にかかわる内外の研究動向を踏まえた時に見えてくる今後の展望について，六つの論点に即して，若干の考察を行う。

①市場化と民営化，市場原理と計画原理，個人責任と公的責任

福祉の市場化についての議論を理解するためには，市場化と関連概念がどのように定義され，どのような文脈で論じられているのかという点に留意する必要がある。

市場化の概念は，しばしば多義的であり，民営化や個人責任の強化（公的責任の後退）を伴う新自由主義的な福祉国家体制の再編成の基本原理を示す概念として用いられることもある。この特集では，著者によって市場化のとらえ方に若干の違いはあるものの，このような広い文脈を常に考慮しながら，議論が展開されている。

一方，社会サービスの提供体制の資源配分に関わる原理として，計画原理との対比で市場原理に着目し，市場原理を導入する改革を「市場化」と呼ぶ場合もある。この場合，ニード基底型社会政策・運営論［平岡ほか，2011，421-496］の立場に立てば，二つの原理のうちのどちらかを選択するのは，技術的な選択と見ることもできる。しかし，このような選択をめぐる政治的背景に着目する議論では，市場原理に基づく社会サービスの提供体制を基本的に新自由主義的なものととらえて批判的な視点で論じられることが多い。また，近年の福祉の市場化をめぐる国際比較研究では，市場化を進める改革は，非政治的・技術的な性格のものではなく，政治性が伴うものであるが，常に右派政党のイデオロギー（自由主義・保守主義）に基づくものとは限らず，市場の型の選択に，政

特集趣旨　座長報告：福祉の市場化を問う

権政党の性格が反映することが明らかにされている[Gingrich, 2011]。

「民営化」に対応する英語の privatization の概念が社会政策をめぐる議論で用いられる際には，文脈によっては，個人責任の強化というような意味合いもあるのであり，特に日本の社会福祉学の議論では，市場化は，個人責任の強化と公的責任の後退という観点で論じることが多い。

②市場化改革の多様性と文脈

在宅ケアの市場化改革の国際比較を行ったBodeら[2013]は，市場化改革は，今やトランスナショナルな運動ともなっているものであり，政策の方向性を転換させる「経路離脱（path departure）」的な性格のものであると指摘する一方，実際に行われる改革は，「埋め込まれた市場化（embedded marketization）」という性格をもつものであり，海外の制度の特徴を，その国のもとからの伝統のなかに取り入れていくという形で進展すると指摘している。これは，福祉の市場化における国際的な文脈とともに，国内的な文脈を見ていくことが重要であることを示唆したものである。

大会共通論題における森詩恵会員の報告（森報告）は，日本の社会福祉の制度改革と介護保険政策の展開の流れのなかに，日本の福祉の市場化を位置づけて論じたものであり，その国内的な文脈が詳細に検討されている。

また，原伸子会員の報告で分析の対象とされたイギリスの保育政策の展開は，福祉の市場化の国際的文脈と国内的文脈という観点から見れば，次の二つの点で重要な示唆を与えるものといえる。

第一に，国際的にも影響力をもった「ニューレイバー」政権による「第三の道」路線が，保育の分野で展開されたことの意味を，この報告から知ることができる。この政権は，母親（特にシングルマザー）の就労促進という目的を掲げることで，保育サービスの急速な量的拡大を実現できたのであるが，サービスの安定的な供給と質の確保の体制を構築できなかったことが，政権交代後の財政支援の後退と質保証の後退を許したのである。第二に，先進諸国のなかで，イギリスの保育サービ

スの整備の遅れは際立っており，ニーズが拡大するなかで，費用を節約しつつその遅れを取りもどそうとするために市場化という手法が使われたという面が強い。この点は，公費支出の削減・効率化や民営化に重点が置かれた1980年代～90年代イギリスの住宅・医療・福祉分野の市場化改革とは性質が異なるものであり，急速なサービス供給拡大のために推進された日本・韓国・台湾の高齢者ケアの市場化改革[平岡，近刊b]と類似した背景があると見るべきである。

③コミュニティ志向の政策展開と福祉の市場化

イギリスの「ニューレイバー」政権は，医療や保育等の分野で市場化改革を推進する一方で，コミュニティの役割を重視したことが知られているが，それとは違った文脈で，近年の日本の高齢者介護政策においては，コミュニティ志向が明確になってきており，森報告では，このことが，地域住民の互助・相互扶助に依存した地域福祉化として批判的に検討されている。

この点に関して，筆者（平岡）は，別稿において，2005年以降の日本の介護保険の一連の制度改革を通して，市場化と「（再）地域化」が同時に追求され，総量規制や市町村の権限強化などの方法により，市場化を犠牲にして費用抑制を優先する政策が展開されてきたことを明らかにしている[平岡，近刊a]。日本では，1990年代後半から2000年代前半において，サービスの急速な供給拡大のために市場化が推進されたのであるが，次第に費用抑制にとって市場機能が桎梏となる状況が生まれ，供給の抑制にかかわる自治体の権限が強化される一方，費用抑制に寄与しうる地域住民の自発的な活動の推進やそのような活動と自治体の協働の取り組みが推進されるようになったのである。

④サードセクター・非営利セクターの多様性と変化

米澤旦会員の報告における「セクター本質主義」批判と，それに代わる「媒介モデル」の検討，そして「制度ロジック・モデル」に基づく労働統合型社会的企業の分析は，政策・実践面と共に，福祉の市場化に関わる研究上の重要な問題提起を

含むものであった。米澤の議論は，セクター境界の曖昧化やセクターの多様化に特に着目するものであるが，米澤も言及している須田［2011］の研究に見られる非営利セクターと営利セクターの組織的同型化もまた，研究上の重要な問題提起を含むものである。日本では，福祉分野のNPO法人や社会福祉法人，営利的事業者に関してこのような新たな枠組みに基づく実証研究と政策論は，まだ十分に展開されておらず，この主題に関わる今後の研究の一つの焦点になっていくものと考えられる。

⑤新たな福祉文化への着目

福祉の市場化・民営化等の改革が，福祉分野の伝統的な民間団体やサービス提供組織の運営のあり方や，その運営に参画し，あるいはそこで働く人々の価値意識・規範・行動パターンをどのように変容させたのかという点は，福祉の市場化に関わる研究のもう一つの焦点となるべきものである。

イギリスにおいては，ボランタリー団体（非営利組織）の活動における行政との委託契約に基づくサービス提供の比重の増加が，ボランタリー団体の性格を変質させることへの危機意識に基づく「契約文化（contract culture）」論が，比較的早くから展開されてきた［平岡，2003］。平岡［2017］において紹介したBode［2008］の「福祉市場の文化」の分析においては，「ある社会における福祉国家と，福祉国家が社会に埋め込まれているそのあり方にとって重要な意味をもつアイディア」［Bode, 2008, 92］とされる「福祉文化」が，年金と高齢者ケアの市場改革のなかでどのように変容し，「ハイブリッドな福祉市場の文化」が形成されたかを検討している。平岡［近刊a］は，また，介護保険制度の導入が，介護サービスを提供する事業者，サービス提供にかかわるケアワーカー等の労働者，サービスの利用者等の意識や行動パターンに相当程度の変化を引き起こしたことに着目し，それが，高齢者ケア政策の展開における「経路離脱」を引き起こす主要な要因の一つになったことを指摘している。

日本では，福祉に関わる価値・規範・行動などは，社会学的問題関心に沿って，社会的属性や社会の価値体系などとの関連で検討されることが多かったと思われるが，このような政策的要因と関連での分析も今日においては重要なテーマであり，福祉の市場化との関連への着目も重要である。

⑥福祉の市場化と労働

福祉ミックス論や準市場論は，イギリスの社会政策・行政論の流れから出てきた議論であり，社会サービスの計画・運営の問題を主に扱い，時には不平等・格差の問題に触れることはあるとしても，社会サービス分野の労働の問題を取り上げることはほとんどないという特徴がある。

しかし，今回の清水俊朗氏の報告で明らかにされたように，福祉の市場化は，福祉（介護・保育を含む）分野の労働のあり方に大きな変化をもたらしている。あるいは，福祉の市場化の背景にある政治的要因として，福祉供給における公的部門（公立施設・公務員ヘルパー等）の縮減による労働費用の削減を求める圧力があったことは広く知られていることである。

介護・保育等の人材確保の困難といった問題設定の枠内のみで福祉分野の労働の問題を論じるのではなく，福祉の市場化改革をはじめとする福祉国家体制の再編成と，福祉分野の労働の変容との密接な関連に着目しつつ，福祉分野の労働の研究を進めることは，労働と社会保障・福祉の双方の研究者が多く加入している本学会において取り組みが期待される主要な主題の一つといえるのではないかと思われる。

［付記］　本稿の「はじめに」～3と5（1）は大塩が，4と5（2）は平岡が執筆し，若干の調整を行った。報告の紹介においては，一部，フルペーパーからの直接の引用を行っていることをおことわりしておく。

注
（1）　1980年代に増えだしたベビーホテルでの死亡やずさんな保育実態が問題になった［堂本1981］。最近でも姫路市の「わんずまざー保育園」が不適切な保育により認可取り消しを受けた。『朝日新聞』2017年5月31日版には，それ以外の保育所での問題も取り上げられている。有料老人ホームでも誇大広告や

解約トラブルが発生した。

(2) 詳しくは、社会福祉振興・試験センター、2015, 「平成27年度就労状況調査結果、社会福祉士及び介護福祉士就労状況調査結果」http://www.sssc. or.jp/touroku/results/pdf/h27/results_sk_h27.pdf [2017-9-7]。

　　介護労働安定センター、2015, 『介護労働実態調査』（http://care-net.biz/kaigo-center/hp/pdf/report/27/01.pdf#search=%27%E4%BB%8B%E8%AD%B7%E5%8A%B4%E5%83%8D%E5%AE%89%E5%AE%9A%E3%82%BB%E3%83%B3%E3%82%BF%E3%83%BC%E3%80%8E%E4%BB%8B%E8%AD%B7%E5%8A%B4%E5%83%8D%E5%AE%9F%E6%85%8B%E8%AA%BF%E6%9F%BB%E3%80%8F%27 [2017-9-7]）参照。

(3) 帝国データバンク（2017-1-13）「老人福祉事業の倒産、2年連続で過去最悪——医療機関では病院の大型倒産が2年ぶりに発生」（https://www.tdb. co.jp/report/watching/press/pdf/p170101.pdf#search=%27%E4%BB%8B%E8%AD%B7%E4%BA%8B%E6%A5%AD%E8%80%85%E5%80%92%E7%94%A3%E3%80%81%E5%8E%9A%E7%94%9F%E5%8A%B4%E5%83%8D%E7%9C%81%27 [2017-8-8]）。東京商工リサーチ（2017-1-13）「2016年（1-12月）『老人福祉・介護事業』の倒産状況」（http://www.tsr-net.co.jp/news/analysis/20170111_01.html [2017-8-9]）。

参考文献

Bode, Ingo, 2008, *The Culture of Welfare Markets : The International Recasting of Pension and Care Systems*, Routledge.

Bode, Ingo, Brice Champetier and Sébastian Chartrand, 2013, "Embedded Marketization as *Transnational* Departure. Assessing Recent Change in Home Care Systems Comparatively," *Comparative Sociology*, 12 : 821-850.

堂本暁子編、1981, 『ベビーホテルに関する総合調査報告』晩声社。

Gingrich, Jane, 2011, *Making Markets in the Welfare State : The Politics of Varying Market Reforms*, Cambridge U. Press.

平岡公一、2003, 『イギリスの社会福祉と政策研究——イギリスモデルの持続と変化』ミネルヴァ書房。

平岡公一、2017, 「社会サービス市場の諸理論と国際比較研究の可能性」『社会政策』9(2)：75-86。

平岡公一、近刊 a、「介護保険制度の創設・改革と日本の高齢者ケアレジーム——台湾・韓国・日本の比較と若干の考察」須田木綿子・平岡公一・森川美絵編『東アジアの高齢者ケア』東信堂、所収。

平岡公一、近刊 b、「東アジアにおける高齢者ケアシステム——台湾・韓国・日本の比較と若干の考察」須田木綿子・平岡公一・森川美絵編『東アジアの高齢者ケア』東信堂、所収。

平岡公一・杉野昭博・所道彦・鎮目真人、2011, 『社会福祉学』有斐閣。

須田木綿子、2011, 『対人サービスの民営化——行政—営利—非営利の境界線』東信堂。

全国保育団体連絡会・保育研究所編、2015, 『保育白書2015』ひとなる書房。

（おおしお　まゆみ：龍谷大学　　　　）
（ひらおか　こういち：お茶の水女子大学）

特集◆福祉の市場化を問う

わが国における高齢者福祉政策の変遷と「福祉の市場化」
──介護保険制度の根本的課題──

森　　詩恵

　本稿の目的は，「福祉の市場化」という視点から，わが国の高齢者福祉政策の変遷を再検討し，介護保険制度の現状と根本的課題を提起することである。本稿の結論は以下の4点である。第一は，高齢者福祉政策における「福祉の市場化」は1980年代半ばからのシルバービジネスの登場と措置制度下での民間事業者への委託実施，2000年からの介護保険制度導入という二段階で実施された。第二に，介護保険制度導入により介護サービス事業者だけでなく，ケアプラン作成機関，訪問調査等にも民間事業者が参入し，これまで行政が担ってきた「相談業務」など介護サービス供給における基盤部分でも「福祉の市場化」が進んでいる。第三に，介護保険制度の根本的問題は，公的責任のもとでの利用者の生活保障がなされていない点である。第四は，2014年改正では地域や民間事業者の活用と高齢者の社会参加が求められ，地域包括ケアシステムという名のもとで「日本型福祉社会」論の再来の危険をはらんでいることが懸念される点である。

　　キーワード　介護保険制度　　福祉の市場化　　地域包括ケアシステム

1　はじめに

　わが国における社会福祉政策は，少子高齢化の進展や財政状況の深刻化等を背景としながら，利用者本位のサービス提供体制の確立，サービスの量・質の向上等を目指して見直しを進めてきた。その見直し過程では，措置制度に対する問題が強調され，サービスの多様化による効率的なサービス供給や利用者のサービス選択を実現するためとして「福祉の市場化」が提言された。とくに，社会保障構造改革の第一歩として位置づけられた介護保険制度は，契約方式の導入や居宅介護サービス分野への民間事業者の参入など，わが国における社会保障・社会福祉政策を大きく転換させるものであった。そして，導入された介護保険制度は，改正を重ねるごとに制度の仕組み自体を大きく変

化させ続ける反面，高齢者の生活全体を支援することからは遠ざかっていくという現状である。

　そこで，本稿の目的は，「福祉の市場化」という視点から，わが国の高齢者福祉政策の変遷を再検討し，介護保険制度の現状を明らかにしたうえで，その根本的課題を提起することである。具体的には，①「福祉の市場化」が介護保険制度導入以前の高齢者福祉政策においてどのように議論され進められてきたのかを再確認し，②介護保険制度の導入時からこれまでの大きな改正のなかでの「福祉の市場化」による高齢者介護支援の変容とその課題を明らかにする。このことによって，「福祉の市場化」がわが国の介護保険制度や高齢者福祉政策にもたらした変化とその課題が明らかになるのである。

2 在宅ケアの推進と「福祉の市場化」議論

（1）戦後の社会福祉政策の発展：「救貧」から「防貧」、「選別」から「普遍」へ

戦後のわが国における社会福祉政策は「救貧」から「防貧」、「選別」から「普遍」への発展過程といえる。それまで救貧的対応の域をでなかった社会福祉は、1962年の社会保障制度審議会「社会保障制度の総合調整に関する基本方策についての答申および社会保障制度の推進に関する勧告」において、低所得階層に対しては「社会福祉政策」を社会保険以外の有効な防貧制度として位置づけ、「貧困階層＝救貧＝公的扶助」に対する「低所得階層＝防貧＝社会福祉」という形で社会福祉が防貧政策であることを明確にした[2]。これは、社会福祉の政策重点が低所得階層に移行し、「どちらかといえば、さし迫った窮乏対策に準じた形でとらえられていた段階から、一歩進んで、社会福祉の対象が拡大されるとともに、処遇の仕方も変わるという意味をもつものであった」[河野, 2002, 74]。そして、この発展過程は、1998年の中央社会福祉審議会社会福祉構造改革分科会「社会福祉基礎構造改革（中間まとめ）」において、これからの社会福祉制度は、「かつてのような限られた者の保護・救済にとどまらず、国民全体を対象」とすると述べられていることからみても、社会福祉の対象が「貧困階層」から「低所得階層」「一般所得階層」へと広がりをみせたと理解できるであろう。

当然、わが国の高齢者福祉政策の発展過程においても、「救貧」から「防貧」、「選別」から「普遍」へ展開し、高齢者福祉の対象も「貧困階層」から「低所得階層」「一般所得階層」へと広がりをみせた。老人福祉法制定（1963年）以前は、生活保護制度が高齢者問題を一括に扱っていた公的な政策であり、それは主に貧困問題を中心としていた。しかし、高齢者の貧困以外の問題、住宅問題や介護問題に対する施設サービス・在宅サービスが徐々に登場し始め[3]、高齢者独自の公的な制度

である老人福祉法へと結びつくこととなる。それは、高齢者を取り巻く問題が多様化し、貧困問題だけでなくそれ以外の生活問題に対応するための政策が必要になってきたことによる。そして、1963年に制定された老人福祉法は、「これまでの養老施設に代表された貧困老人対策にかわって、総合的社会福祉サービスを目的としたもの」[横山, 2001, 280]として成立し、住宅、医療・保健対策、介護対策、生きがい対策などのサービスが規定されたのである。このように、高度成長の過程を通じて、高齢者の生活問題は多様化し、その対象も経済的に困窮している高齢者を中心とした政策から、一般の高齢者を含めた政策へと拡大していくこととなる。

（2）「在宅ケア」の推進と「福祉の見直し」

生活保護制度での「施設サービスのみの対応」から老人福祉法制定前後での「施設・在宅サービスの両サービスでの対応」という流れには、貧困以外の生活問題に対する必要性だけでなく、ノーマライゼーションの思想やコミュニティ・ケアの考え方も影響している[4]。

1971年の中央社会福祉審議会答申「コミュニティ形成と社会福祉」では、コミュニティ・ケアを「社会福祉の対象を収容施設において保護するだけでなく、地域社会すなわち居宅において保護を行ない、その対象者の能力のより一層の維持発展をはかろうとするもの」とされ、施設対策から在宅福祉対策への移行が示唆された。高齢者福祉政策をみてみると、高度成長期後半には老人福祉法制定前後から登場した在宅ケアに関する理念・制度の重要性が次第に高まり、1970年の中央社会福祉審議会答申「老人問題に関する総合的諸施策について」（答申）において、在宅サービスを充実させるという流れが決定づけられた。

しかし、1973年のオイルショックを契機に経済は高度成長から低成長へ転落するなかで、政府は社会保障制度の拡大に歯止めをかけようと、「福祉の見直し」「公費節約」という視点からの地域福祉への転換、社会福祉の財政支出削減という政策をとることになる。そして、「新経済社会七カ

年計画」(1979年)では，個人や家族による自助努力を強調した「日本型福祉社会」論が登場する。この報告書で述べる「日本型福祉社会」論とは，「欧米先進国へキャッチアップした我が国経済社会の今後の方向としては，先進国に範を求め続けるのではなく，このような新しい国家社会を背景として，個人の自助努力と家庭や近隣・地域社会等の連帯を基礎としつつ，効率のよい政府が適正な公的福祉を重点的に保障するという自由経済社会のもつ創造的活力を原動力とした我が国独自の道を選択創出する，いわば日本型ともいうべき新しい福祉社会の実現を目指すものでなければならない」というものであり，家庭や近隣・地域の役割に期待することで，公費によるサービスの整備・供給を抑制し，公費支出を節約しようとするものであった。

　そして，1980年代に入ると「日本型福祉社会」論に基づく政策が本格的に実施されていく。1981年には第二次臨時行政調査会（第二次臨調）が設置され，「増税なき再建」をスローガンに「小さな政府」志向での社会保障・社会福祉の分野をはじめ，行政の仕組みのスリム化・効率化を目指して行政改革が断行されていく。「施設ケア」から「在宅ケア」への流れのなかで，1978年にはショートステイが，1979年にはデイサービスが制度化され「在宅福祉の三本柱」が整備されることになるが，公費節約のもとでの在宅ケア政策において福祉サービスは量的にも質的にも十分なものとはいえなかった[5]。そのため，1973年に導入された老人医療費支給制度は，老人福祉サービスの整備の不十分さをカバーするように，自らの範囲以上の役割を担うことになり「社会的入院」が問題となったのである。この流れが，高齢者介護対策が老人福祉から老人医療・保健へと広がっていく過程であり，その後両者の政策が相互に絡み合って展開した結果，生み出されたのが老人福祉と老人保健・医療における制度間の不整合や矛盾であった。そして，高齢化の進展，核家族化の進行といった家族や地域・社会の変容とともに，個人の自助努力と家庭や地域社会等の連帯に任せる福祉政策は，逆に個人や家族の自助努力と近隣・地域社会の連

帯にも限界があることを露呈させることになったのである。

　このように，ノーマライゼーションの思想やコミュニティ・ケアの考え方は，これまで徐々に整備されてきた在宅ケアを全面的に押し出し，その流れの勢いを増す結果となった。一方で，在宅ケアや地域福祉は公費節約を目的にした「日本型福祉社会」論において，「安あがりな福祉」を実現するための手段として利用された側面もあるといえる。井岡［2002，212］も述べるように，「在宅福祉サービスの展開は，居宅・地域処遇原則というヒューマンな理念に立脚して，従来の社会福祉を転換する積極的側面を内包しつつも，財政的見地から福祉の見直し，さらに臨調行革路線のもとで，公的責任・負担の回避と民間への転嫁，住民負担の増大，つまりは権利保障としての社会福祉の解体のテコともされてきた」のである。

（3）サービス供給における民活路線の始まり

　1980年代半ばには，「日本型福祉社会」論が目指した個人や家族の自助努力と近隣・地域社会の連帯による政策の限界は露呈することになるが，公費節約・削減という政府の基本方針が変更されたわけではなかった。その後も，個人の自助努力，家庭・地域社会の役割の重視，福祉の有料化や民間活力の利用などを前提とした新自由主義，保守主義に基づく在宅ケアの推進が展開されていく。

　高齢者福祉政策において，この時期に注目すべきは，民間活力と競争原理の導入という福祉の民活路線である。民間事業者の参入に対する政府の認識は，福祉のニーズの拡大・多様化に対して既存の公的な社会福祉制度だけでは対応できないため，社会福祉供給体制の多元化，とくに民間事業者の参入によって福祉ニーズに対応するというもので，それは「福祉の市場化」の第一歩といえるものであった。高齢者福祉分野では，社会保障制度審議会「老人福祉のあり方について」（1985年）において高齢者福祉への民間活力の導入が提言され，旧厚生省は省内にシルバーサービス振興指導室を設置（1985年），旧厚生省所管の社団法人シルバーサービス振興会が結成された（1987年）。

論　文　わが国における高齢者福祉政策の変遷と「福祉の市場化」

このように，1980年代の行政改革に伴い，民間活力と競争原理の導入が叫ばれた結果，高齢者福祉分野にも新たな領域（介護サービス市場）が確立され，その拡大が促されていくことになる。そして，1989年にはホームヘルプサービスの民間事業者への委託が可能となり[6]，措置制度のもとでの民間事業者の参入による「福祉の市場化」も始まることになった。しかし，シルバーサービス振興会が結成されたのちも，「公的責任」を基本とする措置制度のもとでの民間事業者への委託はあくまでも例外的で，シルバーサービスが大きく展開するには限界があった[7]。そのため，1990年代に入っても民間活力の導入は思うように進まず，介護サービス市場の拡大は行き詰まってしまったのである[8]。

　一方で，国は社会福祉全般の中長期的視点に立った見直しのため，福祉関係三審議会合同企画分科会を設置（1986年）し，その報告書として「今後の社会福祉のあり方について（意見具申）」（1989年）が出される。ここでは，①市町村の役割重視，②在宅福祉の充実，③民間福祉サービスの健全育成，④福祉と保健・医療の連携強化・統合化，⑤福祉の担い手の養成と確保，⑥サービスの総合化・効率化を推進するため福祉情報提供体制の整備，といった具体的見直しの方策が提示された。周知のとおり，この意見具申を踏まえて福祉関係八法の改正へとつながり，その後の社会福祉基礎構造改革へと進むのである。そして，1989年には，竹下内閣時に長年導入を目指してきた消費税が高齢社会に備えるためという目的で導入され，「高齢者保健福祉推進十か年戦略（ゴールドプラン）」の策定も行われた。

　以上のように，1980年代は，家族・近隣・地域などのサポートを中心とした日本型福祉型社会の登場とその限界が明らかになり，介護サービスを公的に確保・整備しなければならないという状況が確認される時期である。しかし，介護サービスに対する公的な整備の必要性は明らかになったが，やはりその方向性は「公的領域の削減」「公費の削減」の延長上であったため，今後の新たな削減方法を練る必要があったといえる。そこで，制度

間の不整合や矛盾，財政的課題，民間事業者の参入拡大などを実現するため，措置制度のもとでの民間事業者への委託とは異なった次の新たな枠組みが必要となり，新しい高齢者介護保障システム（介護保険制度）の構築へとつながっていくのである[9]。

3　「福祉の市場化」からみた介護保険制度

（1）介護保険制度下での「福祉の市場化」の状況：介護サービス事業者の変化

　2000年から導入された介護保険制度の特徴は，まず，保険料と公費の折半で財政構成される社会保険方式を導入し，高齢者を被保険者として位置づけたことである。サービス利用に関しては，利用者本位のサービス提供を行うという目的から利用者がサービスやサービス事業者を選択，契約する方式に変更され，利用者には定率の利用者負担が課されることとなった。そして，利用者の多種多様なサービスやサービス事業者の選択を可能にするため，準市場のもとで居宅介護サービス分野に民間事業者の参入を認めたことなどである。

　それでは，まず介護保険制度の導入によって，介護サービス事業者にどのような変化が起こったのかを，2000年と2015年の「介護サービス施設・事業所調査の概況」からみてみよう。

　2000年の開設者別事業所数の構成割合（表1）をみてみると，制度導入当初であるため当然といえるが，「訪問介護」や「訪問入浴介護」といった福祉サービスでは「社会福祉法人」が第一位を，「通所リハビリテーション」や「訪問看護ステーション」など保健・医療サービスでは「医療法人」が第一位を占めている。一方で，民間事業者である「会社」についてみると，最も多いのは「福祉用具貸与」が82.6％で，次に「訪問介護」が30.3％，「訪問入浴介護」が23.1％，「痴呆対応型共同生活介護」が21.2％となっている。そして，「地方公共団体」をみてみると，最も多いのは「通所介護」が22.2％，次いで「短期入所生活介護」が13.5％，となっており，「地方公共団

特集◆福祉の市場化を問う

表1　開設者別事業所数の構成割合

2000年10月

	事業所数	構成割合（%）								
		総数	地方公共団体	公的・社会保険関係団体	社会福祉法人	医療法人	非営利活動法人（NPO）	協同組合	会社	その他
（訪問系）										
訪問介護	9,833	100.0	6.6	0.0	43.2	10.4	2.1	4.6	30.3	2.7
訪問入浴介護	2,269	100.0	8.6	0.0	63.5	2.6	0.4	0.9	23.1	0.8
訪問看護ステーション	4,730	100.0	5.1	3.3	10.4	53.3	0.3	4.3	6.0	17.3
（通所系）										
通所介護	8,037	100.0	22.2	0.0	66.0	4.2	1.3	1.1	4.5	0.7
通所リハビリテーション										
介護老人保健施設	2,638	100.0	5.4	2.1	15.7	73.2	・	－	・	3.6
医療施設	2,273	100.0	2.0	1.1	…	70.3		－	0.2	26.4
（その他）										
短期入所生活介護	4,515	100.0	13.5	0.1	84.9	0.8	0.0	0.0	0.6	0.0
短期入所療養介護										
介護老人保健施設	2,616	100.0	5.5	2.1	15.5	73.3			・	3.7
医療施設	2,035	100.0	4.8	1.6	…	72.3			0.3	21.0
痴呆対応型共同生活介護	675	100.0	3.6	－	37.5	31.1	5.5	0.3	21.2	0.9
福祉用具貸与	2,685	100.0	1.6		8.3	2.6	0.5	3.6	82.6	0.8
居宅介護支援	17,176	100.0	11.9	0.3	35.0	25.1	0.9	3.3	18.1	5.5
医療施設										
訪問看護	13,728	100.0	7.0	1.4	…	49.4			0.2	41.9
訪問リハビリテーション	3,979	100.0	8.1	2.7		58.5			0.3	30.4

（注）　1：事業所数は集計対象となった事業所数である。ただし，医療施設が行う訪問看護及び訪問リハビリテーションは，推計数である。

　　　　2：「公的・社会保険関係団体」とは，日本赤十字社，厚生（医療）農業協同組合連合会，健康保険組合及び健康保険組合連合会，国家公務員共済組合及び国家公務員共済組合連合会，地方公務員共済組合，全国市町村職員共済組合連合会，日本私立学校振興・共済事業団，国民健康保険組合及び国民健康保険組合連合会，全国社会保険協会連合会をいう。

（出所）　厚生労働省「平成12年介護サービス施設・事業所調査の概況」（http://www.mhlw.go.jp/toukei/saikin/hw/kaigo/service00/kekka3.html　2017年11月29日アクセス）。

体」は最も多いサービスにおいて全体の2割程度，少ないサービスだと全体の1割に満たない状況となっている。

　そして，2015年の開設（経営）主体別事業所数の構成割合（**表2**）をみてみると，「営利法人（会社）」がほとんどのサービスで4～9割を占めている。詳細にみてみると，居宅サービス事業所のうち，「訪問介護」「訪問入浴介護」「訪問看護ステーション」「通所介護」「特定施設入所者生活介護」「福祉用具貸与」「特定福祉用具販売」においては40～95％，「認知症対応型通所介護」を除く「地域密着型サービス」においては40～50％を占め，それぞれのサービスで「営利法人（会社）」が最も多くなっている。一方で，「地方公共団体」

をみてみると，「介護予防支援事業所（地域包括支援センター）」を除いて，すべてのサービスで5％以下となっている。このことから，介護保険制度導入当初は，各サービスにおいて「社会福祉法人」や「医療法人」といった介護保険制度導入以前から介護や保健・医療サービスを実施していた組織の割合が多くを占めていた。しかし，2015年にはほぼすべてのサービスにおいて「営利法人（会社）」が第一位となっていることからみても，居宅介護サービス供給において「福祉の市場化」が進んでいることがわかる。また，一方で，「地方公共団体」は制度導入当初はいくつかのサービスにおいては1～2割程度を占めていたが，2015年にはすべてのサービスで5％以下となっており，

論　文　わが国における高齢者福祉政策の変遷と「福祉の市場化」

表2　開設（経営）主体別事業所数の構成割合

（単位：％）　　　　　　　　　　　　　　　　　　　　　　　　　　　　　　　　　　　　　　2015年10月1日

	総　数	地方公共団体	日本赤十字社・社会保険関係団体・独立行政法人	社会福祉法人1)	医療法人	社団・財団法人	協同組合	営利法人（会社）	特定非営利活動法人（NPO）	その他
居宅サービス事業所										
（訪問系）										
訪問介護	100.0	0.3	…	19.4	6.2	1.3	2.4	64.8	5.1	0.4
訪問入浴介護	100.0	0.4	…	37.2	2.0	0.8	0.6	58.4	0.4	0.1
訪問看護ステーション	100.0	2.3	2.3	7.2	30.3	9.4	2.4	43.9	1.9	0.4
（通所系）										
通所介護	100.0	0.6	…	27.3	6.4	0.7	1.4	59.3	4.0	0.3
通所リハビリテーション	100.0	3.0	1.3	9.1	77.0	2.7	…	0.0	…	6.9
介護老人保健施設	100.0	3.8	2.0	16.8	73.5	3.0	…	－	…	0.8
医療施設	100.0	2.2	0.6	1.5	80.4	2.4	…	0.1	…	12.8
（その他）										
短期入所生活介護	100.0	2.1	…	82.5	3.6	0.1	0.4	10.6	0.5	0.1
短期入所療養介護	100.0	4.1	1.7	12.1	77.1	2.8	…	…	…	2.3
介護老人保健施設	100.0	3.8	1.9	15.9	74.5	3.0	…	－	…	1.0
医療施設	100.0	5.0	1.0	0.5	84.9	2.3	…	－	…	6.3
特定施設入居者生活介護	100.0	0.9	…	23.9	5.5	0.6	0.3	67.8	0.4	0.6
福祉用具貸与	100.0	0.1	…	2.5	1.3	0.4	1.6	93.2	0.7	0.3
特定福祉用具販売	100.0	－	…	1.6	0.9	0.4	1.6	94.6	0.7	0.3
地域密着型サービス事業所										
定期巡回・随時対応型訪問介護看護	100.0	－	…	29.2	17.6	1.3	2.4	47.6	1.9	－
夜間対応型訪問介護	100.0	0.5	…	33.9	11.1	2.1	0.5	49.2	2.6	－
認知症対応型通所介護	100.0	0.5	…	45.6	12.0	1.0	1.4	33.4	5.8	0.2
小規模多機能型居宅介護	100.0	0.1	…	31.8	12.9	0.7	1.8	46.1	6.3	0.4
認知症対応型共同生活介護	100.0	0.1	…	24.1	16.7	0.4	0.5	53.6	4.5	0.2
地域密着型特定施設入居者生活介護	100.0	－	…	34.9	16.2	0.7	0.4	45.3	2.2	0.4
複合型サービス(看護小規模多機能型居宅介護)	100.0	－	…	19.9	20.8	5.0	2.3	47.5	4.5	－
地域密着型介護老人福祉施設	100.0	4.6	－	95.4	・	・	・	・	・	・
介護予防支援事業所（地域包括支援センター）	100.0	26.8		53.6	12.9	3.3	1.1	1.4	0.6	0.3
居宅介護支援事業所	100.0	0.9		25.7	16.1	2.4	2.3	48.7	3.3	0.6

（注）　訪問看護ステーション，通所リハビリテーション，短期入所療養介護及び地域密着型介護老人福祉施設については，開設主体であり，それ以外は，経営主体ある。
　　　1）「社会福祉法人」には社会福祉協議会を含む。

（出所）　厚生労働省「平成27年介護サービス施設・事業所調査の概況」（http://www.mhlw.go.jp/toukei/saikin/hw/kaigo/service15/index.html　2017年11月29日アクセス）。

「地方公共団体」のサービス提供は著しく減少したことがわかる。これは，「『措置から契約へ』の流れに先鞭をつけた介護保険制度の下では，公的責任は介護のために必要とされる費用の一部を保険制度を通じて保障することで体現され，介護サービス自体を公的に保障することには向けられて

いない」［橋本，2001，7］ということであろう。

（2）介護サービス事業者以外の「福祉の市場化」

　介護保険制度では，利用者本位のサービス提供を行うため，サービスの選択を可能とし，契約方式によるサービス利用が実施されることになった。

特集◆福祉の市場化を問う

そのため，ケアマネジメントの技術を用いて，利用者のサービスや介護サービス事業者の選択に関する相談を受け，利用するサービスに関する連絡調整を行い，サービスの給付管理を行う専門職として「介護支援専門員」が創設された。先にも述べたように，介護保険制度では居宅介護サービスに民間事業者の参入が認められたが，何も居宅介護サービスの供給のみが市場に開放されたわけではない。つまり，そのほかにも，介護支援専門員が所属するケアプラン作成機関（居宅介護支援事業所）をはじめ，要介護認定時における訪問調査や第三者評価，情報公開などにも民間事業者が参入しているのである。

居宅介護支援事業所の状況をみてみると，2000年（表1）には「社会福祉法人」が35.0％と最も多く，次いで「医療法人」が25.1％，「会社」が18.1％，「地方公共団体」が11.9％であった。一方，2015年（表2）には，「営利法人（会社）」が48.7％と最も多く，次いで「社会福祉法人」が25.7％，「医療法人」が16.1％，となっており，「地方公共団体」は0.9％であった。

このように，居宅介護支援事業所においても「福祉の市場化」は進んでおり，それは介護保険制度の根本的課題と大きく関係してくる[10]。それは，対人福祉サービス支援の根幹である「相談業務」においても民間事業者が参入し，これまで行政が担ってきた「相談業務」を行政の役割から外すことになった点である。そのため，サービスを利用している利用者が適切な生活をしているかなど，利用者の生活状況を把握しているのは介護支援専門員のみで，市町村は把握していない状況となっている。つまり，保険者である市町村は要介護認定の結果は把握していても，その後，利用者がどのような生活を送っているかについては把握しておらず，利用者を担当する介護支援専門員に任せきりなのである。

以上のことから，介護保険制度導入によって，その多くの分野に民間事業者が参入したことのみが問題だというわけではなく，その根本的問題は対人福祉サービス支援の根幹である「相談業務」を行政の役割から外し，利用者がどのような介護

サービスを受けているか，保険者である市町村が把握していないことにある。さらに，利用者のサービス利用状況を最も把握している介護支援専門員の職務も不明確で，介護支援専門員は「介護保険法上に位置づけられている職種でありながら，同法が規定するサービスを超えて，介護保険外サービスについてもその調整を行う努力義務が課されている」にもかかわらず，「現実の介護報酬は，訪問介護等何らかの介護保険サービスの利用実績がない場合には居宅介護支援（ケアマネジメント）の報酬を算定できない構造となっており，かつ介護保険外サービスを居宅サービス計画に位置づけなかったとしても介護報酬上の罰則規定は存在しないことから介護支援専門員が最低限調整すべきは介護保険サービスのみ，という狭い範囲の解釈の仕方も十分に可能な状況となっている」[東京都介護支援専門員研究協議会，2011，4]のである。井上［2007，18］も，自治体の福祉事務所が行ってきた高齢者のケースワーク業務は，その多くが「介護保険サービスに係る問題」と認識されるようになり，その問題解決を図る専担者として介護支援専門員が位置づけられたことを指摘している。これは，高齢者の生活支援の入り口が，介護が必要かどうかで判断され，高齢者福祉政策が介護保険制度へと収斂されていく過程を示しているといえる。

しかし，導入された介護保険制度は，介護や介護関連のサービスを提供するのみで，高齢者の生活全体を支えるという視点からのサービス提供を行うのは非常に難しいシステムとなっており[11]，金銭的課題や特別のニーズなどの支援困難課題を抱えている利用者に対する支援は現在の介護保険制度の枠組みでは難しい[12]。また，市町村の介護サービスにおける基盤整備の責任も不明確で，個々のトラブルに介入しない市町村など苦情処理に対する対応の問題も起こっている[13]。これは，介護を受けるということが「人権問題から消費者問題へ」[14]と切り替わってしまったことを表しているといえよう。

このように，介護保険制度導入後，民間事業者の参入が促進され，地方公共団体が直接サービス

事業者になることはほぼ皆無となっている。さらに，これまで行政が担ってきた「相談業務」までも民間事業者へ任せ，介護保険制度ではサービス供給だけでなく，その他の領域でも「福祉の市場化」が進むことになったのである。これは「公的領域の削減」といえるであろう。その一方で，須田［2011, 28］は，介護保険制度の導入によって「地方自治体やサービス供給の従事する民間組織の活動に対して細部に及ぶ規制が敷かれ，中央政府（厚生労働省）を頂点とするピラミッド型の構造が強化された」とし，民営化による行政の再生を論じている。つまり，介護保険制度の導入によって，居宅介護サービスの民営化の伴う再規制が行われ，行政の役割が拡大されたということである。このような「公的領域の削減」と「行政役割の拡大」という二つの側面は，介護保険制度導入による「公的役割の変容」を表しているといえよう。

4　介護保険制度改革期と「福祉の市場化」

（1）2005年介護保険改正と「地域包括ケア」

　前節では，介護保険制度における「福祉の市場化」が居宅介護サービス供給においてだけでなく，「相談業務」を担う居宅介護支援事業所にも拡大していることを述べた。そして，対人福祉サービス支援の根幹である「相談業務」を民間事業者の介護支援専門員に任せ，利用者の生活状況を市町村が把握していないといった「公的領域の縮小」「公的責任の後退」の流れは，介護保険制度が改正されるたびにさらに進んでいくことになる。

　介護保険制度導入後の最初の大改正となる2005年改正では，2000年に導入した介護保険制度の基盤を大きく変更させるものであった。その改正内容は，①予防重視型システムへの転換，②施設給付の見直し，③新たなサービス体系の確立，④サービスの質の確保・向上，⑤負担の在り方・制度運営の見直し，の五つである。

　この改正での注目すべき点は，地域包括ケアシステムのもとで，給付の重点化・効率化を目的とした介護保険制度の「縮小」を実施する一方で，

介護保険制度の「対象者」と「サービス内容」を「拡大」するという相反する状況が引き起こされたことである。介護保険制度の「対象者の拡大」とは，これまで制度の対象でなかった自立した高齢者（要介護認定非該当）もその対象に含めたことである。もう一つの「サービス内容の拡大」とは，要介護認定非該当の自立した高齢者に対して新しく創設された地域支援事業における介護予防事業で対応すること，そして，高齢者の生活支援には欠かせない「総合相談支援・権利擁護」が介護保険制度内に組み込まれたことである。

　この「総合相談支援・権利擁護」は，高齢者の生活支援におけるサービス提供の基盤に大きく関わるものである。この支援は高齢者の生活支援の根底を支えるものであり，本来ならば行政によって実施することが当然である。しかし，2005年改正で地域包括支援センターが創設され，介護保険制度内に「総合相談支援・権利擁護」が組み込まれたことによって，民間事業者である社会福祉法人等へ委託可能となってしまった。

　2015年10月現在では，地方公共団体が地域包括支援センターを運営している数は約3割程度で，約7割が社会福祉法人や医療法人等へ委託されている状況である。地域包括支援センターが創設されたことで，高齢者の生活支援を支える「総合相談支援・権利擁護」が住民に身近な地域で受けられるようになる一方で，民間事業者への委託によって，介護支援専門員の状況と同様に，利用者のニーズを見つけ，その問題解決に関わり，利用者が送る生活状況を把握するということから，行政は距離を置くことになってしまう危険性もはらんでいる。とくに「総合相談支援・権利擁護」はさまざまな高齢者の生活問題に対応することが求められ，高齢者虐待など本来行政が窓口として対応してきた問題まで地域包括支援センターが第一線の窓口となる現状となってしまったのである。

　以上のように，2005年改正によっても介護保険制度は導入当初から高齢者の生活全体を支えるという視点からのサービス提供を行うことが難しくなっているにもかかわらず，地域包括ケアの理念や「総合相談支援・権利擁護」を介護保険制度内

に組み込んだことで，今まで以上に介護保険制度において介護問題だけでなく高齢者の生活支援が行えるとの錯覚に陥る結果となったのである。そしてそれは，本来公費で整備する必要のある高齢者の生活支援の基盤を介護保険制度の財源で賄うことになり，「公的領域の削減」「公費の削減」ともみることができる。さらに，高齢者の生活支援に対する公的な責任の所在がより不明瞭になっていくことにもつながっているのである。

（2）地域包括ケア推進に向けての取り組み：2014年改正

その後も，介護保険制度における「公的領域の削減」「公費の削減」対策が検討されるなかで，介護保険制度の基盤を再び大きく変更する2014年改正が行われた。[17]2014年改正は，①地域包括ケアシステムの構築と②費用負担の公平化の二つの柱からなっており，とくに，介護保険制度のサービス供給面における根本的な改正が行われた。地域包括ケアシステムの構築に向けた地域支援事業の見直しとそれに合わせた予防給付の見直しのなかで注目すべきことは，これまでの介護保険制度での予防給付が大きく変化することである。つまり，要支援1・2に対する予防給付のうち，訪問介護と通所介護については予防給付から切り離して，市町村が地域の実情に応じた取り組みができる介護保険制度の地域支援事業へ移行し，新しく「介護予防・日常生活支援総合事業」（以下，「総合事業」とする）が創設されたのである。

総合事業の基本的な考え方［厚生労働省老健局，2014b, 1］は，①「住民主体の多様なサービスの充実を図り，要支援者等の選択できるサービス・支援を充実し，在宅生活の安心確保を図る」とともに，②「住民主体のサービス利用の拡充による低廉な単価のサービス・支援の充実・利用普及，高齢者の社会参加の促進や要支援状態となることを予防する事業の充実により認定に至らない高齢者の増加」や，③「効果的な介護予防マネジメントと自立支援に向けたサービス展開による要支援状態からの自立の促進や重度化予防の推進等」により，結果として「費用の効率化」が図られることを目指すというものである。

そして，総合事業における介護予防・生活支援サービス事業の「生活支援サービス」においては，高齢者の在宅生活を支えるため，ボランティア，NPO，民間企業，社会福祉法人，協同組合等の多様な事業主体による重層的なサービス提供体制の構築が必要であり，その具体的な内容としては，配食サービスや安否確認をはじめとして，コミュニティカフェや交流サロン，移動販売や介護者支援などがサービスイメージとして提示されている。このように，総合事業は，要支援者の訪問介護や通所介護を市町村で実施する地域支援事業に組み込み，介護予防・生活支援サービス事業のなかで，これまで介護保険制度の保険給付外サービスであった高齢者の生活支援サービスと一体的にその提供を行う仕組みへと変更させたのである。

以上のことからもわかるように，2014年改正においても，地域支援事業再編と総合事業の創設によって，介護保険制度で取り扱う高齢者の生活支援サービスの内容の変更・拡大が行われ，これまで介護保険制度の保険給付外サービスであった高齢者の生活支援サービスが，介護保険制度内で実施することが可能となった。そして，2005年改正では自立した高齢者（要介護認定非該当）まで介護保険制度の対象としたが，2014年改正では，高齢者にとっては社会参加・社会的役割をもつことが生きがいや介護予防につながるとして，介護保険制度において高齢者が保険料を支払う被保険者として制度を支えるだけでなく，サービスの担い手の役割をも背負わされることになったのである（図1）。つまり，「高齢者の社会参加」の促進という取り組みによって，要介護認定非該当の自立した高齢者がサービスを提供する側として介護保険制度内に位置づけられたのである。このような，住民主体，NPO，民間事業者などの活用と高齢者の社会参加は，下手をすれば，財政問題を抱える介護保険制度において，地域包括ケアシステムという名のもとで，措置制度批判が起こったときと同様に「安あがりな福祉」を目指し，再び「日本型福祉社会」論の再来の危険をはらんでいるとの懸念が拭いきれないのである。

論 文　わが国における高齢者福祉政策の変遷と「福祉の市場化」

図1　生活支援・介護予防サービスの充実と高齢者の社会参加

○単身世帯等が増加し，支援を必要とする軽度の高齢者が増加する中，生活支援の必要性が増加。
　ボランティア，NPO，民間企業，協同組合等の多様な主体が生活支援・介護予防サービスを提
　供することが必要。
○高齢者の介護予防が求められているが，社会参加・社会的役割を持つことが生きがいや介護予防
　につながる。
○多様な生活支援・介護予防サービスが利用できるような地域づくりを市町村が支援することにつ
　いて，制度的な位置づけの強化を図る。具体的には，生活支援・介護予防サービスの充実に向け
　て，ボランティア等の生活支援の担い手の養成・発掘等の地域資源の開発やそのネットワーク化
　などを行う「生活支援コーディネーター（地域支え合い推進員）」の配置などについて，介護保
　険法の地域支援事業に位置づける。

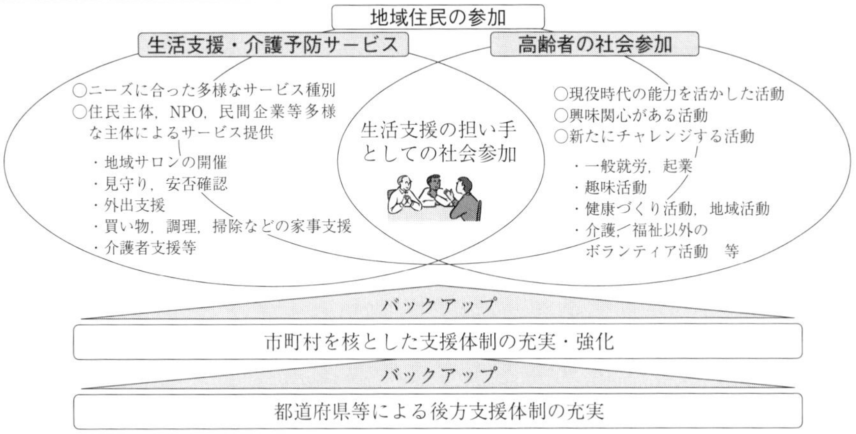

地域住民の参加

生活支援・介護予防サービス　　　高齢者の社会参加

○ニーズに合った多様なサービス種別
○住民主体，NPO，民間企業等多様
　な主体によるサービス提供

・地域サロンの開催
・見守り，安否確認
・外出支援
・買い物，調理，掃除などの家事支援
・介護者支援等

生活支援の担い手
としての社会参加

○現役時代の能力を活かした活動
○興味関心がある活動
○新たにチャレンジする活動

・一般就労，起業
・趣味活動
・健康づくり活動，地域活動
・介護・福祉以外の
　ボランティア活動　等

バックアップ

市町村を核とした支援体制の充実・強化

バックアップ

都道府県等による後方支援体制の充実

（出所）厚生労働省「平成26年（2014年）介護保険法改正」（http://www.mhlw.go.jp/file/06-Seisakujouhou-12300000-Rouk
　enkyoku/201602H26kaisei.pdf　2017年11月29日アクセス）。

5　まとめにかえて

　これまで「福祉の市場化」という視点から，わが国の高齢者福祉政策の変遷を再検討し，介護保険制度の改正を重ねることによってどのように高齢者介護支援が変容したのを確認したうえで，介護保険制度の根本的課題を明らかにしてきた。このような視角からの分析のよって得られた結果を，以下に整理しておこう。

　第一に，高齢者福祉政策における「福祉の市場化」の過程についてである。1980年代半ばから，高齢者福祉政策における民間活力の導入がスタートしたことにより，シルバーサービスとして本格的に介護サービス市場が展開されるようになる。1989年には措置制度のもとでホームヘルプサービスが民間事業者へ委託可能となり，公的な高齢者福祉制度のもとにおいても民間事業者の参入が進み始めた。つまり，介護保険制度が導入される以

前においても，介護サービス市場の発展を目指して，措置制度のもとにおいても民間事業者の参入が徐々に開始され始めたのである。しかし，1990年代に入っても民間活力の導入は思うように進まず，介護サービス市場の発展には限界があったこと，その一方で「公的領域の削減」「公費の削減」をも同時に進めるため新たな枠組みが必要となり，それが新しい介護保障システム（介護保険制度）の導入につながったのである。そして，介護保険制度導入によって，居宅サービスにおいては民間事業者の参入が認められ，公的な政策である介護保険制度上で「福祉の市場化」の歯止めが取り払われた。このように，高齢者福祉政策においては「福祉の市場化」は大きく二段階で実施され，1980年代半ばからのシルバービジネスの登場と措置制度のもとでの民間事業者への委託実施を「第一次民間事業者参入」と位置づけるならば，介護保険制度の導入は，公的な政策上で民間事業者の参入障壁が取り払われた「第二次民間事業者参

入」といえるのである。

第二に，介護保険制度の導入によって介護サービス供給のみが市場に開放されたわけではなく，実際はケアプラン作成機関（居宅介護支援事業所）をはじめ，訪問調査や第三者評価，情報公開にも民間事業者が参入し，介護保険制度においては民間事業者の参入の場が一度に拡大したという点である。常に，居宅介護サービスの供給における「福祉の市場化」が注目されるが，実際は，介護サービス利用における最も重要なサービス選択やニーズの把握といった，これまで行政が担ってきた「相談業務」をはじめ，訪問調査や情報公開といった介護サービス供給における基盤部分においても「福祉の市場化」が進んでいるのである。つまり，介護保険制度によって，行政は直接介護サービスを提供することを放棄し，行政の役割はサービス事業者に対する規制をはじめとする介護保険制度の運営・管理へと変化した。それは，これまでの措置制度のもとでの高齢者福祉政策における行政の役割が変化し，「公的責任の変容」を示しているといえる。

第三に，介護保険制度の根本的課題は，公的責任のもとでの利用者の生活保障がなされていない点である。わが国の高齢者福祉政策は「救貧」から「防貧」，「選別」から「普遍」への発展過程のなかで，その対象者や取り扱う問題を拡大しながら，公費で実施する措置制度から社会保険方式の介護保険制度へとその仕組みを大きく転換させた。しかし，政策が対象者や取り扱う問題を拡大していく反面，現在の介護保険制度では利用者がどのような生活を送っているのかについては，市町村が把握していないという問題が起こっている。利用者のサービス選択を支援する相談業務は，営利事業者が5割，社会福祉法人，医療法人を加えると9割が民間事業者で担われており，介護支援専門員の職務の不明確さの問題も残されているなかで，介護サービス利用者の生活保障に対する公的責任があいまいになっている。さらに，介護サービスの利用だけでなく，地域包括ケアシステムのもとで，高齢者の生活全般に関わる総合相談支援や虐待などの権利擁護まで介護保険制度内へ組み込み，介護保険制度内に位置づけられた地域包括支援センターで実施されることになった。さらなる普遍化を目指して介護保険制度が導入されたにもかかわらず，利用者が介護サービスを利用しながら最低限度の生活を営めているのかを市町村は把握することもせず，福祉サービスの基盤整備に対する公的な責任もあいまい化するなかで，「公的領域の削減」「公費の削減」が進行している。このままでは再び新たな「選別」対象を再生産していく可能性も十分あり，行政がこれ以上利用者の生活問題を直接把握することから遠のいてしまわないように，介護保険制度の根本的課題を早急に解決していく必要があるといえよう。

最後に第四として，介護保険制度改正によって，制度で取り扱う対象者やサービスの範囲は拡大し続けているが，2014年改正では「日本型福祉社会」論を思い出させるような地域や民間事業者の活用と，さらには高齢者の社会参加が求められている。「介護の社会化」を目指して介護保険制度は導入されたが，現在も家族介護が多くの部分をカバーしているのが現状であり，十分な介護サービスが行き渡っているとはいえない。そのなかで，「地域包括ケア」という名のもとに，「ボランティア，NPO，民間企業，社会福祉法人，協同組合等の多様な事業主体による重層的な」サービス提供体制の構築を必要であるとするのは，財政問題を抱える介護保険制度において，地域包括ケアシステムという名のもとで，再び「日本型福祉社会」論の再来の危険をはらんでいるとの懸念が拭いきれない。介護保険制度を「安あがりな福祉」を実行するためのツールとするのではなく，高齢者の生活問題と向き合い，その課題を身近なところで解決できる体制を名実ともに作り上げることが求められている。

注
(1) ここでいう「福祉の市場化」とは，営利企業の参入による介護サービス市場の創出と市場原理の導入とする。
(2) わが国の老人福祉における「救貧」制度からの脱却の過程ついては，森［2008，15-36］で詳細に論

論　文　わが国における高齢者福祉政策の変遷と「福祉の市場化」

じている。参照されたい。
(3)　例えば，一定の基準以上の有料老人ホームに対して国家補助を行うこととした軽費老人ホーム（1961年）の登場や家庭奉仕員制度（1962年）が国の制度としてスタートしたことである。
(4)　この時期における高齢者福祉対策とコミュニティ・ケアに関しては，森［2008，27-30］を参照されたい。
(5)　高齢者福祉政策における1980年代〜1990年代の動向については，伊藤［2002］が詳しい。参照されたい。
(6)　新井［2004］を参照のこと。
(7)　堀［1996，146］を参照のこと。
(8)　加瀬［1993，64］は，「高齢者の在宅ケアのニーズがシルバーサービスの需要として顕在化していない現実」に対して，①「シルバーサービスによる在宅ケアは高額で，やはり購買力のある高齢者層は限られていること」，②「企業による在宅ケアを購入することができる資力を持った層でも，安い料金で比較的容易に入院によるケアが可能なため，在宅ケアそのもののニーズが顕在化しない」という二つの理由を挙げている。
(9)　橋本［2001，7］も，同様のことを指摘している。
(10)　この点については，森［2016］で詳細に述べている。参照されたい。
(11)　ソーシャルワークの視点からの高齢者福祉サービスの提供とその課題については，森［2008，89-103］を参照のこと。
(12)　須田［2011，96］は「対人サービスの民営化の伴う規制強化によって，提供されるサービスの規格化が進」むが，「規格化されたサービス提供では対応しきれない課題」があるとして，「介護保険制度型民営化政策に見られるプロセス・コントロールの資源配置メカニズムと，その結果として促される制度・規範による同型化のプレッシャーは，マジョリティの中での公平性の維持にはすぐれているが，マイノリティの支援にはなじまない」とする。
(13)　原田［2009］は，苦情に対する市町村の対応について事例分析している。
(14)　田中［1993，95］は，在宅ケアサービスの民間委託と公的責任について論じ，その課題を「福祉サービスが人権問題から消費者問題にすりかわって論じられている風潮」を指摘している。
(15)　2005年改正に関する詳細な分析は，森［2008，105-135］を参照のこと。
(16)　地域包括支援センターによって虐待などが発見されやすくなるという役割は非常に重要であるが，委託された地域包括支援センターの職員には緊急の場合の立ち入りなどの権限はなく，行政との連携が十分機能してはじめて権利擁護の問題が解決する点を危惧している。
(17)　2014年改正に関する詳細な分析は，森［2014；2016］，を参照のこと。

引用・参考文献

浅井春夫，1999，「社会福祉基礎構造改革をめぐる動向と問題点」『老後最新情報資料集16』あけび書房。
新井康友，2004，「ホームヘルプ事業の実際と課題──供給主体多元化の問題を軸に」『立命館大学社会論集』40(1)。
藤原千紗，2001，「福祉の市場化と介護サービスの供給に関する考察」『アルテス　リベラレス』（岩手大学人文社会科学部紀要）第68号。
原田聖子，2009，「福祉サービス保障にかかわる市町村の公的責任──高齢者介護・福祉サービスに対する苦情解決を中心に」『社会学研究科大学院紀要』第46集，東洋大学。
橋本宏子，2001，「福祉をめぐる状況と展望」日本社会保障法学会編『講座　社会保障法　社会福祉サービス法』法律文化社，第3巻。
広井良典，1999，『日本の社会保障』岩波新書。
堀勝洋，1996，「シルバーサービス産業の可能性と限界」『季刊社会保障研究』32(2)。
井上信宏，2007，「地域包括支援センターの運営にみる困難事例への対応──地域包括ケアの実践と困難事例の解決のために」『信州大学経済学論集』第57号。
井岡勉，2002，「在宅福祉サービスの政策的展開」三浦文夫・高橋紘士・田端光美・古川孝順編『戦後社会福祉の総括と二一世紀への展望Ⅲ　政策と制度』ドメス出版。
伊藤周平，1997，『介護保険──その実像と問題点』青木書店。
伊藤周平，2000，「新自由主義の社会保障政策──介護保険にみる日本型新自由主義の特徴と構造的矛盾」『賃金と社会保障』No. 1268。
伊藤周平，2002，「高齢者福祉サービスの政策動向と構造変化」『大原社会問題研究所雑誌』第525号。
伊藤周平，2008，『介護保険法と権利保障』法律文化社。
岩間伸之，2007，「地域を基盤とした包括的支援への助走」『社会福祉研究』No. 98。
岩間伸之，2008，「地域を基盤としたソーシャルワークの機能──地域包括支援センターにおけるローカ

ルガバナンスへの視覚」『地域福祉研究』No. 36。

加瀬裕子，1993，「在宅ケアとシルバーサービス」『ジュリスト増刊』有斐閣。

北場勉，2005，『戦後「措置制度」の成立と変容』法律文化社。

河野正輝，2002，「戦後社会福祉法制の展開」三浦文夫・高橋紘士・田端光美・古川考順編『戦後社会福祉の総括と二一世紀への展望Ⅲ　政策と制度』ドメス出版。

厚生労働省老健局，2005，「地域包括支援センター業務マニュアル」。

厚生労働省老健局，2014a，「平成26年（2014年）介護保険法改正」（http://www.mhlw.go.jp/file/06-Seisakujouhou-12300000-Roukenkyoku/201602H26kaisei.pdf　2017年11月29日アクセス）。

厚生労働省老健局，2014b，「介護予防・日常生活支援総合事業　ガイドライン案」（http://www.mhlw.go.jp/stf/shingi/0000052337.html　2017年11月29日アクセス）。

森詩恵，2008，『現代日本の介護保険改革』法律文化社。

森詩恵，2014，「ソーシャルワークの視点からみる介護保険制度の変容」『大阪経大論集』64(5)。

森詩恵，2015，「介護保険制度における低所得者支援の現状と今後への示唆」『経済学雑誌』115(3)，大阪市立大学。

森詩恵，2016，「高齢者の生活支援サービスからみた介護保険改正とその変遷——介護保険制度導入時から2014年介護保険改正まで」『大阪経大論集』67(2)。

小笠原祐次，2002，「社会福祉施設体系の整備・再編と施設サービス」三浦文夫・高橋紘士・田端光美・古川考順編『戦後社会福祉の総括と二一世紀への展望Ⅲ　政策と制度』ドメス出版。

岡崎祐司，2007，「社会福祉の準市場化と市場個人主

義をめぐる理論的検討」『社会福祉学部論集』第3号。

大野吉輝，1992，「福祉費用の利用者負担」社会保障研究所編『リーディングス　日本の社会保障(4)——社会福祉』有斐閣。

佐橋克彦，2006，『福祉サービスの準市場化——保育・介護・支援費制度の比較から』ミネルヴァ書房。

坂田周一，2002，「社会福祉サービスの有料化と社会福祉概念の変容」『立教大学コミュニティ福祉学部紀要』第4号。

真田是，1996，『民間社会福祉論』かもがわ出版。

佐藤進，1993，「在宅ケア推進をめぐる法制度政策の現状と課題」『ジュリスト増刊』有斐閣。

芝田英昭，2001，「社会福祉法の成立と福祉市場化」『立命館産業社会論集』36(4)。

渋谷博史・平岡公一編著，2004，『福祉の市場化をみる眼』ミネルヴァ書房。

新藤宗幸，1996，『福祉行政と官僚制』岩波書店。

須田木綿子，2011，『対人サービスの民営化』東信堂。

田中幹夫，1993，「在宅ケアサービスをめぐる民間委託と公的責任」『ジュリスト増刊』有斐閣。

東京都介護支援専門員研究協議会，2011，「介護支援専門員の役割に関する研究——どこまでが業務範囲か？——報告書」。

横山和彦，2001，「社会福祉と皆保険体制」右田紀久恵・高澤武司・古川孝順編『社会福祉の歴史——政策と連動の展開』有斐閣。

横山壽一，2003，『社会保障の市場化・営利化』新日本出版社。

横山壽一，2009，『社会保障の再構築——市場化から共同化へ』新日本出版社。

（もり　うたえ：大阪経済大学）

特集◆福祉の市場化を問う

市場化が進む保育施策と保育労働の実態

清水　俊朗

　「すべての子ども・子育て家庭を対象に，幼児教育，保育，地域の子ども・子育て支援の質・量の拡充を図る」ことを目的に，2015年に子ども子育て支援制度がスタートした。しかし，2016年に「保育園落ちた日本死ね」のブログが話題になったように，その後も保育所の待機児童問題は解決せず，保育士不足も未だに深刻である。

　福祉の市場化との関わりで言えば，子ども子育て支援制度は，児童福祉法第24条第1項に規定された「市町村の保育実施責任」を撤廃し，園と利用者（親）による直接契約制度に移行させることで，保育における公的責任を後退させ，企業参入など市場化を目指すことが真の目的であった。

　本稿では，そのなかでも保育士不足の問題に焦点をあて，全国福祉保育労働組合が実施したアンケート調査を基に保育士の労働実態を明らかにするとともに，政府が保育士確保対策として進めている労働施策について言及し，問題提起をしていきたい。

　　キーワード　保育市場化　　保育労働　　子ども子育て支援制度

1　はじめに

　1995年に社会保障審議会は，「広く国民に健やかで安心できる生活を保障する」ことを社会保障の基本的な理念とし，「国民の自立と社会連帯の考え」が社会保障制度を支える基盤であるとする勧告を発表した。これは，「国民の最低生活の保障の責任は国家」であり，「国民に必要な費用を拠出する社会保障制度を社会保障の中心におく」と定義した1950年の勧告からの大きな方向転換であった。この「95年勧告」の理念を政策上具体化するためにはじまった社会福祉基礎構造改革は，社会福祉施策と労働に大きな変化をもたらしてきた。この社会福祉基礎構造改革の制度上の主な特徴は，①施設の利用における利用者と事業者との直接契約方式の導入，②運営費用を利用者へ直接

給付する仕組みの導入，③利用料の応益負担化，③サービスの受給に関わる認定システムの導入，④営利企業の参入への規制緩和（市場化）にあると言える。

　こうした社会福祉構造改革の流れのなかで，保育施策に関しては2015年から子ども子育て支援制度（以下，新制度）が施行されることになった。新制度は，「すべての子ども・子育て家庭を対象に，幼児教育，保育，地域の子ども・子育て支援の質・量の拡充を図る」ことを目的にしてスタートしたが，施行後2年以上が経過し，待機児童や保育士不足といった問題は解決されたとは言えない状況が続いている。「子ども子育て支援の量・質の拡充」のためには，現在も少なくない課題を抱えているのである。

　本報告では，社会福祉基礎構造改革路線のなかに位置づけられて整備されてきた子ども子育て支

援制度において「福祉の市場化」が進められている現状を概括しつつ，そのなかでも「保育士不足」の最大の原因とされる保育労働者の処遇の実態について，全国福祉保育労働組合が実施した2つの調査を基に検証していく。そのうえで，保育士確保にむけて政府が進めようとする処遇改善対策について批判的な検討を試みたい。こうした過程を通じて，施策の拡充にむけた保育現場からの課題提起としていく。

2　社会問題化する待機児童と保育士不足

（1）新制度実施後の保育施策の状況

　子ども子育て支援制度（以下，新制度）に伴う法改正によって児童福祉法第24条が改定された。市町村の保育実施義務を定めた第1項については多くの関係者の運動によって維持されることになったが，新たに2項目が付け加えられ，市町村の保育実施義務を伴わない利用者と事業者の直接契約による保育施設・事業が設けられることになった。認定子ども園や小規模保育事業，事業所内保育所，居宅型保育事業などがこれにあたる。

　また，新制度の実施後は，公立保育所の民営化・子ども園化（幼稚園との統合も含む）・大規模化が各地で進行しており，市町村が住民に対する保育の実施責任を後退させる事態が進行している。併せて，新制度では，企業参入が大幅に規制緩和され，認可基準を満たしていれば営利企業が保育施設・事業を運営することが可能になった。株式会社・有限会社が設置する保育所は，支援制度が実施される前年の2014年に657ヶ所であったものが，2016年には1236ヶ所と2倍近く増加している。それに対して，市町村が設置する公立保育所は，2014年に9644ヶ所であったが2016年には8917ヶ所と727ヶ所減少している。また，2016年度から企業主導型保育事業が新設され，2017年度の待機児童対策の目玉とされた。しかしこの新事業は，受入れ児童数や年齢に制限がないにもかかわらず保育士の配置基準や施設整備は小規模保育所B型基準で設定される。そのため，子どもが増えれば詰め込み保育を余儀なくされ，さらに保

育士の半数は無資格者でも可能になるという問題を抱えている。こうした例を見て分かるように，新制度の下では企業参入や規制緩和といった保育の市場化が確実に進んでいると言える。

（2）待機児童問題の行方

　政府は，新制度導入の議論と併せて，2013年に「待機児童解消加速化プラン」を策定し，2017年までの5年間で50万人分の保育の受け皿を確保するとしてきた。2017年度末では48万3795人の定数の確保を見込んでいるが，実際には待機児童の解消には至っていない。そればかりか，国の基準に該当しない「隠れ待機児童」は，2016年4月時点で更に6万7354人いることを厚生労働省は公表している。保育所のニーズが高まっている背景には，女性の就業数の増加があるが，政府の待機児童対策がその実態に追いついていないことが待機児童が解消できない最大の要因である（図1，図2）。

（3）保育士不足の現状

　また，社会問題として現象化しているもう1つの問題は「保育士不足」である。政府は保育士不足解消を求める世論に押されて，保育士の処遇改善対策として「処遇改善加算」や「保育士バンク」などの施策を講じているが，実効性に乏しく問題の解消には至っていない。つまり，労働者側から求める実効的な処遇改善対策とは乖離があるのである。

　保育現場の労働者が求める対策は，働き続けられる賃金や労働条件など労働環境の抜本的な改善にある。保育の専門職としての「働き甲斐」に応えうる労働条件の設定と労働に対する正当な評価が求められているにもかかわらず，政府の対策では，保育労働者が仕事のなかで生じるストレスや絶望感を克服できないでいる。

　以上のように，新制度が実施され保育の市場化が進行するに伴って待機児童や保育士不足問題がより深刻な形で現れている。

　保育士不足を解消する鍵となるのは賃金や労働条件など労働環境の改善にあるが，そのためには保育労働者の労働と生活，要求に関わる実態を明

図1 保育所等待機児童数及び保育所等利用率の推移

(出所) 厚生労働省「保育所等関連状況取りまとめ（平成28年4月1日）及び『待機児童解消加速化プラン』集計結果」を基に作成。

図2 女性の就業率の推移

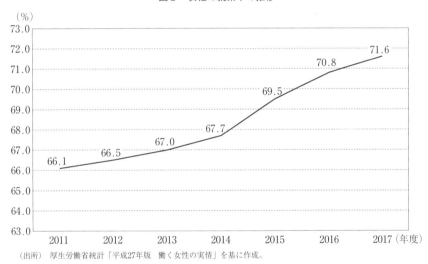

(出所) 厚生労働省統計「平成27年版 働く女性の実情」を基に作成。

らかにし，課題をより鮮明にしていくことが必要である。同時にその作業は，保育の市場化が保育労働に与える影響について検証する手がかりになるのではないか。そうした視点から次に保育労働者の実態について検討していきたい。

3 保育労働者の実態

(1) 賃金水準

厚生労働省の調査では，2016年の一般労働者の平均賃金は30万4000円（年齢42.2歳，勤続11.9年）であり，保育士に限って見ると23万7000円（31.3歳，勤続6.2年）で，およそ7万円の開きがある。2015年の統計では，一般労働者が30万4000円（年齢42.3歳，勤続12.1年）で，保育士が21万5000円（36.0歳，勤続7.7年）であったことから，その差は縮小傾向にある。同じ調査で，看護師の29万9000円（39歳，勤続8.0年）と比較すると，関連する職種である医療職とはまだ格差が大きいことが分かる。また，近似する職種である福祉施設介護員21万5000円（40.5歳，勤続6.3年），ホームヘルパー21万3000円（46.6歳，勤続6.3年），幼

特集◆福祉の市場化を問う

図3 2016年度：職種別賃金の比較

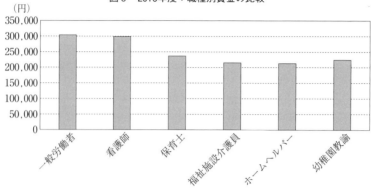

（出所）厚生労働省「賃金構造基本統計調査（2016年）」を基に作成。

稚園教諭21万5000円（33.0歳，勤続7.7年）であることから，福祉労働者全般や就学前教育労働者も同様に低賃金の状態にあると言える(3)（図3）。

2016年度の短時間保育労働者の1時間あたりの賃金は，1049円（45.8歳，勤続5.0年）で2015年と変わっていない。一般産業の短時間労働者の賃金が1075円であり，ほぼ近い水準にある。

全国福祉保育労働組合（以下，福祉保育労）が，組合員を対象に「2017春闘 福祉に働くみんなの要求アンケート(4)（以下，要求アンケート）」を実施している。そのアンケートでは，正規雇用の保育労働者の平均賃金は22万3000円であり，非正規雇用の保育労働者（時給制）は961円である。厚生労働省の平均値より若干低いが，ほぼ同水準を示している。

なお，福祉保育労の要求アンケートでは，臨時・嘱託といった月給制の非正規雇用労働者を別に分類しているが，その平均賃金は16万1000円と正規労働者より低い。こうした保育労働者は正規雇用労働者とほぼ同じ労働時間と業務を行いながら，賃金に大きな格差が生じている。

（2）労働時間

福祉保育労はまた，要求アンケートと同時期に「福祉職場の時間外労働・休憩・休暇に関するアンケート(5)（以下，時間外労働アンケート）」を実施している。このアンケートのなかでは，「所定の勤務終了時間に退勤できない日がありましたか」との質問に対して，「ない」とした回答が21.9％であるのに対して，「何日かあった」は68.1％，「毎日退勤できなかった」は10.0％となっている（図4）。その内，「何日かあった」の回答の内訳は，「1日～5日」が45.7％，続いて「6日～10日」31.2％，「11日～15日」14.4％，「16日以上」8.7％となっている。1ヶ月間の勤務日が22日前後だと仮定すれば，「11日～15日」「16日以上」及び「毎日」の回答数を合わせると，25.3％が勤務日の半分以上で時間外勤務をしていることになる（図5）。

また，勤務終了後に行っている業務については，最も多い回答は「事務（記録など）」で24.5％，次に「行事の準備」20.4％，「日常業務の準備」20.3％，「利用者への対応」19.7％，「会議」11.1％と続く。事務や日常業務の準備，利用者への対応は明らかに通常の業務であり，行事についても年間であらかじめ計画されたものであることを考えると，所定の労働時間内では通常業務が終わらないために時間外労働が慢性化している実態が見てとれる（図6）。

それに加えて，時間外労働について「賃金が支払われていない労働」が「ある」とした回答が49.5％ある。およそ半数で，賃金未払い労働の実態がある。

次に休憩については，「取れている」47.3％に対して，「取れないときもある」39.7％，「取れていない」13.0％と，およそ半数以上が昼の休憩中も働かざるをえない実態にある。休憩中の業務については，「事務（記録など）」が34.8％と最も多

論　文　市場化が進む保育施策と保育労働の実態

図4　所定の勤務終了時間に退勤できなかった日

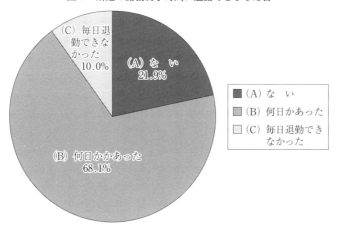

（出所）　全国福祉保育労働組合「福祉職場の時間外労働・休憩・休暇に関するアンケート（2017年）」。

図5　退勤できなかった日数（1ヶ月間）

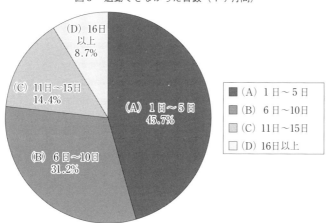

（出所）　全国福祉保育労働組合「福祉職場の時間外労働・休憩・休暇に関するアンケート（2017年）」。

図6　所定の勤務終了後の労働内容

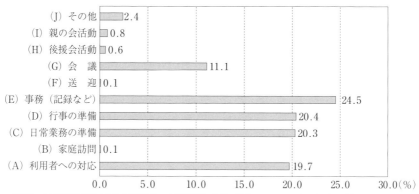

（出所）　全国福祉保育労働組合「福祉職場の時間外労働・休憩・休暇に関するアンケート（2017年）」。

特集◆福祉の市場化を問う

図7　休憩が取れていますか

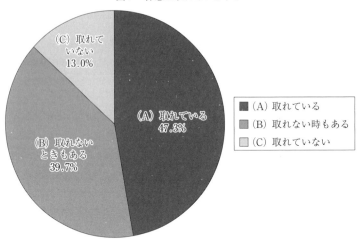

（出所）　全国福祉保育労働組合「福祉職場の時間外労働・休憩・休暇に関するアンケート（2017年）」。

図8　休憩時間中の労働内容

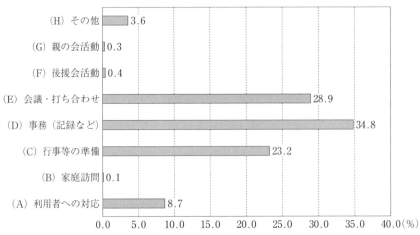

（出所）　全国福祉保育労働組合「福祉職場の時間外労働・休憩・休暇に関するアンケート（2017年）」。

く，次いで「会議・打ち合わせ」28.9％，「行事の準備」23.2％となっている。ここでも時間外労働の場合と同じく，通常の業務が所定労働時間内で収まらないことが影響している（図7，図8）。

(3) 健康への影響

このような終業時間に帰宅できずまた休憩も取れないという労働実態は，保育労働者の健康に少なくない影響を与えている。要求アンケートで，「普段の仕事での心身の疲れについて」の質問に対して，「とても疲れる」とした回答が48.7％，「時々疲れを感じる」48.6％と，この2つの回答だけで97.3％を占めている（図9）。

また，「仕事や職場で強いストレスを感じますか」の質問に対しては，「常に感じる」21.4％，「時々感じる」62.1％の回答があり，両方で83.5％を占める（図10）。更に，ストレスの原因については，「責任や業務量の増加」51.7％の回答が最も多く，「職場の人間関係」10.7％，「利用者の変化への対応」9.4％と続いている。

論　文　市場化が進む保育施策と保育労働の実態

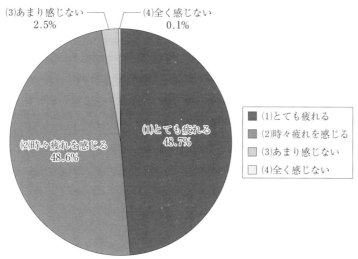

図9　普段の仕事での心身の疲れについて

(出所)　全国福祉保育労働組合「2017春闘　福祉に働くみんなの要求アンケート（2017年）」。

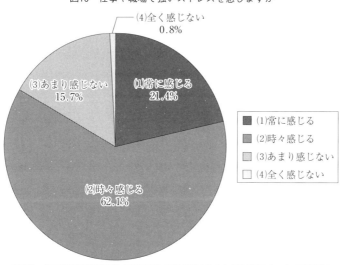

図10　仕事や職場で強いストレスを感じますか

(出所)　全国福祉保育労働組合「2017春闘　福祉に働くみんなの要求アンケート（2017年）」。

　近年の保育労働の量・質に関する変化が，労働の強い疲労感とストレスとなって現れている。こうした状況が続けば，保育労働者の健康破壊がより進む危険がある。

（4）非正規化と非正規労働者の過酷な実態
　保育職場では，非正規労働者の増加が指摘されているが，厚生労働省は民間保育所の非正規労働者数の全国的な統計を公表していない。全国保育協議会が独自に調査した統計では，非正規保育士の割合が「40％以上60％未満」と回答した保育所が最も多く，70％とした保育所も9.4％あるとしている。

　非正規保育労働者に関して，要求アンケートでは，非正規労働者が思う不満や不安は，「賃金が安い」76.3％が最も多く，次いで「人手が足りな

特集◆福祉の市場化を問う

図11 非正規保育労働者の職場の不満（3つまで回答）

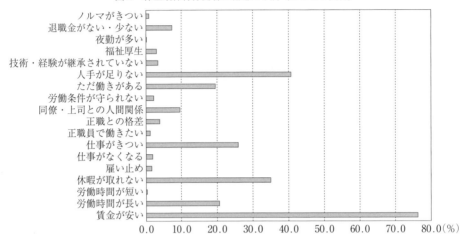

（出所）　全国福祉保育労働組合「2017春闘　福祉に働くみんなの要求アンケート（2017年）」。

い」40.7％,「休暇が取れない」35.0％,「仕事がきつい」26.0％,「ただ働きがある」19.5％となっている（図11）。このように増加傾向にある非正規保育労働者は，低賃金，時間外労働，休憩が取れないなど，正規労働者と同じ過酷な労働環境におかれている。

（5）働き甲斐と現実の乖離

保育労働者の労働に対する意識について，要求アンケートの「今の仕事についてどう思いますか」との質問に対し，回答では「とてもやりがいがある」27.0％,「やりがいがある」68.7％で，95.7％と高い割合を占めている（図12）。

一方で，「仕事を辞めたいと思ったことはあるか」の質問に対しては，「いつも思っている」9.4％,「時々思う」60.1％を合わせて69.5％になる。このように保育労働者の働き甲斐と現実は乖離している（図13）。

また，「仕事に対する不安や悩み」は，「賃金が低い」49.2％,「忙しすぎる」31.2％,「人出が足りない」20.6％,「体がもたない」19.0％,「休みが取れない」14.9％と続く（2つまで回答）。これらの数値を，経年で比較して見ると，2007年と2017年では，「今の仕事についてどう思いますか」の質問に対する「とてもやりがいがある」「やりがいがある」の回答の数値に大きな変化はないが，

一方の「仕事を辞めたいと思いますか」の質問に対しては，「いつも思っている」「時々思う」の回答がそれぞれわずかだが増加している。また，「仕事に対する不安や悩み」に関しては，「賃金が低い」とする回答が15.8％増えている（表1，表2，表3）。

つまり，保育労働者は保育の仕事に働き甲斐を持ち続けているが，それを保障する条件の改善（特に賃金面で）が遅れている現状があり，それが離職増加や人材不足といった現在の現象につながっているのではないか。

（6）保育労働者の生活実感と要求

保育労働者の生活実感は，「やや苦しい」45.2％で最も多く，次に「かなり苦しい」19.1％で合わせて64.3％となる。「まあまあだ」は30.9％となっているが，「ややゆとりがある」「かなりゆとりがある」は合わせて4.7％と少ない（図14）。

こうした生活実感を反映して，「あなたの家庭では，月額あといくら必要ですか」の質問に対しては，「5万円」とする回答が最も多く35.9％，次いで「10万円以上」が18.0％である。それと合わせて，「月額いくらの賃上げを要求するか」の質問に対しても，「5万円」「10万円以上」とする回答が例年以上に増えている（図15）。

こうした変化は，2016年から2017年に掛けて保

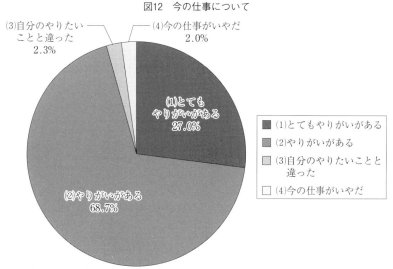

図12　今の仕事について

（出所）　全国福祉保育労働組合「2017春闘　福祉に働くみんなの要求アンケート（2017年）」。

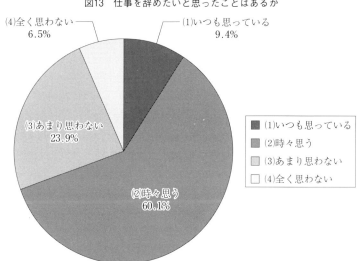

図13　仕事を辞めたいと思ったことはあるか

（出所）　全国福祉保育労働組合「2017春闘　福祉に働くみんなの要求アンケート（2017年）」。

育所待機児童や保育士不足の問題が社会問題化してきたことに加え，労働組合でも保育労働者の賃金改善の要求を重視し方針化してきた経緯が影響をしていると思われる。

4　国の保育労働施策の問題点

ここまでアンケートや統計を基に，保育労働者の労働実態について記述してきた。これらの問題が解決されないままに，待機児童対策として保育所等の建設や定員拡大が進められていることが，保育士不足がここまで深刻になっている最大の要因である。この現状に対して，政府はどのような政策を提示しているのか。その問題点について述べていく。

特集◆福祉の市場化を問う

表1　今の仕事についてどう思いますか

（単位：％）

	2007年	2012年	2017年
とてもやりがいがある	24.6	24.1	23.1
やりがいがある	67.4	68.9	69.9
自分のやりたいことと違った	5.7	4.6	4.3
今の仕事がいやだ	2.2	2.3	2.6

（出所）　全国福祉保育労働組合「2017春闘　福祉に働くみんなの要求アンケート（2017年）」。

表2　仕事をやめたいと思ったことはありますか

（単位：％）

	2007年	2012年	2017年
いつも思っている	8.4	8.0	9.8
時々思う	53.1	57.2	56.9
あまり思わない	30.7	27.2	26.2
全く思わない	7.8	7.6	7.1

（出所）　全国福祉保育労働組合「2017春闘　福祉に働くみんなの要求アンケート（2017年）」。

表3　仕事に対する不安や悩み

（単位：％）

	2007年	2012年	2017年
忙しすぎる	35.2	32.9	31.2
体がもたない	20.1	16.0	19.0
思うような仕事ができない	13.6	11.6	9.4
職場の人間関係	6.9	7.6	12.3
人手が足りない	16.7	16.1	20.6
休みが取れない	14.7	15.5	14.9
賃金が低い	33.4	44.5	49.2
残業（不払い残業）が多い	7.1	8.5	9.1
将来展望がもてない	16.2	13.7	10.3
その他	9.8	8.0	3.8

（出所）　全国福祉保育労働組合「2017春闘　福祉に働くみんなの要求アンケート（2017年）」。

（1）公定価格上の人件費の積算と職員配置基準の実態

　3項①で，保育士の月額賃金について，22万円から23万円ほどの水準にあることを示した。現在の保育制度の下では，保育所運営に必要な運営費は，国の基準に基づいて積算され，子どもの定員や利用数，保育士数などの基準に従って給付される。その費用に基づいて個々の労働者に配分される仕組みとなっている。しかし，理事会等の経営者の「経営努力」で賃金水準を引き上げることは可能だろうか。当然ながら，経営者である以上は，雇用する労働者の生活を保障する責任が生じることは否定できないが，そもそも厚生労働省の保育所公定価格における保育士の人件費の各付けは，国家公務員の福祉職俸給表1 - 29が適用され，これは公務員の賃金にあてはめれば短大卒業約6年目の水準である。それに加え公定価格のなかには，処遇改善加算（基礎分）として勤続年数に応じた加算があるものの，それは平均勤続年数10年以上であっても10％が加算されるのみで，定期昇給相当額をカバーできる水準ですらない。2017年度より「技能・経験に応じた保育士等の処遇改善の仕組み（処遇改善加算Ⅱ）」が導入され，賃金が昇給する仕組みの構築が望まれるがその問題点については後述する。

　保育士の本俸の積算額の推移を見ると，2000年

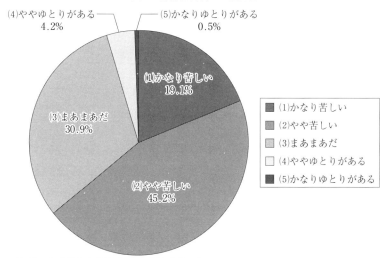

図14 保育労働者の生活実感

(出所) 全国福祉保育労働組合「2017春闘 福祉に働くみんなの要求アンケート (2017年)」。

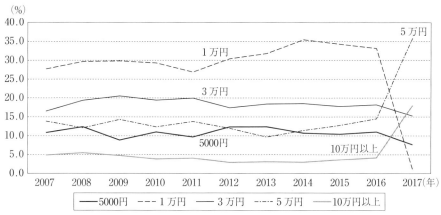

図15 春闘で月額いくらの賃上げを要求するか

(出所) 全国福祉保育労働組合「2017春闘 福祉に働くみんなの要求アンケート (2017年)」。

までは引き上げられてきているが，それ以降の年はほぼ横ばいであることが分かる（**図16**）。このように長期間に渡って制度上の積算額が低く抑えられてきたことが，保育労働の低賃金を生み出してきた原因の1つである。

そしてもう1つの原因が，職員配置基準にある。国が定める保育所の職員配置基準は，0歳児は子ども3人対し，保育士1人以上，1・2歳児は子ども6人に対し保育士1人以上，3歳児は20人に対し保育士1人以上，4・5歳児は子ども30人に対し保育士1人以上を配置しなければならないとされている。

例えば，A保育園では，0歳児6人，1・2歳児24人，3歳児20人，4・5歳児60人の子どもを受け入れているとする。国の配置基準どおりに保育士を雇用すれば，保育士（正規）は9人となる。しかし，全国保育協議会の調査では，全国の加盟保育所では平均で国の基準の1.8倍の保育士を配置していることが明らかになっている。そうだとすれば，A保育園では9人の1.8倍の16人の

特集◆福祉の市場化を問う

図16　運営費における保育士本俸の積算額の推移

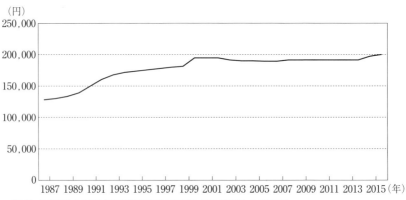

（出所）毎年度4月1日時点の保育所運営費の積算額（厚生労働省）を基に作成。

保育士を雇うことになり，1人の保育士に支払える人件費の水準が低下するだけでなく，保育士の非正規化の要因にもなるであろう。実際に保育所では，そうしなければ子どもへの必要な保育や交代勤務のシフト調整などができず，それでも前述の各調査結果のように，時間外労働が慢性化し，休憩さえ取得できないのが実態である。

つまり，経営者がなすべき努力や責任性を前提にしても，保育労働者の低賃金や労働条件悪化が解消されない問題の根底には，国の政策にこそ原因があると言える。

（2）厚生労働省が進める人材確保・処遇改善対策

厚生労働省は，2017年度から，保育所職員の処遇改善対策として，全職員を対象に処遇改善加算Ⅰを2％積み増し，それに加え新たに，「技能・経験に応じた保育士等の処遇改善の仕組み（処遇改善加算Ⅱ）」を導入している（図17）。

これは，経験年数や研修受講などいくつかの要件を備えた職位・職階（副主任・専門リーダー・職務分野別リーダー）を設け，それに対し補助金を支給することでキャリアパスの仕組みを構築する内容である。

キャリアパスとは，介護職員の処遇改善対策としてすでに2010年度から導入され，介護や障害者福祉分野の労働者の処遇改善加算の要件とされてきた。その導入にあたって，全国社会福祉施設経営者協議会は，「同一組織内における長期的な職務の道や展望のこと[8]」であるとキャリアパスについて定義している。

介護分野でのキャリアパスと保育分野のキャリアパスは類似しているが，いくつかの違いもある。共通する主な点は，①複数の職位・職階を設け，その階位に応じて賃金が上がる仕組みである，②その階位は資格・研修受講・経験等が要件となる，③階位が下位になるほど職員数が多く，いわゆるピラミッド型の構成となる，ことにある。相違点として，①保育の場合は，昇給方法と金額が，国の補助金と役職・職位といった要件に直接に結びついているが，介護分野は資格等の要件を満たせば，その配分は事業所にゆだねられる，②介護分野のピラミッドは，有資格者や研修受講者の下位に更に無資格者の層がある，ことが挙げられる。

キャリアパスは，職場を超えて共通した資格や経験を構築し，賃金体系に「昇給する仕組み」を位置づけされることに意義があると言えるが，すでに導入されている介護分野では，①相対的な評価による賃金体系に変更されることによって労働者間の賃金格差が拡大する，②資格要件の緩和（無資格者の雇い入れ）と結びついた不安定雇用労働者の増大と福祉サービスの質の低下への懸念が生まれている，③研修の費用負担，代替職員の保障が不十分で，キャリアの構築は自己責任となる，④人事評価制度と結びつくことで，チームワーク（福祉労働の集団性）が維持されなくなる，などの問題が指摘されている（図18）。保育分野

図17　保育士等（民間）のキャリアアップの仕組み導入後の職制階層（イメージ）

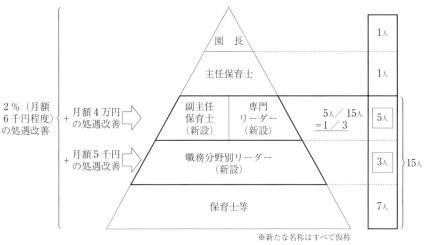

（出所）厚生労働省「平成29年度保育対策関係予算の概要」。

においても同様の問題が生じる可能性がある。

　厚生労働省は，新制度や待機児童解消加速化プランで解決できない待機児童問題において，保育労働者の処遇の問題がその障害となっていることを認めざるを得なくなっている。しかし社会保障予算全体を削減しようとする財務方針の下では，保育労働者全体の賃金を引き上げ，労働条件を改善することによって処遇を改善し人材確保を進めるといった方向性を維持できなくなっている。その結果，「個人が頑張れば高い賃金も可能」な賃金体系を準備しつつ，一方で低賃金労働者を底辺に固定することで，全体として保育に関わる人件費コストを抑える保育労働政策に転換しはじめている。

（3）イコールフッティング論

　現在，保育所では，独立行政法人福祉医療機構が実施する社会福祉施設職員等退職手当共済制度を利用することができる。2014年の時点では全国で25万人の保育士が加入している。この制度は，民間の社会福祉施設職員の確保や定着のために，公立の社会福祉施設職員との格差を是正することを目的に1962年，国によって創設された。ところが社会福祉基構造改革によって，社会福祉に企業やNPOなど多様な事業主体の参入が広がるなかで，2005年には「民間（企業やNPOなど）とのイコールフッティングの観点」から，介護保険制度関係の施設・事業に関しては公的助成が廃止された。この改定で，制度に対する国の関与が後退し，法人の掛金の負担が3倍に増大することになった。

　ここで言うイコールフッティングとは，社会福祉法人が公的な事業であるが故に制度上認められてきた補助金や税の免除などを「優遇」と捉え，それを廃止することで企業やNPO等との均衡を図ろうとする考え方である。介護保険制度が2000年に導入されて以降，企業等の参入が進められた結果，更なる規制緩和や公的な補助金削減の理由として使われている。

　保育所職員に対する退職共済手当についても，現在，国庫助成の廃止の検討が進められている。しかし，保育所の場合，少なくとも現時点では多くは公立もしくは社会福祉法人が運営主体であり（表4），イコールフッティング論をあてはめて議論すること自体が実態に即していないと言える。更に言えば，社会福祉法人が他の運営主体とは区

図18 2025年に向けた介護人材の構造転換（イメージ）

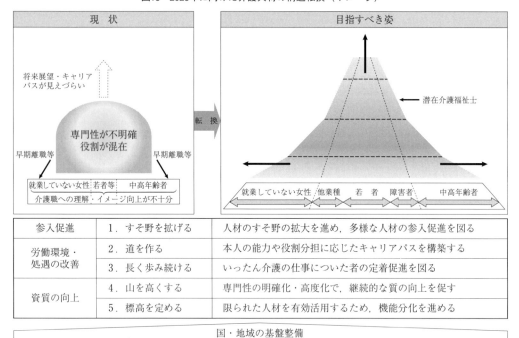

（出所）厚生労働省「2025年にむけた介護人材の確保〜量と質の好循環の確立にむけて（2015年）」。

別されるのは，その成り立ちからして公的な性格が明確にされていたためであり，だからこそ社会福祉法人の運営を国が財政的に保障することは，決して「優遇」でなく，国の社会福祉に対する公的責任として当然のことであろう。

5　保育施策と保育労働の市場化

以上述べてきたように，子ども子育て支援制度の導入で，直接契約制度による新たな保育施設・サービスが開始され，全国の地方自治体では，公立保育所の民営化・企業参入など市場化が進行している。しかし，待機児童問題や保育士不足など，新制度導入の目的であった諸課題は未だ解決されていないことは前述したとおりである。

そして保育労働者は，低賃金で生活が見通せず，さらに実態に合わない職員配置基準によって終業時間に仕事が終わらず，休憩を取ることすらできない状態にある。また強い疲労とストレスを感じながら働き続けることで健康破壊の危険に直面している。非正規保育労働者は増大しているが，正規労働者に比べいっそう低賃金で過酷な労働実態にある。そして保育労働者の多くは，働き甲斐と現実との乖離を感じつつ，生活に対する苦しさを抱え，これまでにない高い賃金増額への要求を持っているのである。

それに対し国は，保育労働者全体の賃金や労働条件の底上げを目指すのではなく，相対的な評価に基づく賃金体系を導入することで，総人件費を抑制する労働政策に向かっている。

介護保険制度の導入に始まる社会福祉基礎構造改革がこれまで進められ，子ども子育て支援制度の実施もその流れのなかに位置づいている。この一連の制度改革は，結果として国民の福祉ニーズに応えることができず，保育分野においても待機児童や保育士不足が解決できないなど，社会福祉の必要充足の原則を満たしているとは言い難い。そして，国や市町村の公的責任性の後退と営利企業の参入拡大が一体的に進むことで，保育所経営や保育労働そのものの変質も危惧される。そのな

論　文　市場化が進む保育施策と保育労働の実態

表4　保育所の運営形態の推移

運営形態	2007年	2008年	2009年	2010年	2011年	2012年	2013年	2014年	2015年
自治体	11,603	11,328	11,008	10,766	10,515	10,275	10,033	9,644	9,212
社会福祉法人	10,163	10,417	10,703	11,026	11,434	11,873	12,340	12,893	12,382
社団法人	4	20	11	6	6	17	4	5	18
財団法人	227	220	210	197	175	143	96	75	79
学校法人	171	227	266	321	434	508	588	652	366
宗教法人	277	266	268	260	257	249	244	237	233
NPO	54	59	66	66	75	85	86	94	165
株式会社有限会社	118	149	157	227	301	382	474	657	927
個　人	212	201	190	176	167	155	148	142	129
その他	19	22	46	23	21	24	25	25	26
計	22,848	22,909	22,925	23,068	23,385	23,711	24,038	24,424	23,537

（注）　1：H23は岩手県，宮城県，福島県の8市町を除く。
　　　　2：H22以降その他に計上してあった有限会社を株式会社に計上。
　　　　3：H26は福祉行政報告例の施設数から修正したものを計上。
　　　　4：H27は，幼保連携型認定こども園が大幅増（2014年：720→2015年：1,931）。
（出所）　厚生労働省「保育分野における規制改革（2016年）」より抜粋。

かで進行している保育施策の市場化は，権利保障としてのナショナルミニマムが維持されなく事態を生むのではないだろうか。

注
(1)　厚生労働省「保育所の設置主体別認可状況等について」による。
(2)　厚生労働省「平成28年賃金構造基本統計調査」所定内給与額による。
(3)　職種の賃金は企業規模10人以上の統計による。
(4)　2016年9月〜11月に実施，この報告で用いる数値は保育士を抽出したもの。
(5)　2016年9月〜11月に実施，この報告で用いる数値は保育職員を抽出したもの。
(6)　全国保育協議会「全国の保育所実態調査2011」（2012年4月）。

(7)　同上。
(8)　全国社会福祉施設経営者協議会「介護保険事業を経営する社会福祉法人における職員のキャリアパスの構築にむけて——キャリアパスガイドライン」（2010年3月）による定義。

参考文献
保育研究所編，2014，『これでわかる！　子ども・子育て支援制度——制度理解と対応のポイント』ちいさいなかま社。
中山　徹・藤井伸生・田川英信・高橋光幸，2014，『保育新制度　こどもを守る自治体の責任』自治体研究社。

（しみず　としあき：全国福祉保育労働組合）

特集◆福祉の市場化を問う

福祉国家の変容とケアの市場化
──イギリスにおける保育政策の展開とジェンダー──

原　　　伸　子

　本稿の課題は，イギリスにおける「第三の道」以降の「福祉の契約主義」に焦点をあてて保育の市場化をジェンダーの視点で考察することである。それは，主として家庭で女性が担ってきた保育（ケア）の社会化が市場化によって推進されることによって，構造的にいかなる問題が生じているかを明らかにすることである。以下，まずジュリアン・ルグランによって提唱された「準市場」の理論的性格を明らかにする。次に1997年以降のニューレイバーのもとで保育政策が子どもの貧困対策として推進されたことを考察する。それは社会的投資アプローチとワークフェアを二つの柱として，市場化によって推進された。2010年以降の緊縮財政下においても同様であり，*Open Public Services White Paper*（2011）に見られるように，保育の市場化はより急速に進展した。最後に，ケアの市場化がジェンダー不平等を深化させたことを明らかにする。

　キーワード　福祉の契約主義　　準市場　　保育　　ジェンダー　　ケア

1　はじめに

　1980年代以降の福祉国家変容のコンセプトは「福祉の契約主義」［Gerhard, Knijn and Lewis, 2002, 106；White 2004, 38］である。それは，新自由主義における市場主義と個人主義のもとで，従来の社会契約における国家と市民との関係を，国家と個人との「新しい契約」関係に組み替えることである。例えば「福祉の契約主義」をいち早く導入するとともに，その政策的変遷が鮮明であるイギリスでは，1980年代以降の保守党政権，97年以降のニューレイバー，そして2010年以降の保守党と自由民主党の連立政権および保守党政権においても，政策の理念は「福祉の契約主義」である。とりわけニューレイバーによる「第三の道」［Giddens, 1998］は，「福祉の契約主義」のもと，

福祉の準市場化とワークフェア政策を質的・量的に拡大させた。「準市場」の理論を提唱したジュリアン・ルグランがいうように，「第三の道」は，Cora（コミュニティ［community］，機会［opportunity］，責任［responsibility］，アカウンタビリティ［accountability］）［Le Grand, 1998, 26］から始まるという。つまり「第三の道」とは，中央から地方への権限移譲，公私の多様な経済主体による福祉の供給，権利と義務の新しい契約関係，そして供給主体間の「パートナーシップ」［*ibid.,* 1999, 145］という準市場による福祉改革によって実行に移された。一方，2010年に政権についた保守党のキャメロン首相（当時）は，イギリスが大量の失業者と福祉受給者の増大という *Broken Britain* に直面しているとしてニューレイバーの政策を批判して，あらたに「大きな社会（Big Society）」論を提唱した。しかしその構想

44　社会政策学会誌『社会政策』第9巻第3号

もまた，脱中央集権化，コミュニティの重視，多様な経済主体（市民，企業，ボランティア団体）の「パートナーシップ」による「福祉の契約主義」に基づくものであった。

事実，イギリスは現在，深刻な貧困に直面している。最新の数値では相対的貧困率（AHC）22％，子どもの相対的貧困率（AHC）30％という高い値を示している［House of Commons, 2017, 3,17-8］。また2011年から14年までの4年間に人口の約3分の1（32.5％）が少なくとも1年間，貧困を経験しており，この数値は2008年の31％からほぼ安定的に推移している［Office for National Statistics, 2014, 18］。ひとり親世帯の持続的貧困状態はさらに深刻であり，同期間に少なくとも一度は貧困状態に陥った割合は48％，2年以上貧困状態であった割合は33％に達している［ibid., 28］。このような現実に直面して，イギリスでは現在，「福祉の契約主義」は，はたして「新しい社会民主主義」［Gamble and Wright, 1999］によって「民主主義の民主化」［Giddens, 1998, 124］を実現しえたのかが問われている。つまりそこでは，福祉国家の変容とそのコンセプトである「福祉の契約主義」概念の基本的性格や，ニューレイバーによる政策と2010年以降の緊縮財政下の政策との関係をめぐって議論が続いている。

本稿の課題は，以上の問題意識のもとで，「第三の道」以降の「福祉の契約主義」と準市場化に焦点をあてて，イギリスの保育（ECEC, Early Childhood Education and Care）の市場化をジェンダーの視点で検討することである。以下，「2」では「福祉の契約主義」と「準市場」の理論を概観する。「3」ではニューレイバーによる保育の市場化を検討し，「4」では2010年以降の緊縮財政下の保育政策について考察する。問題となるのは，まずニューレイバーの保育政策が「福祉の契約主義」にもとづいて二つの観点から行われたことである。一つは，貧困な地区における子どもの貧困対策が社会的投資アプローチによって実行に移されたこと，もう一つは，子どもの母親（とくにシングルマザー）にたいするワークフェア政策である。両者によって貧困世帯の社会的包摂が目指されたのであるが，それは同時に福祉の市場化の過程でもあった。一方，2010年以降の緊縮財政下の保育政策は，Open Public Services White Paper［HM Government, 2011］に見られるように，New Public Management の「純粋化」［Pollitt, 2013, 913］の様相を呈している。つまり，緊縮財政下の保育政策は，ニューレイバーによって導入された福祉の市場化をより一層推進することになった。最後に福祉の市場化によって，ジェンダー不平等とケアの不安定が深化したことを明らかにする。

2 「福祉の契約主義」と「準市場」

（1）「福祉の契約主義」と社会的投資アプローチ

① 「福祉の契約主義」とワークフェア（welfare to work）

前述のように，「福祉の契約主義」とは，従来の国家と市民との「社会契約」にかえて，社会保障のサービスをめぐる供給者としての国家と，受給者としての個人との関係に改めて契約概念を用いることである。その理念はすでに1980年代以降，保守党政権下で導入されており，90年代後半からニューレイバーによって継承されることになった。最も典型的なのは NHS（National Health Service）における「内部労働市場」の導入例である。97年に出された NHS 白書『近代的で信頼できる新たな NHS へ』（1997年）では，90年代初頭に保守党政権下で導入された「内部労働市場の弊害」［Department of Health, 1997］をなくし，公私の「パートナーシップにもとづいたシステム」［ibid.］が必要であると述べられているが，その方向性はすでに保守党政権下において目指されていたものである。

ところで労働党が，92年の総選挙で敗北した後に，当時の党首であったジョン・スミスは社会正義に関する独立の委員会を設立した。この委員会はベバリッジ報告以来の50年間の社会政策を再検討し94年に Social Justice : Strategies for National Renewal（『社会的正義――国民的再生のための戦略』）を発表した。そこには以下のように，

ワークフェアの理念が明確に述べられている。

「労働はわれわれの生活の中心であり，支払い労働も不払い労働もわれわれの必要を満たし，富と分配のための資源を生みだす。…しかし貧困から抜け出すためには支払い労働が最良の道であるとともにディーセントな生活水準の達成を望みうる唯一の方法である。…労働は福祉の一部である。…」[The Commission of Social Justice, 1994, 151]。

また，93年，*Arnold Goodman Charity Lecture* におけるブレアの講演は，「第三の道」における「福祉の契約主義」の考え方を簡潔に表現している。

「現代のシチズンシップの考え方は権利を与えるが義務を要求する。敬意を示すが見返りを要求する。機会（opportunity）を与えるが責任（responsibility）を求める…これらがすべて一緒になってコミュニティについての現在の見方を再構成する考え方を形作る。そこでは相互依存と独立の双方が認められるし，強力で団結力のある社会の存在は個人の向上心の達成や進歩にとって本質的である」[Blair, 1996, 218, 220；White, 2004, 27]。

以上に見られるように，「第三の道」の基本コンセプトは個人主義に基づく「福祉の契約主義」である。それは例えば「求職者協定」に見られるように，政府による労働「機会」の提供とそれにたいする個人としての市民の労働の「責任」との関係である。そしてそれが福祉改革の基本理念となっている。

②資産の平等主義と社会的投資アプローチ

それでは，「福祉の契約主義」はどのような平等理念を提示するのか。スチュワート・ホワイトは，ニューレイバーの「福祉の契約主義」と社会民主主義との理論的関連を論じるなかで次のようにいう。「第三の道」には分配の正義という意味での明確な「平等」概念は存在しない。しかし，

ワークフェアの考え方のなかに「資産ベースの平等主義」という独自な考え方が展開されている [White, 2004, 30]，と。その論理は以下のとおりである。

まず国家による福祉の供給は単に不利な状況を軽減することに求められるのではなくて人々が不利な状況に陥ることを避けることができる資産形成に向けられるべきである，と [*ibid.*]。ここで，二つの主要なターゲットが選ばれる。一つは，将来の労働者・市民である子どもへの人的投資であり，もう一つは，排除されたコミュニティへの投資である。すなわち将来の良質な教育を受けた労働力はポスト工業社会の知識経済にとって本質的であるとともに，所得の平等に資することになる。子どもへの投資は「社会的投資戦略の中心」となる [Lister, 2006, 53]。具体的政策としては，「チャイルド・トラスト・ファンド（Child Trust Fund）」，「児童控除（Child Tax Credit）」や「シュア・スタート・プログラム（Sure Start Program）」などがあげられる。すなわち，「資産ベースの平等主義」とは社会的投資による社会的包摂ということになる。

後述するように，これらの政策はニューレイバーによる積極的な子どもの貧困対策である。しかしそれは，人的資本論および認知心理学や脳科学による一連の幼児発達に関する研究成果に支えられている。事実，イギリス大蔵省の『包括的歳出評価1999～2001』には，レオン・ファインスタイン [Feinstein, 1998] とジェイン・ウォルドフォーゲル [Waldfogel, 1999] による社会階層と子どもの教育水準に関する調査研究が政府による貧困地区の子どもへの投資戦略の「根拠資料」として掲げられていた [Stewart, 2009, 48]。それらは，60年代アメリカで貧困家庭の子どもたちに導入された「ヘッドスタートプログラム」のイギリス版である。ジェームズ・J.ヘックマン『幼児教育の経済学』（2013＝2015）において述べられているように，その投資戦略はもっぱら「幼児教育のもつ潜在的利益」とは何かに焦点をあてるものであった [原, 2016b, 10]。

（2）　福祉改革の市場化

①「準市場」の論理

「準市場」の理論はジュリアン・ルグラン［Le Grand, 1997a；2003=2008；2007=2010］らによって，すでに90年代前半から提唱されており，「福祉の契約主義」による福祉改革を支える理論的根拠となっている。駒村は準市場の理論と制度について次のように説明する。社会的ケア（育児や介護など）は「価値財的要素をもった財であり，その供給に政府が介入する必要性」があるという。また準市場制度の目的は「公平性を損なわないで効率性を改善すること」［駒村，1999，277］である，と。つまり，社会保障サービスの「準市場」化にさいしては，「レモン市場」における「情報の非対称性」や「逆選択による保険市場の失敗」［同上］を防ぐために，例えば，公的介護保険制度のケアマネージャーなどがサービスの「消費者」に情報を提供することによって市場を整備するという制度設計が行われる。実際，わが国においてもすでに，社会保障基礎構造改革のもと，2000年に施行された公的介護保険制度によって「準市場」が導入された。また2012年に成立した「子ども・子育て支援3法」に基づいて2015年4月から施行された「子ども・子育て支援新制度」により「保育所と幼稚園への選択と競争の導入——準市場とサードセクターの再構築」（2015年2月のREITI政策シンポジウムでの後房雄氏講演テーマ，後［2015］）が実行に移されている。

このような流れのなかで，わが国においても「準市場」に関して多くの研究蓄積が存在する［駒村，1999；2008；佐橋，2006；横山，2009；平岡，2017；長澤2017］。しかし，その研究の主流はしだいに「準市場」の制度設計のあり方に移っているようである。例えば「消費者主権」の観点から準市場における情報の非対称性をいかに小さくするのかとか，イギリスにおける「コミッショニング型」と日本における「バウチャー型」の比較分析により，どちらが消費者「選択」の自由を保障するのかという議論である。確かに，準市場はすでに制度化が進められており，そのあり方を吟味することは重要な論点になるだろう。けれ

ども問題は，福祉，とくに育児や介護などの社会的ケアのサービスに，市場化の論理を持ち込んで「効率性」を高めることははたして可能なのか，という点にある。すなわち「準市場」においては，効率性の論理を福祉に導入することによって，福祉の受給者は「ニード」ではなくて「ディマンド」に基づくケアサービスの「消費者」という位置づけを与えられる。そこで消費者は主体的に福祉を「選択」することができるのか。つまり，福祉の市場化の論理は，ケアする人（主体）とケアを受ける人（客体）をともに含むケア「労働」の意味や，ジェンダーや貧困などの「構造」を論理の外に追いやっているのではないか，という点にある。

現実に，われわれは「準市場」化による効率性の増大という方法により，ケア労働者やケア受給者にたいして大きなリスクを伴った事例を経験している。例えば，オーストラリアでは，保育市場はバウチャー制度の導入により急速に市場化したが，2008年にChildren's Centresの25%を保有する世界最大規模の保育産業であるABCラーニングが破綻した。その結果，実に12万人の子どもたちとその親および1万6000人のスタッフの生活がリスクにさらされた。約1年後に非営利企業のコンソーシアムに買収されるまでに政府は実に1000万ドルの負担を肩代わりしたという［Brennan et al., 2012, 384］。この事例がわれわれに示唆するのは，育児や介護などの社会的ケアは本来，効率性と「消費者主権」による市場化の論理にはなじまないのではないかということである。

②ジュリアン・ルグランによるティトマス批判

それではルグランは，社会保障サービスにたいする市場化の論理をどのように擁護するのだろうか。ここでは，リチャード・ティトマスの*The Gift Relationship*［Titmuss, 1997］にたいするルグランによる「あとがき」（1997年版にたいして）を検討することにしよう。そこには，福祉サービスの市場化擁護の論理が簡潔に述べられている。

ティトマスは*The Gift Relationship*において，アメリカの血液市場とイギリスの「献血」制度の比較研究を行っている。けれども本書はさらに，

その中心的テーマが人間行動における「利他心（altruism）」一般の問題であったために，アメリカの市場化された血液市場や当時の HIV/AIDS の広範な流行の問題を超えて，福祉制度の市場化の意味を問うものとなっている。本書がアメリカで刊行された1971年には，*New York Times* の「今年の 7 冊に選ばれている」（Introduction to the new edition by Ann Oakley and John Ashton, 1997, 5）。本書におけるティトマスの基本的主張は「利他心は道徳的に健全なだけではなくて，経済的にも効率的である」[*ibid.*] という点にある。

ルグランは「あとがき」において本書の内容を四点に整理して，批判している。ルグランによれば本書におけるティトマスの第一の主張は，血液市場は経済学でいう「分配の非効率性」が支配する場であり不足や過剰のような「無駄」が生じる。さらに重要なのは「汚染された血液」によって血液の質の低下と，そのことによる破滅的影響を生み出すことである。第二はこのような血液市場は管理が大変であり，その結果，ボランティアによる献血よりも費用がかかる。第三は血液市場というものは悪い方向に「再分配的」である。そこでは「貧者から富者へ，不利で搾取されている者から有利で力のある者へ，血液とその生産物の移転が起きる」。第四は，最も破滅的なのは，血液市場は最終的に社会全体を貶めてしまう。そこでは「献血という利他的動機は排除され，荒々しい計算高い利己心にとってかわられる」（Le Grand, 1997a, 333-4）というものである。それらにたいしてルグランは以下の批判を述べる。

第一に，ティトマスの議論は「衝撃的」ではある。しかし，血液市場の非効率性の問題点とは，市場における「情報の非対称性」や「逆選択」の問題であり，市場それ自体の問題ではない[*ibid.*, 334]。第二に，市場では貧者から富者への富の再分配が起こるという主張にたいしては，貧者は暮らし向きが悪くなったとは言えない。なぜなら「貧者自身の期待では，暮らし向きが良くなると考えていたのであって，そうでなければ，そのような取引を行わないだろうから」[*ibid.*, 335]。

第三に，ティトマスの主張は，戦後福祉国家におけるコンセンサス，つまり，福祉国家における社会サービスの担い手は強い「利他心」を備えており，また納税者も「啓蒙的利己」から恵まれない人々への同情心をもっていたという前提に支えられたものである。しかし，80年代のサッチャー時代以降は，ヒュームにならって，社会サービスで働く人々は利己心にしたがう「悪党（knave）」という前提のもとで組織が組み立てられるようになった。したがって，社会サービスの供給にさいしては「準市場」によって，市場のインセンティブと，納税者は利己的であるという動機を導入し，利己心を公共財に向けて機能させる必要があるという [*ibid.*, 337-8]。

こうしてルグランの理論は，ティトマスのいう市場の逆再分配機能という主張にたいしても，それを貧者の「選択」の問題に解消する。確かに準市場は公的規制を含むのだが，その制度の機動力は，「利己心」と個人（消費者）の合理的「選択」ということになる。けれども，ここであらかじめ述べておきたいのは，ルグランは新自由主義による福祉国家の変容というコンテクストにおいてのみ「準市場」を提唱しているわけではないということである。*Equity and Choice* [Le Grand, 1991] のなかでルグランは，むしろ規範理論として「パレート最適」論を展開しようとしている [*ibid.*, 2]。そこでは「個人の選択」の自由，つまり消費者主権こそが，「実在」的な「機会の平等」であるとされている [*ibid.*, 91-93]。

3　ニューレイバーにおける子どもの貧困対策と保育の市場化

（1）ニューレイバーによる保育政策[(5)]

1990代前半までのイギリス保育政策の基本姿勢は，「ボウルビー主義（Bowlbyism）」による「アタッチメント理論」と「男性稼ぎ主モデル」の規範に基づいていた。このような戦後イギリスにおける保育政策の基本姿勢が「転換」するのは，労働党が18年ぶりに政権をとった1997年以降である。トニー・ブレアは選挙で勝利した直後の演説で

「忘れられた地区と，忘れられた人々を失くす」と述べて，子どもの貧困対策への強い決意を述べた。その後，*Opportunity for All*［DfSS, 1999］の中で，2020年までに子どもの貧困を撲滅し，中期目標として2010年までには半減するとした。具体的には，次の三つの課題が提起された。(1) Sure Start による保育サービスと家族サービス，(2)税と補助金によって家族に財政支援をおこなうこと，(3)ファミリーフレンドリーな労働実践を推進し，家族に雇用の権利を増やすことによって，仕事と家庭のバランスを援助すること，である。

　以上の三つの課題は，保育サービスとワークフェアを一体化するという政策に基づいている。Sure Start による保育サービスは当初，不利なコミュニティの子どもとその世帯に向けられていたが，2003年の教育訓練省の指針［DfES, 2003］によれば，Sure Start Local Programmes (SSLP) は Children's Centres (CCs) に移行するとともに，CCs は三つの局面をへて，貧困地域にターゲットをしぼった選別的サービスから普遍的サービスに移行するとされた。三つの局面とは，まず2004年から2006年にかけては現存のSSLP を CCs に転換する，2006年から2008年にはあらたに創設された CCs によって，30％をしめる貧困地域をカバーする，そして2008年以降は高所得地域にたいしてそれまで制限されていた保育サービスを展開するというものである。

　こうして労働党は，従来のイギリスの保育政策を特徴づける選別的政策からの「決別」をうたったといえる。しかしそのような普遍的サービスの「主流」化，すなわち SSLP から CCs への移行とともに，ワークフェアの性格が一層強化されていった。保育の窓口には雇用斡旋のための Jobcentre Plus が併設されるとともに，CCs は多様なサービスの「ハブ」となった。すなわち，子どもの保育と初期教育を担う地方政府の保育サービス，ボランティアや企業保育サービス，健康相談，無業の親への雇用斡旋の窓口という多様なサービスのいわば混合経済の「傘（service umbrella）」［Lewis, Cuthbert and Sarre, 2011, 36］の役割を担ったのである。LSE（London School of Economics）の研究グループ［*ibid.*, 2011］による，ロンドンの CCs 24機関と37人のスタッフへの聞き取り調査の結果によると，CCs は必ずしも建物があるわけではなくて，Nursery School と入口を共有したオフィスの性格が強かったという。また，あるスタッフは，CCs のことを保育と雇用斡旋の「ショッピングセンター」［*ibid.*, 49］とよんだ。つまり，CCs は，いくぶん，「バーチャル」［*ibid.*, 37］な性格であったといえるだろう。

（2）子どもの相対的貧困率の低下と所得格差の拡大

　97年から2010年までの労働党による子ども関連対策（児童タックス・クレジット，Sure Start, および子どもの健康対策）の結果，96・97年にはイギリスにおける子どもの相対的貧困率は26.7％であり，EU15か国の最下位だったが，2008・09年には22.1％となり中位（14か国中7位，アイルランドは含まず）へと飛躍的に改善した。政府の公約（2010年までに相対的貧困率の半減）には届かないとはいえ，80年代の保守党政権下に子どもの貧困率が3倍に高まったことと比較して，際立った成果をあげているといえよう。

　その一方，世帯における子どもの最低年齢別（中位所得の60％以下）の貧困率の動きを見ると，子どもの貧困率の推移が二極分化していることがわかる。図1に見られるように，11歳を境にして，子どもの貧困率が異なる動きを見せている。97年時点では，世帯における子どもの最低年齢が低いほど貧困リスクは高かった。例えば最低年齢5歳未満の子どもがいる世帯は，16歳から19歳の子どもの世帯と比べて2倍以上である。ところが，労働党政権下において，11歳未満の層と11歳以上の層との貧困リスクの乖離幅が狭まっている。言い換えれば，世帯内の最低年齢層が11歳未満，とくに5歳未満の子どもがいる世帯は，保育サービスと現金給付によって貧困リスクが急減しているのだが，11歳以上の子どものいる世帯では貧困リスクはゆるやかながら上昇傾向にあることがわかる。子どもの最低年齢が16歳から19歳の世帯は2004・

図1 イギリスにおける世帯の最低年齢別子どもの貧困（BHC：住宅費支払い前）

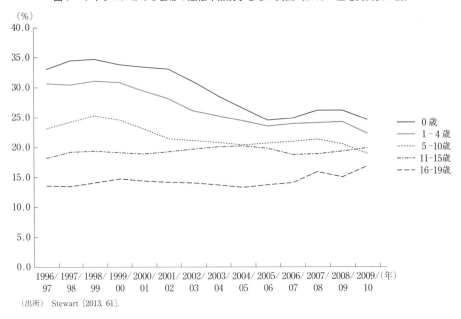

（出所）Stewart［2013, 61］.

05年以降，11歳から15歳は2006・07年以降，上昇傾向にある。つまり，子どもが成長するとともに，貧困リスクが高まっている。それは，イギリス財政研究所（IFS）による可処分所得のジニ係数の動向とも符合する。ニューレイバー政権下において2000年以降，減少傾向にあったジニ係数は2004年以降，上昇に転じ2006年以降はさらに97年水準を上回って上昇したからである。

さらに，同じくIFS［Brewer et al., 2010］による表1は世帯・雇用形態別の子どもの貧困率の動向を表したものである。そこで明らかになったのは，子どもの貧困対策のターゲットとなった無業やパートタイムのひとり親世帯における子どもの貧困率は着実な減少傾向にあるが，その一方，フルタイムのひとり親世帯で生活する子どもは，その子ども数の割合を上昇させるとともに，貧困率も一貫して上昇傾向にある。またふたり親においても，フルタイム共稼ぎ世帯の子どもの貧困率は一貫して上昇している。表1のもう一つの特徴は，ひとり親世帯における無業の世帯の比率が，貧困対策の主たる対象であったにもかかわらず，世帯数に関して，それほど大きな減少をしめしておらず，その世帯で生活する子ども数は，大きな割合を示していることである。これは，保育料補助（CTCによる保育料控除）とワーク・フェア（WTCによる勤労所得控除）を受けながら就労するのか，家庭で保育をおこなうのかを迫られているひとり親の母親の姿をあらわしているのではないか。後述するように，ニューレイバーは積極的に公私のパートナーシップを採用して，保育，医療（NHS），学校をはじめ福祉改革全般に多様な供給主体を導入したのであるが［Stewart, Sefton and Hills, 2009, 13］，2007年の調査によれば，働く母親の5人に1人が市場化された保育の支払いに困難を感じているとされている［Stewart, 2009, 63］。

（3）ニューレイバーにおける保育政策の「変化」と「継続」

① 「変化」：保育への投資と「成人稼ぎ主モデル（Adult Worker Model）」

ニューレイバーによる「変化」は以下の二点である。第一は，保育政策の普遍化の方向性が提示されたことである。ニューレイバーの保育政策と家族政策を担うSure Start Local Programmes（SSLP）は，当初貧困地区の子どもにターゲット

論　文　福祉国家の変容とケアの市場化

表1　イギリスにおける世帯・雇用形態別，子どもの貧困率の推移（BHC：住宅費支払い前）

	子どもの貧困率（%）			子どもの割合（%）		
	1998-99	2004-05	2008-09	1998-99	2004-05	2008-09
ひとり親						
フルタイム	8.5	10.1	12.3	4.0	4.7	5.7
パートタイム	28.7	19.7	18.8	5.0	7.0	6.6
無　業	62.5	56.9	55.1	13.8	12.8	11.8
カップル						
自営業	25.5	23.8	21.7	11.5	11.8	11.1
フルタイム2人	0.6	1.5	1.5	11.2	11.7	12.3
フルタイムとパートタイム	4.6	3.6	4.4	25.0	23.8	22.8
フルタイムと無業	21.6	15.4	19.0	18.0	17.8	18.4
パートタイムを主とする	52.0	42.0	53.0	4.3	4.4	5.8
無　業	73.5	62.3	64.0	7.2	6.1	5.5
総　計	26.0	21.3	22.1	100	100	100

（出所）　Brewer et al. [2010, 15]. 北アイルランドは含まれていない。

を絞る政策をとっていたが，2003年の教育訓練省の指針 *Every Child Matters* [DfES, 2003] により，2004年からは，SSLP は Children's Centres（CCs）となり，三つの局面を経て，2008年以降，「普遍的」サービスに移行する方針が提示された。

　第二の「変化」は，ニューレイバーにおいて初めて，「男性稼ぎ主モデル」からの脱却の方向性が明示されたことである。すでに述べたように，1980年代から90年代前半にかけての保守党政権下は，アンビバレントな立場をとっていた。つまり一方では保育はあくまで両親の選択の自由に任されるべきであるとしたが，他方では，「男性稼ぎ主モデル」のもとで母親が雇用を求めることにたいして疑念を示すという権威主義の立場であった。

　それにたいしてニューレイバーは，ワークフェアによって就労と福祉給付をリンクさせることによって，ひとり親の女性の就労を促進した [Rubery et al., 2003; Lewis, 2003]。そして，その「根拠」は子どもの貧困の多くがひとり親の母親世帯に集中していることから，母親が就労することによって世帯の所得が増大し，その結果，子どもの貧困を克服し教育投資を拡大することができるようになるというものであった。2004年に，Sure Start プログラムが CCs へ移行したさいに，保育の窓口には Jobcentre Plus が併設されたことから明らかなように，ワークフェアを通して，

社会政策（保育政策）と雇用政策が結び付けられたのである。したがって，従来の「男性稼ぎ主モデル」は，いわば上からの強制的な「成人稼ぎ主モデル（Adult Worker Model）」に転換されたといえよう。

　こうしてニューレイバーの政策は，ワークフェアの論理のもとで，一方では子どもの貧困対策として保育政策にたいする社会的投資の拡大をもたらし，他方ではシングルマザーを主たる対象とした，上からの「成人稼ぎ主モデル」へ転換がおこなわれた。そしてそこで拡大した保育施設の充実は，私企業とボランティア組織とに任されたのである。実際，ニューレイバーの保育政策は，OECD の *Starting Strong* (1998) で主張されているように，保育の普遍主義化という方向性を目指しながらも，現実には，保育の混合経済化によって，保育の市場化に向かった。したがって，80年代から90年代初頭にかけての保守党政権からのニューレイバーの保育政策の「変化」とは，実は，以下に見られるように，前政権からの「継続」性と複雑に絡み合って進展しているのである。

　②「継続性」：保育の市場化

　保守党メージャー政権下，「児童法（Children Act）」(1991) では3歳児の保育を担う保育所やチャイルド・マインダーは地方の責任であると明記されていた。またこの法律に先立って，90年に

社会政策学会誌『社会政策』第9巻第3号　|　51

特集◆福祉の市場化を問う

図2　初期教育機関別，子ども数（1997-2003年）

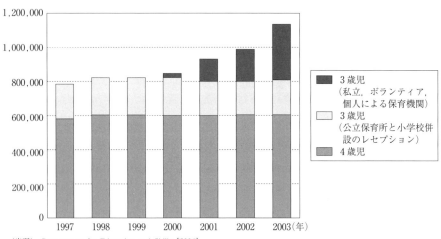

（出所）　Department for Education and Skills [2004].

図3　保育事業所別の市場規模（2006年，2014年，£ Millions）

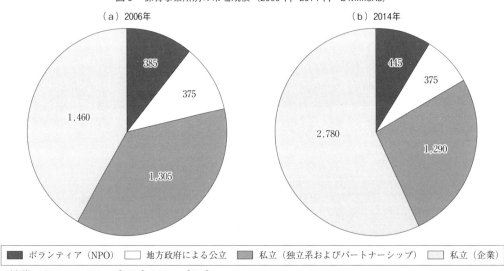

（出所）　(a) Laing and Buisson [2007a]．(b) Gaunt [2014].

成立した「財政法（Financial Act）」では，企業にたいして保育市場への進出のためのインセンティブを与えるという方向性が掲げられた。この二つの法律によって，保育の市場化の法的枠組みが整えられたといえよう。

けれども，実際には，その方向性はニューレイバーによる「第三の道」をまって初めて本格化する。ヘレン・ペンは1997年から2006年までに企業による保育園が実に7倍に増加したと述べている

が［Penn, 2007, 192］，2002年にはすでに，保育市場に占める私企業の割合は86％にまで高まっている［Lewis, 2013, 373］。以下の図2は，97年から2003年にかけて，初期教育施設に通う子ども数を表したものである。そこで明らかなように，97年時点では3歳児保育にたいするボランティアと私企業はほとんど無視できるほどであったが，その後，公立保育所（maintained nursery）とプライマリー・スクールのレセプションに通う3歳児

論　文　福祉国家の変容とケアの市場化

表2　保育（私立）の主要事業所（2006年）

事業者	事業者数	定員数
Nord Anglia Education plc	93	8813
Asquith Court Holdings Ltd.	114	7402
Just Learning Holdings Ltd.	73	6455
BHFS One Ltd.	109	6133
Busy Bees Group Ltd.	42	3837
Kidsunlimited Limited	50	4808
Child Base Limited	32	2427
Teddies Nurseries Limited	36	2130
Buffer Bear Limited	40	2540
The Childcare Corporation plc	19	1763
Creative Education Corporation plc	33	1704
Pre-School Learning Alliance	33	1577
Revenstone House Limited	13	1571
CFBT Education Trust	16	1335
Dunmar（Nurseries）Limited	18	1197
Wind in the Willows Limited	17	1196

（出所）　Laing and Buisson［2007b］, Penn［2007］より引用。

表3　子どものいる母親の就労（％）

年	ふたり親の母親			ひとり親の母親		
	フルタイム	パートタイム	総　計	フルタイム	パートタイム	総　計
1994	24	40	64	21	21	42
1997	26	42	68	22	23	45
2004	29	42	71	28	26	54

（出所）　Office for National Statistics［2005］.

の子ども数はほとんど変化していないのにたいして，2000年以降，増大する保育需要のすべてが，私企業，ボランティア，そして個人による保育事業所によって供給されていることがわかる。その結果，図3に見られるように，2006年時点で，企業経営の保育所と独立系および公私のパートナーシップ経営の私立の保育所の資本規模は，全体の約78％を占めるに至る。さらにボランティアを合わせると，全体の約90％を占めており，公立保育所の割合は10％にすぎない。

　さらに保育の市場化について，イギリスにおけるコンサルタント企業 Laing and Buisson［2007b］は興味深い資料を公表している。ペン［Penn, 2007］も指摘しているように，2007年時点で，表2の16の企業によって経営されている保育所だけで，約5万人の3歳児以下の子どもたち

を収容することができるという市場化の実態を明らかにしている。ペンは，私企業の保育所の中には，大手投資銀行や金融機関系列の保育業者が進出しているとともに，保育という専門性をもつ事業に，金融や運輸の他分野の企業の進出が目立つことを指摘している［ibid.］。こうして保育市場は1990年から2006年までに約4.5倍に上昇しているという（90年の約800万ポンドから，2006年の3600万ポンド。なお2014年の数値では約4890万ポンドである）。

　以上に見られるように，ニューレイバーは保育の「普遍」化という目的を掲げながらも，その方法としては，先行する保守党政権と同じく公私の「パートナーシップ」における混合経済の手法をとった。ここで以下の問題が生じる。すなわち，子どものいる母親の就労率が，保守党政権下にく

らべて上昇傾向にあるとはいえ，非常に緩やかな伸びにとどまっていることである。ニューレイバーは，子どもの貧困対策のために，ひとり親の母親の70%がフルタイムの仕事に就労するという目標を掲げた。しかし，**表3**に見られるように，2004年の指標では，ひとり親の母親のフルタイムの就労は28%（94年は21%），パートタイムの就労は26%（94年は21%）である。このように就労率が依然として低い理由として，これまで見てきたように，97年以降，保育市場の拡大が主として私企業によって担われているために，保育コストが上昇していることがあげられる。

　ところでイギリスの保育料の平均値は2007年時点で平均世帯の可処分所得の28%を占めると言われている[(7)]（Penn 2007, 200）。ひとり親の女性が低熟練であった場合には，フルタイム就労しても低賃金から抜け出すことは難しい。彼女たちは就労所得控除（WFC）をもらい高い保育料を支払って働き続けるのか，あるいは，パートタイムか無業の状態で，住宅扶助と生活保護の受給に頼りながら，保育をおこなうのかの「選択」を迫られていると考えられる。事実，フルタイム就労のひとり親女性の世帯の子どもの貧困率が1998年以降，一貫して上昇している［Brewer et al., 2010, 15］。

4　「緊縮財政」下における保育政策：市場化の進展

　これまでの考察で明らかになったようにニューレイバーの保育政策は子どもの貧困対策として推進された。それは，一方では貧困なコミュニティと貧困状態にある子どもへの社会的投資であり，他方ではその母親（とくにシングルマザー）の就労促進による労働市場への包摂を目指すものであった。さらにその政策は，中央から地方への権限移譲，公私の多様な供給主体による混合的な「パートナーシップ」[(8)]という「準市場」の方法によって保育の急速な市場化を進めた。

　それでは，2010年以降，緊縮財政下，ニューレイバーの政策はどのように継承され，どのように変化したのだろうか。以下，考察するように，

ECEC は就学前の幼児教育により重点があてられるようになるとともに，一層の市場化の道を歩むことになる。前掲の図3の(b)に見られるように，緊縮財政下においても，ニューレイバーによって推進された保育の市場化は継続している。その結果，2014年時点で，私立の保育所（企業経営と，独立系およびパートナーシップ）は約83%，それにたいして公立保育所は7.7%にまで低下した（Gaunt 2014）。また，企業系列や企業グループが運営する保育所数は2002年から2015年にかけて3倍に増加するとともに，保育所在籍児数の25%を占めるに至っている［Lewis and West, 2017, 336］。

（1）保育政策パッケージ：無料保育の「拡大」と財政「削減」

　緊縮財政下，政府は以下に見るように，保育への公的介入という観点からは一見，矛盾した政策パッケージを提示している。それを整理すると以下のとおりである。

　第一に，2017年9月から政府は，労働党から引き継いだ現行の3〜4歳児にたいする週15時間の無料保育にたいする補助を，30時間に倍増する案を提示した［DfE, 2015a］。また2歳児にたいする週15時間の無料保育は2013年から貧困地区の20%，2014年からは同じく40%に提供されている。その結果，政府による補助を受けた保育施設の充足率は，3〜4歳児にたいしてはそれぞれ97%と93%である。それにたいして，2歳児は58%にとどまっている（Lewis and West［2017, 335-6]）。したがって，失業中の若い母親は Ofsted（Office for Standards in Education, Children's Services and Skills）によって良質の保育にランク付けされた Nursery School ではなくて，インフォーマルで安価な Child minder に頼らざるをえないといわれている［*ibid*.］[(9)]。Nursery School はその多くが，労働党時代の SSCC（Sure Start Child Centres）と協力して運営にあたってきた経緯がある。しかし2010年の政権交代以後，連立政権は貧困地区の SSCC の3分の1，350か所以上を閉鎖した。この間，新設されたのは8か所にすぎな

かった。SSCC はもはや ECEC の 4 ％に過ぎないといわれている。

第二に，ECEC にたいする公的財政補助は，貧困層の親にたいする補助と保育の提供施設にたいする補助からなっている。その金額は，2009〜10年の£4834 m から14〜15年の£4851 m へと僅かに増加している。その一方，勤労者タックスクレジット（WFTC）の子ども部分（児童タックスクレジット）は11年に80％から70％に削減されている。さらに2015〜16年度予算では SSCC にたいして47％の予算削減が行われている。[10]

（2）*Open Public Services White Paper*（2011）における福祉の市場化

2011年に連立政権が提唱した，*Open Public Services White Paper*（2011）は PbR（Payment by Results）という手法を導入した。PbR は福祉供給者の「産出（output）」にたいしてではなくて「成果（outcome）」にたいして公的支払いを行うという，より一層の「競争政策」[Simon, 2017, 82] である。

Open Public Services は「古い中央集権化された公共サービスにたいするアプローチは崩壊している」[*ibid.*, 7] として「開かれた公共サービス」を提唱する。その原理は次の五つの用語であらわされている。すなわち「選択（choice）」，「地方への権限移譲（decentralization）」，「多様な福祉供給者（diversity）」，「福祉への公正なアクセス（fair access）」，そして「責任（accountability）」である。これらは連立政権の「大きな社会論」構想に沿ったものであるが，前述のように，すでにニューレイバーが提唱していた理念でもある。この五つの理念は「雇用プログラム」「犯罪者の社会復帰」「公衆衛生」「薬物・アルコール依存」「子どもセンター（Children's Centre）」「高齢者」など広範囲な福祉サービスに適用されるという [*ibid.*, 33]。そこで，重要な「競争政策」として掲げられるのが，労働党時代に導入された「個人予算（Personal Budget）」と，新たに導入された「公的財源の支払い方法の変革」[*ibid.*] とされる PbR（Payment by Re-

sults）という手法である。例えば，初期幼児教育にたいしては，どの程度，子どもにたいするサービスをおこなったのかではなくて，そのサービスによって子どもやその家族の状況がどの程度向上したかにたいして支払いを行なうというものである。このような福祉改革は，Localism Act（2011）を伴っており，地方に「ラディカルに」権限を与えるものとされている。つまり中央政府は地方政府に福祉供給のターゲットを定める自由や，福祉サービスの査察を行う自由を与えることによって，コミッショニング機能を強化するとされている。

つまり，2010年以降の連立政権および保守党政権による福祉改革とニューレイバーの福祉改革との違いは，両者ともに地方への権限移譲や準市場による競争導入を推進するという共通点をもちながらも，ニューレイバーが保育にたいする質の補償を監視する Ofsted による査察の強化などの国家介入を伴ったのにたいして，連立政権と保守党は国家の介入の縮小と地方により一層の権限を移譲したことである。したがって2010年以降予算削減のもと Ofsted による監視が縮小されることになった。福祉の質の補償を担保するのは，政府によるコミッショニングとともに利用者による福祉供給者にたいする「監視」ということになる [Simon, 2017, 83]。そのような権限移譲は，準市場における「消費者主権」という考え方に基づくとともに，多様な福祉サービス供給者とその利用者に，公的福祉サービスの「責任」を移転することでもある。

クリストファー・ポリット [Pollit, 2013] は *Open Public Services* を「NPM（New Public Management）の純化」[Pollit, 2013, 913] と呼んでいるが，その中心的位置を占めるのが，PbR という「競争政策」である。フレイザー・バッチェとマイク・デイリー [Battye and Daly, 2012] は，PbR を「成果ベースのコミッショニング」[*ibid.*, 2] であるとして，それがいかに市場化を推進するのかを図示している。**図4** はその図を参考にしたものである。A）はコミッショニングが存在しない単一のプロバイダー（公的なプロバイ

特集◆福祉の市場化を問う

図4　PbRによる福祉の市場化の進展

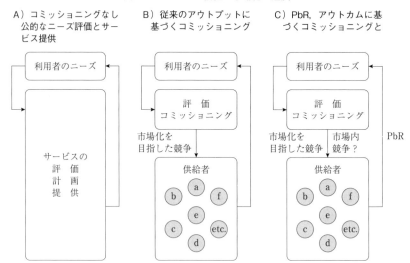

（出所）Battye and Daly [2012, 2] の図1・2を参考に筆者により作成。

ダー）による福祉サービスの供給である。それにたいしてB）は，福祉供給に準市場が導入されおり，福祉の供給と購買が分離されている。国家はコミッショニングを通じて福祉の質を保証するのだが，公私からなる多様な福祉供給者は「市場化をめざした競争」をおこなう。それにたいして，C）ではPbRが導入されており福祉の供給者が提供するサービスにたいする支払いは，福祉利用者の状態の改善という「成果（outcome）」に結びついているがゆえに，政府によるコミッショニングが存在してはいるがそこにはすでに「消費者主権」に基づく「市場内競争」が成立していると考えられる。

つまり，福祉供給者間では，コスト削減や技術革新により「費用に見合った成果」を出す競争がおこなわれる。ニューレイバーのもとで導入されたB）の福祉の「準市場」化はC）への移行によってさらなる「市場」の強化に至る。もちろん，連立政権および保守党は，PbRにおいて二重のコミッショニングを導入する。一つは政府と地方政府の関係，もう一つは地方政府と福祉供給者の関係においてである。ここでは政府は，一定の福祉の基準を提示するという介入をおこない，基準を満たした成果をあげた供給者に公的支払いをおこなうとともに，さらなる成果にたいする「報奨金」の設定によるモティベーションの向上を目指すという。

2011年から2013年にかけての18か月間，27の地方政府において，Children's CentresへのPbRの試験的導入とそのサーベイがおこなわれた[DfE, 2014]。本報告書によれば当初の目的は達成されなかったという。そこで掲げられた理由のなかで注目されるのは，一つは，緊縮財政のもとで，Children's Centresは従来複数の保育供給者と連携してサービスを提供してきており，単一のセンター内でサービス提供の「責任」を達成することはできないということ。もう一つは，PbRは，保育供給サービスに金銭的動機を導入するものであるが，実際には，ケアの提供者が自らのモティベーションとして掲げているのは，「コミッショニング契約の解約にたいする恐れやOfstedによる査察」とともに，「保育サービスの達成にたいする社会的承認と専門家としての評価」[ibid., 13]をあげていることである。この回答は大変興味深い。なぜならケアにたずさわる保育労働者の「労働」が市場による効率性では説明できないこと，さらにケア「労働」とはケアの主体（ケア労働者）とケアの受給者（子ども）をともに含む関係的労働であり，市場労働とは異なっていることを読み取ることができるからである。

（3）保育の市場化と「消費者選択」の困難

　イギリスではニューレイバーによって保育の「準市場」化が実行に移された。それは社会的包摂政策としての貧困対策を伴いながら，保育サービスの分野に「市場」における効率性の論理と多様な供給主体による競争を導入するものであった。さらに2010年以降においてもニューレイバーと同様に，保育の市場化と貧困地区への社会的投資アプローチが進められている。それは，エヴァ・ロイドとペンが初期教育の「政策的根拠づけ」として批判的に紹介しているように，欧州委員会（European Commission）のレポートで主張されている「社会的移動政策 Social mobility policy」に基づくと考えられる。つまりニューレイバーが主張するように，貧困な地区の子どもたちに社会的投資をおこなって，良質の市民を作り出すという政策である［Lloyd and Penn, 2014, 388］。

　さらに2010年以降は，前述のように，PbR という社会サービスの「成果（outoput）」に基づく公的支払いという論理が導入された。それは，供給者間競争に利用者（消費者）による評価を巻き込んでより一層の市場化を進めるものであった。そしてそのような福祉改革が「大きな政府論」と地方への権限移譲（Local act 2011）そして緊縮財政のもとで，おこなわれている。事実，イギリスでは2013年に保育の質と保育監督に関する規制緩和がおこなわれ，より一層，地方への権限移譲が進められた。それは3～4歳児保育における保育士と子どもの比率を従来の1対8から1対13にするものであった［Lloyd and Penn 2015, 392；Lewis and West, 2017, 341］。

　それでは，福祉の市場化のもとで，子どものいる家庭は，どのような状況に置かれているのだろうか。2013年の DfWP［Borg and Stocks, 2013］による「子どものいる家庭の保育と親の就業に関する調査」報告書は，調査対象の全世帯の親のうち，働きたいけれども働かない理由として，保育時間の問題（33％），保育の質の問題（33％）そして保育料に見あった仕事がない（31％）という結果を掲げている。さらにひとりあるいはふたり親がフルタイムで働いていない低就業世帯はその

70％が無料保育をうけているが，それを超えた保育を受けるための支払いにたいして48％の世帯が困難を抱えているという［ibid., 5-6］。実際，DfE［2015a］の保育料に関する調査によれば，2005年から2015年にかけて2歳児以上の保育料は平均して69％の上昇を示している（同期間の消費者物価上昇率は28％［ibid., 15］）。また保育所に占める私立（PVI, Private, Voluntary and Independent）の伸びは大きく，4歳児の77％はNursery School あるいは，Primary School のNursery Class に通っているが，3歳児の59％，2歳児の92％は私立に通っているという。同報告書はまた2歳児未満の子どもたちの69％が依然として親たちによる保育を受けていることも明らかにしている［ibid., 27］。

5　おわりに

　本稿では，「福祉の契約主義」と準市場に焦点をあてて，1997年以降のニューレイバーと2010年以降の保守党と自由民主党の連立政権および2015年からの保守党による保育政策を考察した。以下，本章でえられた論点をまとめることにしよう。

　第一に，ニューレイバーによる子どもの貧困対策，すなわち貧困状態にあるコミュニティにおける保育政策は，社会的投資アプローチとして「将来の労働者・市民である子どもへの人的投資」と見なされた。子どもへの人的投資という政策は同時に，子どもの貧困が最も深刻な貧困家庭の親にニューディール・プログラムに基づいて市場労働への参加を強制することである。その問題点はひとり親の母親に凝縮して現れる。ひとり親は一方で責任ある市民として市場に参加して世帯の所得を稼ぐとともに，他方では責任ある母親として子どもの保育の責任を求められる。けれども，本章で検討したように，ひとり親の雇用率の上昇は極めて緩やかな伸びにとどまっており，以前として，保育の困難に直面しているといえる。さらに，ひとり親のフルタイムの女性の世帯における子どもの貧困率が，98年から継続して上昇している。

　第二に，社会的投資アプローチは福祉の市場化

と連携して進められたことである。すでに保守党時代から，保育供給者としてボランティア組織の存在は大きかったし，90年初めメージャー政権期には，保育の市場化の法的整備が整えられたが，保育の市場化の本格的展開は，ニューレイバーにおいてであった。2010年以降の連立政権と保守党は，ニューレイバーによる，「準市場」化による福祉改革を引きついだ。そして「大きな社会」論のもとで，*Open Public Services*（2011）におけるPbR（Payment by Results）の導入に見られるように，より一層の市場化を進めることになった。ニューレイバーのもとでは公的保育の伸びが不変である一方，企業保育が実に7倍に増加して，その結果，保育市場の約90％が私企業とボランティアによって占められた（その内，78％が私企業である）。そして2010年以降，緊縮財政下では大手保育チェーンの数は2002年から2015年にかけて3倍に増えており，すでに全国の在籍児数の25％を占めているという［*ibid.*, 16］。

　保育の市場化のもとで，政府による無料保育を超える保育料が急速に高まっており，貧困家庭の保育へのアクセスはより困難になっている。2007年の調査では，働く女性の5人に1人が保育の支払いに困る状態であるといわれていたが，2013年の「子どものいる家庭の保育と親の就業に関する調査」では，働きたいけれども働けない親の理由の31％が「保育料に見合った仕事がない」という回答であった。とくに深刻なのはひとり親（とくにシングルマザー）世帯である。その48％が持続的貧困状態にあるという現実は，保育費用をまかなう仕事を見出しえない母親たちの姿を描き出している。

　第三に，福祉の市場化は，こうしてジェンダー不平等を拡大することにより，ケアの社会的意味を明らかにしたことである。すなわち，「準市場」化は福祉の供給に市場の効率性を導入するとともに「情報の非対称性」や「逆選択」を小さくするように制度設計を行うといわれていた。けれどもイギリスの保育市場の事例は，保育の利用者にたいしてたとえ「最善の情報」があたえられても消費者「選択」できない姿を描き出している。つま

り，そこで問われているのは，一つは，福祉の市場化の問題はあくまで，個人（消費者）の合理的選択を前提にするものであり，ジェンダーの問題や貧困の問題という構造を説明できないこと，もう一つは，保育や介護などの社会的ケアは，ケアする主体（ケア労働者）とケアを受ける客体（子どもや高齢者）の両方を含む関係的労働であって，市場の「効率性」では説明が困難なことである。「ディマンド」としての保育ではなくて「ニード」としての保育（さらには介護など）を社会的に保障していく制度を求めていくことが重要な論点となるだろう。イギリスの事例は，日本において進められているケアの「準市場」化にたいしても，一つの先行事例として有益な教訓を与えることであろう。

注
(1) 社会全体の数値は2015/16，子どもの数値は2014/15による。相対的貧困率は平均所得中央値の60％以下。AHCは可処分所得から住居費を支払った後の数値である。低所得世帯は可処分所得に占める住居費の割合が高いので，AHCで測定した貧困率はBHC（住居費支払い前）のそれより高くなる傾向がある。
(2) マーク・フリードランドとデスモンド・キング［Freedland and King, 2003；King 1999］は，ニューレイバーの「福祉の契約主義」は不寛容な契約であり福祉受給者にたいする「行動管理の道具」［Freedland and King, 2003, 470］になっているという。またルース・リスターは，98年の「犯罪と騒乱に関する法律」や2003年の「反社会的行動に関する法律」をとりあげて，子どもへの社会的コントロールと親の行動への規制を強化するというニューレイバーの「権威主義」的性格について述べている［Lister, 2006, 55］。市民による自由に関する監視団体「リバティ」によれば1997年以降，16歳以下の子どもたちの権利が侵食されているという。
(3) 「レモン市場」とは，中古車市場のように，市場で取引される財についての情報を，「売り手」は知っているが「買い手」は知らないというような，市場における「情報の非対称性」の問題としてとりあげられる。それにたいして，「保険市場」は，「売り手」と「買い手」の情報が逆の状態を指す。
(4) ABCラーニングの破綻後，非営利企業の市場占

有率は22％から34％にまで高まった。

⑸ 以下，「ニューレイバー」による保育政策の内容については，原［2016a］第5章「2」の内容を加筆・修正したものである。

⑹ ルイス［Lewis, 2013］によれば，政府は保育市場への進出を目指す保育企業の要求に応じて，90年の「財政法」によって企業にインセンティブを与える税制上の優遇措置を与えたという。しかし，保守党議員のなかには保育の市場化に反対する意見が多く，実際には，保育の市場化はそれほど進展しなかったといわれている［ibid., 371］。

⑺ 2017年度において，同じく保育の市場化が進むアメリカでは保育料は可処分所得の15％，オーストラリアは22％といわれている［Owen, 2007］。なお，私立保育所の供給過剰によって定員充足率が下がり統廃合が繰り返されているという［Penn, 2017］。

⑻ 準市場における「パートナーシップ」については，そのガバナンスの難しさがケーススタディに基づいて研究されている。Lewis［2004］，Penn and Randall［2005］を参照。また，視点は異なるが，地方都市におけるホームレス支援の「パートナーシップ」については，Cloke et al.［2000］が興味深い。

⑼ 15年より，貧困家庭の保育費用の自己負担の上限は£300に抑えられている。

⑽ The Guardian, 2 February 2017.

⑾ 国による，Children's Centre への PbR の試験的導入は2013年3月までに終了したのだが，ほとんどの地方政府レベルではその後も国家による基準不在のもとで PbR が継続されているという［DfE, 2014, 14］。

⑿ フェミニスト経済学がケアの理論的研究に始まったことについては，原［2016a］第1章を参照。

参考文献

Battye, F. and Daly, M., 2012, "Payment by Results in public service reform: silver bullet, dangerous weapon, neither, both？," *ICF GHK/DWP Paper*.

Blair, T., 1996, *New Britain : My Vision of a Young Country*, London: Fourth Estate.

Borg, I. and Stocks, A., 2013, *A survey of childcare and work decisions among families with children*, DWP.

Bowlby, J., 1952, *Maternal Care and Mental Health*, Geneva: WHO.

Brennan, D., Cass, B., Himmelweit. S. and Szebehely, M., 2012, "The marketization of care: Rationales and consequences in Nordic and liberal care regimes," *Journal of European Social Policy*, 22⑷: 377-391.

Brewer, M. et al., 2010, *Child Poverty in the UK since 1998-99 : Lessons from the Past Decade*, Institute for Fisical Studies.

Cloke, P., Milbourne, P. and Widdowfield, R., 2000, "Partnership and Policy Networks in Rural Local Governance: Homelessness in Taunton," *Public Administration*, 78⑴: 111-133.

The Commission of Social Justice, 1994, *Social Justice : Strategies for National Renewal*, London: Vintage.

DfE (Department for Education), 2014, *Payment by Results in Children's Centres Evaluation*.

DfE (Department for Education), 2015a, *Review of childcare costs : the analytical report : An economic assessment of the early education and childcare market and providers' costs*.

DfE (Department for Education), 2015b, *Provision for children under five years of age in England*, January, London.

DfEE (Department for Education and Employment), 1998, *The National Childcare Strategy*.

DfES (Department for Education and Skills), 2003, *Every Child Matters*.

DfES (Department for Education and Skills), 2004, *Annual Statical Release : Provision for Children under 5years of Age in England*, London.

DfH (Department for Health), 1997, *The New NHS Modern, Dependable*, London: Stationary Office.

DfSS (Department for Social Security), 1999, *Opportunity for All : Tackling Poverty and Social Exclusion*.

Feinstein, L., 1998, "Pre-school Educational Inequality？ British Children in the 1970 Cohort," *Center for Economic Performance, LSE*, no. 404: 4-34.

Freedland, M. and King, D., 2003, "Contractual governance and illiberal contract: Some problems of contractualism as an instrument of behavior management by agencies of government," *Cambridge Journal of Economics*, 27: 465-477.

Gamble, A. and Wright, T., 1999, *The New Social Democracy*, Malden, MA: Blackwell Pulishers.

The Gardian, 2, February 2017, "More than350 Sure Star Children's Centres have closed since 2010."

Gaunt, C., 2014, "Glowing children's nurseries market now worth £4.9bn," *Nursery World*, 17 Nov..

Gerhard, U., T. Knijn and L. Lewis, 2002, "Contractualization," in Hobson, Lewis and Siim (eds.) [2002].

Giddens, A., 1998, *The Third Way : The Renewal of Social Democracy*, Cambridge: Polity Press. (佐和隆光訳, 1999, 『第三の道――効率と公正の新たな同盟』日本経済評論社)

原伸子, 2016a, 『ジェンダーの政治経済学――福祉国家・市場・家族』有斐閣。

原伸子, 2016b, 「社会的投資アプローチとジェンダー平等――批判的考察」『大原社会問題研究所雑誌』695・696：2-18。

Heckman, J. J., 2013, *Giving Kids a Fair Chance*, Boston: MIT Press. (大竹文雄 [解説] 古草秀子 [訳], 2015, 『幼児教育の経済学』東洋経済新報社)

Hills, J., Sefton, T. and Stewart, K., 2009, *Towards a More Equal Society ?*, Bristol: The Policy Press.

平岡公一, 2017, 「社会サービス市場の諸理論と国際比較研究の可能性」『社会政策』9(2)：75-86。

HM Government, 2011, *Open Public Management White Paper*.

Hobson, B., J. Lewis and Siim, B. (eds.), 2002, *Contested Concepts in Gender and Social Politics*, Cheltenham, UK and Northampton, MA., US: Edward Elgar.

Home Office, 1998, *Supporting Famillies*.

House of Commons, 2017, *Poverty in the UK Statistics*.

居神浩, 2007, 「規律訓練型社会政策のアポリア――イギリス若年就労支援政策からの教訓」埋橋孝編『ワークフェア――排除から包摂へ？』法律文化社。

King, D., 1999, *In the Name of Liberalism : Illiberal Social Policy in the United States and Britain*, New York: Oxford University Press.

駒村康平, 1999, 「介護保険, 社会福祉基礎構造改革と準市場原理」『季刊　社会保障研究』35(3)：276-284。

駒村康平, 2008, 「準市場メカニズムと新しい保育サービス制度の構築」『季刊　社会保障研究』44(1)：4-18。

Laing and Buisson, 2007a, *2007 Annual Children's Nurseries Conference*: "A sector under Pressure," London, 1 March. (本稿では Penn [2007, 199] に依拠)

Laing and Buisson, 2007b, *Nursery and Childcare*

Market News, 5(8).

Le Grand, J., 1991, *Equity and Choice*, New York: Harper Collins Academic.

Le Grand, J., 1997a, "Afterword," in Titmuss [1997].

Le Grand, J., 1997b, "Knights, Knaves or Pawns ? Human Behaviour and Social Policy," *Journal of Social Policy*, 26(2)：149-169.

Le Grand, J., 1998, "The third way begins with Cora," *New Statesman*, Vol. 127, issue 4375, 26.

Le Grand, J., 2003, *Motivation, Agency, and Public Policy*, Oxford and New York: Oxford University Press. (郡司篤晃 [監訳], 2008, 『公共政策と人間』聖学院大学出版会)

Le Grand, J., 2007, *The Other Invisible Hand*, Princeton University Press. (後房雄訳 [2010] 『準市場　もう一つの見えざる手』法律文化社)

Lewis, J., 2003, "Developing Early Years Childcare in England 1997-2002: The Choices for (Working) Mothers," *Social Policy and Administration*, 37(3)：219-238.

Lewis, J., 2004, "What is New Labour ? Can It deliver on Social Policy," *Welfare State Change : Towards a Third Way ?*, Lewis and Surender (eds.) [2004].

Lewis, J. (ed.), 2006, *Children, Changing Families and Welfare States*, Cheltenham, UK and Northampton, MA. USA: Edward Elgar.

Lewis, J., 2013, "Continuity and Change in English Childcare Policy 1960-2000," *Social politics*, 20(3)：358-386.

Lewis, J., Cuthbert, R. and Sarre, S., 2011, "What are Children's Centres ? The Development of CC Services, 2004-2008," *Social Policy & Administration*, 45(1)：35-53.

Lewis, J. and West, A., 2017, "Early Childhood Education and Care in England under Austerity: Continuity or Change in Political Ideas, Policy Goals, Availability, Affordability and Quality in a Childcare Market ?," *Journal of Social Policy*, 46(2)：331-348.

Lister, R., 1998, "From Equality to Social Inclusion: New Labour and the Welfare State," *Critical Social Policy*, 18：215-225.

Lister, R., 2006, "An agenda for children: Investing in the future of promoting well-being in the present ?," in Lewis (ed.) [2006].

Lloyd, E. and Penn, H., 2013, *Childcare Market*,

Chicago: Policy Press.

Lloyd, E. and Penn, H., 2015, "Childcare markets in an age of austerity," *European early childhood Education Research Journal*, 22(3): 386-396.

長澤紀美子, 2017, 「イギリスにおける社会的ケアの市場化——準市場の類型による分析」『社会政策』9(2): 87-100。

OECD, 2003; 2004, *Babies and Bosses: Reconciling Work and Life*.

OECD, 2000; 2006, *Starting Strong: Early Childhood Education and Care*.

Office for National Statistics, 2005, *Labour Market Trends July 2005*, London.

Office for National Statistics, 2014, *Persistent Poverty in the UK and EU: 2014*.

Owen, J., 2007, "Childcare Primer: overview of the US, Australian and UK markets. A market analyst's report for City group," *City Group Global Markets. Equity Research*, New York.

Penn, H., 2007, "Childcare Market Management: how the United Kingdom Government has re-shaped its role in developing early childhood education and care," *Contemporary Issues in Early Childhood*, 8(3): 192-207.

Penn, H., 2011, *Quality of Early Childhood Services. An International Perspective*, New York: Open University Press.

Penn, H. and Randall, V., 2005, "Childcare Policy and Local Partnerships under Labour," *Journal of Social Policy*, 34: 79-97.

Pollitt, C., 2013, "The Evolving Narratives of Public Management Reform," *Public Management Review*, 15(6): 899-922.

Rubery, J. et al., 2003, "Gender Equality still on the European Agenda-but for how long?," *Industrial Relations Journal*, 34(5), 477-497.

佐橋克彦, 2006, 『福祉サービスの準市場化』ミネルヴァ書房。

Simon, C. A., 2017, *Beyond Every Child Matters: Neoliberal Education and Social Policy in the New Era*, London and New York: Routledge.

Stewart, K., 2009, "'A Scar on the soul of Britain': child poverty and disadvantage under New Labour," in Hills, Sefton and Stewart [2009].

Stewart, K., 2013, "Labour's Record on the Under Fives: Policy, Spending and Outcome 1997-2010," CASE (Center for Analysis of Social Exclusion, London School of Economics)/176.

Stewart, K., Sefton, T. and Hills, J., 2009, "Introduction," in Hills, Sefton and Stewart (eds.) [2009].

Titmuss, R. M., 1997, *The Gift Relationship*, New York: The New Press.

所道彦, 2012, 『福祉国家と家族政策——イギリスの子育て支援策の展開』法律文化社。

後房雄, 2015, 「日本における準市場の起源と展開——医療から福祉へ、さらに教育へ」RIETI Discussion Series, 15-J-022, 1-28.

Waldfogel, J., 1999, *Early Childhood Interventions and Outcomes*, Case Papers, CASE/21: 1-20.

White, S., 2004, "Welfare Philosophy and the Third Way," in Lewis and Surender (eds.) [2004].

横山壽一, 2009, 『社会福祉の再構築』新日本出版社。

(はら　のぶこ：法政大学)

特集◆福祉の市場化を問う

「福祉の市場化・民営化」と労働統合型社会的企業
——社会サービス供給組織への新しい見方——

米澤　旦

　本報告では，福祉の市場化（民営化）に関して，サードセクターの研究蓄積を土台としながら，労働統合型社会的企業を焦点にして三つの主張を展開する。第一に，社会政策分野では現物給付割合の高まりを背景として，国家と個人を媒介する諸組織の多様性を分析することの重要性が高まっており，そのためには，セクター単位での研究（セクター本質主義）は問題を抱えているということである。第二の主張は，「セクター本質主義」的な考え方に代わって，新しい枠組みとして，「制度ロジック・モデル」という，欧米などで蓄積のある新制度派社会学の概念をもとにした枠組みが有効である可能性があるということである。第三に，「制度ロジック・モデル」を用い，労働統合型社会的企業を分析するならば，少なくとも二つの形で制度ロジックの組み合わせによる組織形態を峻別でき，それらを区別することに一定の理論的・政策的意義が認められるということである。

　　キーワード　サードセクター　　新制度派組織論　　制度ロジック　　社会的企業　　福祉国家再編

1　はじめに：セクター境界の流動化と市場化・民営化

　これまでにも増して，福祉と市場の関係は複雑性を帯びるようになっている。とりわけ，「市場化」と併せて論じられることの多い，供給組織の「民営化」に関して大きな変化が生じている。日本では，社会福祉領域において社会福祉法人に代表される民間組織が強い規制の中で福祉供給にかかわってきた。しかし，社会福祉基礎構造改革をきっかけに多くの社会政策領域では，伝統的な組織形態だけではなく，NPO法人や株式会社法人など，多様な組織形態（法人格）の組織が供給に加わるようになった。

　これまで，福祉供給に関して福祉多元主義に代表されるようなセクター単位での分析がなされる

傾向にあった。そして多くの場合，社会政策研究者は営利セクターよりもサードセクターの優位性を強調する傾向にあった。しかし，セクター単位での優位性の議論の前提である「組織の見方」に関して，セクター境界の曖昧化やセクター内部の多様化が進むなかで，研究遂行上の困難が生じているように考えられる。例えば，法人格にとらわれない存在である社会的企業という組織形態に関して，そのような枠組みの有効性は弱い。

　本報告では，福祉の市場化（民営化）に関して，サードセクターの研究蓄積を土台としながら，三つの主張を展開する。第一に，社会政策分野ではサービス給付割合の高まりを背景として，国家と個人を媒介する諸組織の多様性を分析することの重要性が高まっており，その有効な分析のためには，セクター単位での研究（セクター本質主義）は問題を抱えているということである。第二に，

「セクター本質主義」的な考え方に代わって，新しい枠組みとして，「制度ロジック・モデル」という，欧米などで蓄積された新制度派社会学の概念をもとにした枠組みが有効である可能性があるということである。第三に，「制度ロジック・モデル」を用い，労働統合型社会的企業を分析すると，少なくとも二つの形で制度ロジックの組み合わせによる組織形態を峻別でき，それらを区別することに一定の理論的・政策的意義が認められるということである。

最初に，本報告の経験的研究の対象となる労働統合型社会的企業に関して説明する。社会的企業とは，「何らかの社会的問題に対して，事業（経済）活動を通じて問題解決を目指す事業体」のことを指すことが一般的である。ここで経済活動とは，財やサービスを生産しそれを販売することを意味する。社会的企業という用語が，一般的に学術界や非営利組織の世界で使用されるようになったのは，欧州とアメリカであり，1990年代前半であると考えられている［Nyssens and Defourny, 2012, 3］。このなかでも特に労働市場から排除された就労困難者（失業状態にある若年者，障害者，シングルマザーなど）に就労・訓練機会を提供することを目的とする事業体を労働統合型社会的企業と呼ぶ。

本論では，第四節において，経験的分析対象として，労働統合型社会的企業という対象に焦点を当てる。これはサービス供給組織の民営化にかかわっていることに加えて，就労困難者の商品化にかかわり，広い意味での福祉の市場化にもかかわるためである。(2) 労働統合型社会的企業および本論で展開する視角からの分析は，福祉の市場化・民営化の現在の状況を分析するうえで，重要な意味を持っていると考えられる。直接の分析のまえに，これまでのような「セクター本質主義」的な見方は有効性を失っていることを示すことが第一の課題である。これらの点に関して次節では論じよう。

2 サービス給付の拡大とセクター本質主義の問題

（1）社会支出におけるサービス割合の増加

サービス供給の民営化は財政緊縮との関連で議論されることも多いが，もう一つ重要な点は，社会支出構造の変化であると考えられる。所得保障に加えてサービス給付の重要性の高まりがみられる。この点に関連して，本論で主張したい第一の論点はこのような構造変化に伴って，福祉多元主義のようなセクター本質主義（例えば，「営利セクター中心か」「非営利セクター中心か」といった主張）の限界が顕在化することである。この点に関して，順を追って説明しよう。

福祉国家再編期の特徴の一つは，これまでの所得保障中心のシステムからサービス給付の比重の高まっていることである。サービス給付は医療などの分野で伝統的に福祉国家のなかで一定の役割を占めてきたが，（特に比較）福祉国家研究の関心の中心は年金や生活保護などの現金の移転であったと考えられる［Kautto, 2002］。しかし，近年では，社会支出におけるサービス給付が拡大している。

実際に社会支出におけるサービス供給の比重の高まりは先進国共通の現象であり，サービス供給の高まりは国際比較データから確認することができる。図1は，OECD Social Expenditure Database（SOCX）を用いて，医療以外の政策領域での現物給付が占める対社会支出の割合について1980年と2009年の数値を比較したものである。図1からは，日本も含む多くの先進諸国で，1980年と2009年を比較した際に，現物給付割合の上昇が確認できる。伝統的にサービス給付が充実していたといわれていた北欧だけではなく，大陸欧州やカナダやアメリカを除くアングロサクソン諸国でも現物給付割合は上昇している。

サービス給付の拡大は，複数の要因が関連している。その一つは，家族の変容などを背景とした，新しい社会的リスクの顕在化である。家庭内で主にケア役割を担ってきた女性が，労働市場へ進出

特集◆福祉の市場化を問う

図1 医療以外の現物給付の総社会支出に占める割合の変化

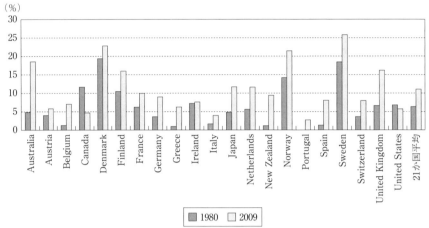

(注) なお，現在では，対象国の2012年までのデータを利用できるが，結果は大きく変化しない。
(出所) OECD SOCX (https://www.oecd.org/social/expenditure.htm) より著者作成 (2018年1月5日最終アクセス)。

することによって，家族内ケアの社会化が要請される [Daly and Lewis, 2000]。サービス供給の比重の高まりは，SOCX データを用いて尾玉他 [2012] の研究が確認している。尾玉らは OECD 21か国の社会支出の推移を検討したが，家族・高齢関連の政策分野における現物給付の対 GDP 比の上方収斂を明らかにした。

また，サービス給付は積極的社会政策 (Active Social Policy) や社会的投資 (Social Investment) との関連で重要性が強調されることもある [Nikolai, 2012, 96]。積極的社会政策や社会的投資という考え方は，論者によって意味合いが異なるものの，知識経済化などを背景としながら，社会政策の目的や手段として，受動的な所得保障だけではなく，人々の活動促進も含める考え方を指す。この点に関連して，埋橋は，サービス給付は「サービスを受ける本人もしくはその家族の労働可能性を高め，労働供給を増加させる効果」[埋橋，2011，8-9] があることを挙げる。

以上により，サービス給付の社会支出に対する割合が上昇していることと背景が確認できたと考えられる。サービス給付の割合は社会支出構造に関していかなる含意を持つのか，次節ではその点を確認しよう。

(2) 社会支出のサービス化の含意

次に，社会サービス給付の比重が高まったことにより，福祉の生産・供給の多様性が増していること，そしてそのために多様な組織主体から構成されるサードセクターおよび営利セクターが結果的に注目されており，研究者もその多様性に十分に配慮しなければならないことを主張する。このとき，社会サービス給付と現金給付のニーズ（必要）を抱える人々への帰着のメカニズムの違いの理解を助ける枠組みが，福祉の生産モデルである（図2）。

福祉の生産モデルはイギリスの社会政策学者であるヒルらがアイディアを提示し [Hill and Bramley, 1986]，ミッチェルが，所得移転構造の分析のために利用し，一定の影響力を示した [Michell, 1991 = 1993]。福祉の生産モデルは福祉供給のなかで，インプット，生産，アウトプット，アウトカムの四つの局面を区分し，さらに環境的要因を視野に入れる。日本でも，福祉の生産モデルは埋橋 [2011] や大沢 [2013] で応用されている。

社会政策研究における，福祉の生産モデルの意義は資源と生産，アウトプット，アウトカムを区分し，諸研究の位置づけを整理する視点を提供した点にある。この枠組みを使用することで社会政策にかかわる諸研究が何を問題としているのかそ

論　文　「福祉の市場化・民営化」と労働統合型社会的企業

図2　福祉の生産モデル

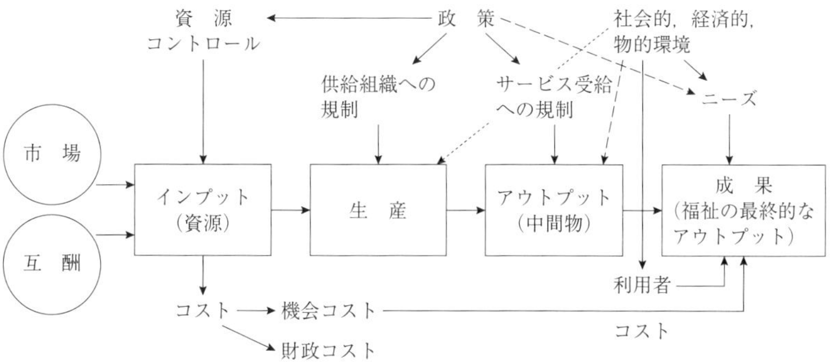

資源
コントロール　←──　政　策　→　社会的，経済的，物的環境

供給組織への規制　サービス受給への規制　ニーズ

市　場

互　酬

インプット（資源）　→　生　産　→　アウトプット（中間物）　→　成　果（福祉の最終的なアウトプット）

利用者

コスト　→　機会コスト　──　コスト
　　　　　→　財政コスト

（出所）　Michell［1991＝1993, 11］から一部修正。

の整理が明確になる。同じ社会政策（福祉国家）の供給を問題としていても，どれだけの資源（インプット）が投入されたのかに注目するのか，どのような形で現金給付が提供されているのか（生産），給付がどのように個人に帰着しているのか（アウトプット），さらにその給付によってどのように個人の福利が改善しているのか，あるいは社会的不平等が解消しているのか（アウトカム）はそれぞれ異なる問題群である。

　福祉国家の社会サービス給付の比重の高まりとの関連で言うならば，福祉の生産モデルにおける四つの局面のうち，福祉の「生産」場面がより重要な意味を持つと考えられる。社会サービス給付の際には，福祉の生産が意味することは，例えば，多様な組織による高齢者の介護サービスの産出や，第四節で主題とする社会的企業による就労機会・訓練機会の産出と理解することができる。

　ここで現金給付とサービス給付（現物給付）の「生産」場面の違いを検討しよう。公的扶助や年金などの現金給付では中央政府・地方政府と個人のあいだを媒介する要素（個人や組織）は，サービス給付と比べて「相対的」には多くはないと考えられる。もちろん，それぞれの現金移転の基準の相違は存在し，重要である。しかし，一度，規則が確定すれば，生活保護の水際作戦などにみられる例外はあるものの，生産場面における政府と個人を媒介する要素はさほど多くはない。

　しかし，現金給付に比べて，介護，育児，就労支援サービスなどのサービス給付の場合，政府と個人を媒介する要素は複雑である。サービス給付の場合，第一にサービスを担う労働（者）が必要であり，それを管理する組織（営利／非営利など），さらに組織を統御するルールや資源配置（補助金・利用料の設定・寄付税制など）が要請される。

　さらに，ある地域や政策領域ごとの組織の布置に焦点を当てるならば，地理的範囲としての地域などメゾレベルでの差異も重要性を増す。例えば，サービスの質に関して1団体の先進的組織と9団体の平均以下の組織が存在している地域と，10団体の組織が全て平均以上の組織が存在する地域と比べた際に，必要充足を目的とする社会政策の供給にとってどちらが望ましいかは容易に判断できない。

　サービス供給の場合には，資源がいかにアウトプットにつなげられるのか，そのパターンは現金給付と比較して複雑となり，その供給体制の構成を明らかにする問題の重要度は高まる。このように現物給付（サービス給付）の割合が高まる際には福祉の生産に関してより柔軟な枠組みが必要となると考えられる。

（3）セクター本質主義の問題

　社会政策研究においてサービス給付の重要性が高まるとすると，インプットからアウトプットにいたる政府と個人を媒介する「生産」場面の理解が必要となる。この点に関して，営利／非営利，行政／民間，公式／非公式の諸変数や，組織規模，

特集◆福祉の市場化を問う

組織アイデンティティなどが，既存のセクター区分を横断し，また折り重なって現れる組織形態のあり方を理解することが重要になっていると考えられる。

福祉国家の変容に伴う研究的要請と，セクター内部の組織を同質的なものとして把握する方法はズレが拡大しており，営利や行政，家族，サードセクターを並列的で独立した「部門」と考える弊害がみられると考えられる。ここでセクター本質主義とは，「社会はいくつかの原理（合理性）によって区分され，サードセクターに含まれる組織形態は，他のセクターと区別される原理を共有する」という考え方である（特にこれはサードセクターに焦点化した際のものであり，関連命題は米澤［2017］を参照）。

サービス給付の影響力が増すなかで，社会政策のプロセスを理解するためには，これまで通常，採用されてきたセクター単位で供給構造を把握しようとする試みは，重大な限界を抱える。問題は大別すれば，二つに分けることができるだろう。第一に，セクター単位の認識ではセクター内部の多様性を認識することができないことである。第二に，第一の点の裏返しであるが，他のセクターに属するとされる組織との境界の曖昧性に対応できないことである。

これら二つの難点は供給構造の多様性を理解するうえで障壁となっている。サードセクターや営利セクターが単一の原理からなる組織の集合と捉える見方，そして，それを反転させた営利セクターが単一の原理からなる組織の集合となる見方は，社会政策供給の効果を問題にする際に大きな課題を抱える。例えば，最近の研究では高齢者介護という同一分野の事例においてさえ，基礎自治体レベルの地域変数の差異によって，営利／非営利組織の行動パターンが近接したり，差異が維持されることが明らかにされている［須田，2011］。また就労支援の事業体は同じ障害者分野であったとして，異なる社会的包摂のアプローチが存在することが示されている［米澤，2011］。

以上を踏まえるならば，福祉の市場化（民営化）をめぐる問題に関して営利セクター・サード

セクターを単一の原理からなる集合として捉える見方は，問題を抱える。サービス給付が進展するなかで，社会政策研究はより柔軟な枠組みを持つ必要がある。

3　サードセクターの見方と制度ロジック・モデル

（1）サードセクターの独立モデルと媒介モデル

民間組織のなかでも社会福祉と関連して独自の理論化がなされることが多かった対象はサードセクターであったと考えられる。サービス供給組織一般の理論的検討に比べ，サードセクターを中心とした理論が蓄積されている。サードセクターの価値が強調される一方で，営利組織はほとんど積極的に研究対象とはならなかったと考えられる。そこで，これまでのサードセクターの見方を振り返る形でセクター本質主義に代わる見方を提示したい。

標準的なサードセクターの見方は，大きく分けると二つに分けられる。一つは独立モデルというものであり，もう一つは媒介モデルである。まず，ここでいう独立モデルとは，市場や国家とは異なる原理を持つものとして，サードセクターを捉える見方である。この考え方にはサードセクターを市場や国家の残余とするもの（政府の失敗理論／市場の失敗理論）と，よりサードセクターの社会的価値を強調するもの（ボランタリーの失敗理論など）がある。これらは，前節で示した「セクター本質主義」的な考え方をとっている。

「独立モデル」は，社会政策研究やサードセクターにかかわる社会学的研究では，広く共有されていると考えられる。それが典型的に表れているのが，福祉多元主義論や社会学者の佐藤慶幸の「ボランタリー・アソシエーション」論［佐藤，2002］や，社会学者の上野千鶴子による「協セクター」論である［上野，2011］。これらの考え方は，サードセクターを，国家や市場から独立した価値や原理を体現する組織の同質的集合として把握する見方だとまとめることができる。国家や市場の原理ではない，第三の原理（あるいは家族と

は異なるとして，第四とされることもある）が存在すると考え，それを同質的に体現するサードセクターは，国家や市場とは独立・対抗的な関係な関係にある。さらに「はじめに」で述べた通り，優位的なものと把握される。

これに対して，媒介モデルとは，サードセクターは再分配・市場交換・互酬の緊張領域としてみる見方のことを指す。主として，欧州のサードセクター研究で強調されてきた考え方であり，独立モデルとの相違が近年では強調されることが多い［Knutsen, 2013；米澤，2011］。媒介モデルは，セクター境界の曖昧性を強調することが一般的であり，セクター本質主義的な視点はとられない。

媒介モデル的な考え方をとった研究の有効性は2000年代以降強調されてきた［Knutsen, 2013；米澤，2011］。例えば，社会的企業をはじめとするサードセクター組織が資源に関して，再分配・市場交換・互酬的な内容を組み合わせて活動することは，市場でもない，国家でもない原理を体現する見方とは距離がある。

（2）補助線としての制度ロジック・モデルと新しいサービス供給組織の捉え方

さらに媒介モデルを一歩進めて，より柔軟に社会福祉供給に関わる組織の目的の多元性を区別することができる考え方が「制度ロジック・モデル」である。制度ロジック（institutional logic）とは，新制度派社会学（組織論）で蓄積された概念である。新制度派社会学（組織論）は，組織行動を資源などの技術的環境だけではなく，ルールや文化などの制度的環境と組織の関係に注目するもので，近年，制度的環境の多元性が焦点化されている。

個人や組織の行動パターンは，その組織や個人が置かれる家族制度や政治制度，市場制度などの社会制度の固有のロジックによって導かれることに注目する考え方であり，政治社会学者のフリードランドとアルフォードによって提案された［Friedland and Alford, 1991］。彼らは，「現代西洋社会の最も重要な制度的秩序のそれぞれには，中核的なロジックがある」［Friedland and Al-

ford, 1991, 248］と考える。この中核的なロジックとは，「それぞれの制度の組織化原理を構成し，また組織や個人が洗練させるために利用可能である，物質的実践と象徴的構築物のセット」である［Friedland and Alford, 1991, 248］。

彼らの制度ロジックの定式化はわかりやすいものとは言えず，再定式化が図られた。例えば，社会学者の佐藤郁哉と山田真茂留は，より簡潔に制度ロジックを，「それぞれの制度領域には追求すべき目標や価値あるいは評価の基準といった点で独特の原理ないしはロジックがあること」［佐藤・山田，2004, 296］と表現している。家族，市場，政府，科学，宗教などの諸制度には組織化や行動を導く，基本的な制度固有の価値規範の型（と実践の型）が存在すると考え，個人や組織行動を研究するアプローチであると言い換えられる。

制度ロジックの特徴の一つは「社会を間制度的（inter-institutional）なもの」と捉える点にある［Thorton and Ocasio, 2008, 104］。制度ロジックの種別にはいくつかのバリエーションが存在するが，いずれにしても制度ロジックは，家族や民主主義，市場などの社会制度が，それぞれ異なる様式で，組織や個人の行為に対するルールを与え，認知的な枠組みを提供し，物質的実践の指針を与えるロジックを持つと考える。制度ロジックの重要な意義は，それまで制度的環境とひとくくりにしたものについて組織や個人の従う規範の複数性を認識し，その間の葛藤を認識することを可能にさせる点にあると考えられる［佐藤，2003］。

非営利組織研究でもこのような制度ロジックを用いる研究が，2010年代以降，表れている。例えば，S. R. スミスらは，理論的に制度ロジックの非営利組織研究への応用を検討し，その可能性や研究の方向性を示した［Smith, 2014；Skelcher and Smith, 2014］。実証的に制度ロジック概念を応用する研究例もサードセクターの関連領域でみられるようになった。一つだけ例を示すと，ヌットセンはカナダの16団体の非営利組織を対象にした研究がある。彼女は，組織ごとに「民主主義」，「家族」，「宗教」，「専門職」といった異なる制度ロジックをもとに活動が行われていることや，そ

のような併存状況が政府や市場からの資源流入によって影響を受けていることを示した［Knutsen, 2012］。

「制度ロジック・モデル」が，サードセクターを複数の異なるセクターの原理や合理性の混合する場として捉えるのは，セクター本質主義や媒介モデルとは別の捉え方をしているといえる。一連の研究は，社会をいくつかの原理によって区分するが，単一の原理を，サードセクターが体現するとは捉えない。「制度ロジック・モデル」に従えば，その認識は「セクター本質主義」で示したテーゼと対応させる形で提示すれば（特にサードセクターに関して）「サードセクターやその下位集合が参照する合理性は，制度ロジックが複合的に組み合わさり，そのパターンは複数ありうる」というものである。

「制度ロジック・モデル」は，サードセクターに固有の合理性が存在することを認めない点で，これまでの主流のサードセクター論とは異なるものである。サードセクターが従う合理性は複数の組み合わせが有りえて，それによっていかなる行動上の差異が存在するかを示すことが，サービス供給組織研究には求められると考えられる。このような「制度ロジック・モデル」の見方を採用した際に，どのような認識上の利得があるのだろうか，労働統合型社会的企業を素材としながらその可能性を検討したい。

4　労働統合型社会的企業における「社会的なもの」の多様性

（1）就労支援と過剰な商品化への懸念

労働統合型社会的企業に対して，制度ロジック・モデルを適用し，その可能性を検討しよう。2000年代以降，日本でも自立支援という形で，様々なアクティベーション戦略が拡大してきた。多様な就労困難者への就労支援が社会政策上では重要な課題となっている。

アクティベーション戦略に対する評価は容易ではない。一方では，就労支援によって人々がなしうることが増えること，あるいはそれによって社会へと包摂されることを評価する考え方もある。その一方で，就労支援自体が労働力の商品化を進めるものであり，福祉の後退であると考える立場もある。

ここでは特に否定的な意見を取り上げよう。例えば，アメリカの社会福祉学者である Garrow と Hasenfeld は，アクティベーションの担い手である労働統合型社会的企業は新自由主義のシンボルであると主張する［Garrow and Hasenfeld, 2014, 4］。特に，市場の論理に対して，社会サービスの領域に埋め込まれていない組織の場合，就労支援サービスの受給者の（不当な形での）商品化が進展し，社会権が損なわれる可能性があることを指摘している［Garrow and Hasenfeld, 2012］。このような懸念は，アクティベーション戦略的な側面も持ち合わせる生活困窮者自立支援の就労支援（とりわけ中間的就労）に対して，も向けられることがある。

多くの社会的企業と自認する組織は，後述するように市場的価値も重視する。しかし，とりわけ，就労支援に取り組むなかでは市場のロジックに従うだけでは問題が生じる可能性がある。就労困難者は何らかの形で働きづらさを抱えている場合が一般的であり，それを市場のロジックにさらされて働くことを促すならば，生活の維持が困難な条件で労働することという帰結が生じることが考えられる。このような状況を回避し，軟着陸させるためには何らかの形で市場の論理を緩和させる必要がある。そしてその緩和の論理は一つではない。セクター本質主義では捉えられない，その二つの方向性を示そう。

（2）支援型社会的企業の事例と論理

労働統合型社会的企業が，市場の論理を緩和させる一つの方法はいわゆる伴走型支援［奥田他，2014］を就労の場に導入することである。中間的就労で基本的に想定されているものはこの形での就労支援である。この場合，相談支援者が就労の場にかかわることで，当事者と職場とのミスマッチを回避する。このような形の労働統合型社会的企業を本論では支援型社会的企業と呼ぶ。

例えば，生活困窮者自立支援法の中間的就労に
みられるような支援では，専門職（社会福祉）の
論理と市場の論理を組み合わせる形での就労支援
がみられる。中間的就労の最終目標は，「対象者
が支援を要せず，自律的に就労することが出来る
ようになる」[厚生労働省，2013，6] ことであり，
そのために段階的な待遇，担当者による相談支援
が規定されている。特に，相談支援に関して社会
的企業には，相談支援を行う就労支援担当者の配
置と，就労支援プログラムの作成が義務づけられ，
一定期間ごとの相談支援の実施が要請される。中
間的就労では就労支援プログラムと支援担当者に
よって，効果的な就労支援と対象者の不当な処遇
の防止が意図されている。

　より具体的な活動例として，生活クラブ風の村
によるユニバーサル就労が挙げられる。生活クラ
ブ風の村は，社会福祉法人格を所有し，従業員数
1000人を超える，高齢者福祉分野を中心に事業展
開する千葉県でも有数の規模の福祉供給事業体で
ある。生活クラブ風の村では，2014年時点で，60
人を超える働きづらさを抱える人が，介護施設で
の見守り，清掃，事務補助などの仕事につき，高
品質のケアサービス提供に貢献している。

　この事例には二つの特徴がある。第一に，生活
クラブ風の村の就労支援体制で特徴的な要素は組
織内部・外部からの二重の支援である。ユニバー
サル就労では法人内部に設置された相談支援部署
が重要な役割を果たしており，さらに，外部の相
談支援機関の専門家と協力しながら当事者を支援
している。

　組織内部に専門的部門を設置することは，ユニ
バーサル就労のプログラムのなかで当初から重要
であると考えられてきた。職場内で従業者と上司
だけでは業務が実施された際に，就労困難者の定
着が図れないことの懸念があったためである。支
援室が事業所側に立たない第三者的な立場にある
ことは，運用開始後の支援室内の会議でも確認さ
れている。

　第二の特徴は，段階的な就労待遇である。ユニ
バーサル就労では，「無償コミューター」，「有償
コミューター」，「UW 最賃保障職員」，「UW 一

般賃金職員」という四段階の就労待遇が用意され
ている。この段階的な就労待遇に沿って，就労の
ステップアップあるいはステップダウンがなされ
る。「無償コミューター」「有償コミューター」は
雇用契約が結ばれない勤務形態である。この二つ
の段階で勤務する場合には，雇用契約は結ばれな
いが，「コミューター確認書」と呼ばれる書類で
の契約が行われ，個人ごとに「個別支援計画」が
立てられ，支援方針や中期的な目標が策定されそ
れに応じた振り返りがなされる。「UW 最賃保障
職員」，「UW 一般賃金職員」は雇用契約が結ば
れる勤務形態である。この両者の待遇にでは，
「個別支援計画書」は結ばれないが，変わって
「人事考課」が行われる。個人ごとに就業にかか
わる目標が設定され，それを達成することでステ
ップアップとは別に時給が引き上げられる。

　このようなタイプの労働統合型社会的企業は専
門職（社会福祉）の論理によって市場の論理を緩
和させるものであるといえる。ユニバーサル就労
の場合，このような形で技能形成が図られ，原則
的には一般就労での自立が支援される。

（3）連帯型社会的企業の論理

　労働統合型社会的企業が，市場の論理を緩和さ
せるもう一つの方法は，民主主義の論理を就労の
場に導入することである。経営への当事者参加や
対等性の追求などがみられるこのような方向性を
とる労働統合型社会的企業をここでは連帯型社会
的企業と呼ぶ。

　例えば，民間団体が中心となって社会的企業に
関する法案の策定を求めたものがそのような方向
性を示している。社会的事業所促進法案大綱と名
付けられたこの民間団体による法案では，2012年
に公開されたこの提案は中間的就労とは異なる方
向性を示している。

　中間的就労では前節で確認した通り，綿密な相
談支援と段階的な就労移行が想定されていた。し
かし，社会的事業所促進法案で強調される要素は，
第一条の「共に働き，かつ，対等に事業を運営す
ることができる」との規定に見られる働き方の対
等性である。また，第六条では，「事業所の運営

に関しては，その意思決定において事業所に所属する者の意向を尊重しなければならない」と規定され，同条では，法人格の違いに配慮しつつも当事者を含めた参加的運営が重視される。また，社会的事業所促進法案では能力形成は重視されていない。

また，具体的な活動のなかでも，支援付き就労等は異なる方向性がみられる。連帯型社会的企業の事例として，労働者協同組合的な働き方をなしている事業体が挙げられる。例えば，障害者運動を出発点とした共同連という事業組織のネットワークでは，民主主義的運営を重視しながら，対等な働き方と市場の活用に関して，葛藤を抱えながら両立させており，様々な就労困難者に働きやすい就労の場を創り出している［米澤，2011］。

ホームレス資料センター［2013］による調査では，労働統合型社会的企業と捉えられるいくつかの事業体から「支援」という考え方に対して反発する声が聴かれた。これらの事例では，支援型社会的企業とは三つの水準で異なる対等性が志向されている。第一に，意思決定の水準である。事業体の運営方針を決定する際に，どの程度，当事者が意思決定の場面に参加できるのかという面であり，連帯型社会的企業では事業全体への参加が強調される。第二に，生産活動参与の水準であり，生産活動に携わる場面で，就労困難者も非就労困難者も同じ立場（＝同僚関係）であることが重視される。第三に，報酬支払いの水準であり，個人の生産性と対応せず報酬が支払われるという点である。

折衷的事例もあるだろうが，理念型として両者は区分可能である。二つの組織形態は，特定のカテゴリ（障害者・ホームレス・ひとり親）によらない就労困難層一般の生産活動への包摂という同種の目的を持つ。一方で，意思決定参与と報酬支払い，生産活動参与の水準で異なる構想を持つ。これは市場の論理の緩和が異なる形でなされていると理解できる。⁽⁷⁾

ただし，両者とも市場のロジックが軽視されているわけではないということに注意が必要である。市場のロジックを重視するという考え方は，少な

くとも組織のレベルのものに関しては両類型の法制度でも明記されている。中間的就労でも社会的事業所促進法でも事業体が経済活動を行うことは認められており，前提とされている。中間的就労ガイドラインでは，経営能力に関する要件として「当面，経営を維持・継続できる財務的基礎を有すること」という規定がある。また，自主事業として運営されることが想定されていることも，事業体として安定した運営ができることを想定している。また社会的事業所促進法案大綱で「事業所は，ビジネス手法に基づく事業展開により五の理念〔引用者注：就労困難者の社会的包摂を指す〕を実現する事業体」と規定され，「商業，工業，サービス業，農林水産業等のあらゆる業種に属する事業のいずれかを営み，その事業に係る収入が，総収入の五〇％を上回らなければならない」と指摘されている。

しかし，その歯止めとなる考え方は一つではない。制度ロジック・モデルによる二つのタイプの労働統合型社会的企業の検討から見えてくるものは，少なくとも日本の労働統合型社会的企業に関しては，セクター本質主義（独立モデル）が想定するような一つの規範性や価値に一つの組織形態が対応するという見方は妥当しないということである。さらにいえば，これは媒介モデル的な捉え方でもこれらの多様性を区別することは難しい。市場の論理を押しとどめるような「社会的なもの」は複数の形でありうるのである。

5 おわりに：「福祉の市場化・民営化」と「組織と規範の多様性」

複数の社会における規範性とそれに従う組織形態を区別するという制度ロジック・モデルは一定の有効性を持ちうると考えられる。この理論的含意と政策的含意を示そう。

まず理論的含意としては，先にも述べた「社会の論理」の多様性が識別できるということにある。支援型／連帯型の両者とも一定の水準まで市場的価値観を認め，組織に導入している。しかし，それが貫徹されないように，「専門職の論理」と

図3 労働統合型社会的企業の二つの類型：共通点と相違点

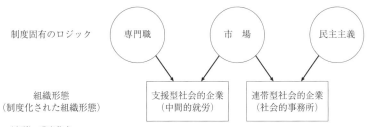

（出所）著者作成。

「民主主義の論理」といった形で市場の論理は緩和されている（図3）。二つの類型は就労困難者の生産活動への包摂という同種の目的を持ちながら、そのプロセスが異なるのである。

二つの類型では、異なる制度ロジックのセットに従っているため、異なる形で「葛藤」が生じることもある。支援型社会的企業の場合は、組織内部の支援担当者と市場の論理を重視する事業責任者のあいだで、当事者の処遇をめぐる葛藤が確認されている。連帯型社会的企業でも、対等性によって生じるモチベーションの維持と組織レベルでの生産性の向上の難しさが確認される。しかし、両者は異なるメカニズムのもとで、複数の論理が併存することによって適度な形での労働への包摂がなされている。

同じ労働統合型社会的企業といっても異なるプロセスのもとで労働への包摂が行われているということは、政策レベルでも両者を支える「規制」が異なる可能性を示唆するものである。就労困難者の搾取のような市場の論理の行き過ぎを防ぐためには、支援型の場合は、専門職の適正配置や技能向上が求められる一方で、連帯型の場合は、定期的・実効的な当事者の経営レベルでの意見の反映の場の設置が求められるだろう。このような組織的多様性を踏まえたうえで、アクティベーション政策とのその規制はなされる必要がある。

本論で示したように、市場と福祉の関係性は複雑性を増している。多様な組織形態の供給組織が参入するなかでセクター単位での分析は限界を抱え、再考を求められていると考えられる。例えば、本報告で提示したような、規範性と組織形態を一対一に対応して捉えるという考え方ではなく、両者を切り離して分析するような、新しい見方が求められている。

実際に、そのような枠組みを採用したことにより、労働統合型社会的企業の「社会性」の多様性を示すことが可能になった。労働統合型社会的企業のような組織は何らかの形で市場の力を活用することが求められる。その意味では福祉の市場化の一つの現れである。しかし、それと同時に市場の論理も緩和させる必要があり、その分析が求められる。市場の論理の緩和の仕方は一つではない。「組織の多様性」を理解することによって、より適切な「福祉の市場化・民営化」の理解と評価が可能となるだろう。

より一般的に言えば、社会支出のサービス化が進展するなかで、福祉の生産の多様性を理解するためには、組織の水準の分析は重要性を増していると考えられる。本論は新制度派社会学（組織論）の枠組みを利用しながら、その多様性を分析しようと試みた。これは、遠藤が指摘する、社会福祉研究と労働研究の接近という主題とも重なる［遠藤, 2016］。今後、社会政策研究のなかで発展が期待される一つの研究領域として、サービス供給組織の多様性の分析は必要であり、労働研究などの蓄積も踏まえながら、セクター単位での分析の限界を超えた、精緻な分析がなされることが求められる。

注
(1) 厳密にいえば、福祉の準市場化と民営化は区別されるべきである。ル・グランも指摘するように、競争の要素を導入したとしてもその担い手を行政組織に限定することは可能だからである［Le Grand,

（2）福祉の「市場化」概念は論者によって多様に使用
　　されていると考えられる。基本的には①サービス供
　　給に関する市場メカニズムの導入，②民間主体の福
　　祉供給への参画，③社会政策全体の「新自由主義
　　化」の三つに区分できるのではないかと考えられる。
　　本論では，②，③の論点（特に②）に関わる議論を
　　展開する。

（3）ただし，本報告の後半で議論するアクティベーシ
　　ョン政策について，SOCX では，現物／現金の区
　　物がなされていない。しかし，政府と個人を媒介す
　　る要素が多様になるという本論の趣旨からすると現
　　物（サービス給付）に含めてよいのではないかと考
　　えられる。

（4）批判の焦点は，現実の諸組織がセクターのそれぞ
　　れの本質とズレがあることを「セクター本質主義」
　　的な見方が捉え損なっているということにあるので
　　はなく，ポパーによる「方法論的本質主義」への批
　　判［Popper, 1950＝1980］と同型のものを想定して
　　いる。

（5）「独立モデル」「媒介モデル」という用語方は米澤
　　［2011］に従っている。

（6）本稿での記述は，2011年度から大きなシステム上
　　の改革を行った2014年度までの期間の調査をもとに
　　している。そのため，本研究の記述は現状（2018
　　年）のシステムとはズレが生じている。

（7）より詳細な支援型，連帯型の分析は米澤［2017,
　　6章・7章］を参照のこと。

（8）遠藤の指摘は二つの意味で本論と関連する。第一
　　にサービス給付化に伴い，社会政策にかかわる労働
　　者の問題がより重要になるという点である。第二に
　　労働統合型社会的企業のような純粋な雇用関係では
　　なく，何らかの形で福祉的な要素が含まれる労働に
　　ついて検討する必要があるということである。いず
　　れの領域でも，労働研究と社会福祉研究の（批判も
　　含めた）共同作業が求められる。

参考文献

Battilana, J. and M. Lee, 2014, "Advancing Research on Hybrid Organizing: Insights from the Study of Social Enterprise," *The Academy of Management Annuals*, 8(1): 397-441.

Daly, M. and J. Lewis, 2000, "The Concept of Social Care and the Analysis of Contemporary Welfare States," *The British Journal of Sociology*, 51(2): 281-298.

遠藤公嗣, 2016,「社会政策学会の労働研究」『社会政

策』8(2): 1-3。

Friedland, R. and R. R. Alford, 1991, "Bringing Society Back in: Symbols, Practices and Institutional Contradictions," in W. W. Powell and P. DiMaggio (eds.), *The New Institutionalism in Organizational Analysis*, University of Chicago Press, 232-263.

Garrow, E. and Y. Hasenfeld, 2012, "Managing Conflicting Institutional Logics: Social Service Versus Market," in B. Gidron and G. Hasenfeld (eds.), *Social Enterprises: An Organizational Perspective*, Palgrave Macmillan, 47-70.

Garrow, E. and Y. Hasenfeld, 2014, "Social Enterprises as an Embodiment of a Neoliberal Welfare Logic," *American Behavioral Scientist*, Published Online: 1-19.

Hill, M. and G. Bramley, 1986, *Analysing Social Policy*, Basil Blackwell.

ホームレス資料センター編, 2013,『生活困窮者・孤立者の就労による生活再建の先進事例とあるべき仕組みに関する調査研究事業』。

Kautto, M., 2002, "Investing in Services in West European Welfare States," *Journal of European Social Policy*, 12(1): 53-65.

Knutsen, W. L., 2012, "Adapted Institutional Logics of Contemporary Nonprofit Organizations," *Administration & Society*, 44(8): 985-1013.

Knutsen, W. L., 2013, "Value as a Self-Sustaining Mechanism: Why Some Nonprofit Organizations Different from and Similar to Private and Public Organizations," *Nonprofit and Voluntary Sector Quarterly*, 42(5): 985-1005.

厚生労働省, 2013,『就労訓練事業（いわゆる中間的就労）及び就労準備支援事業のモデル事業実施に関するガイドラインについて』。

Le Grand, J., 2007, *The Other Invisible Hand: Delivering Public Services through Choice and Competition*, Princeton University Press. (＝後房雄訳, 2010,『準市場　もう一つの見えざる手──選択と競争による公共サービス』法律文化社)

Michell, D., 1991, *Income Transfer in Ten Welfare States*, Avebury. (＝埋橋孝文・三宅洋一・伊藤忠通・北明美・伊田広行訳, 1993,『福祉国家の国際比較研究──LIS 10ヵ国の税・社会保障移転システム』啓文社)

Nikolai, R., 2012, "Towards Social Investment?: Patterns of Public Policy in the OECD World," in N. Moral, B. Palier and J. Palme, (eds.), *Towards a Social Investment Welfare State : Ideas Policies and Challenges*, Polity Press, 91-117.

Nyssens, M. and J. Defourny, 2012, "The EMES Approach of Social Enterprise in a Comparative Perspective," *EMES Working Paper*.

尾玉剛士・角能・米澤旦，2012，「社会保障費の国際比較統計から見た福祉国家の変容」第125回社会政策学会報告配布資料。

奥田知志・稲月正・垣田裕介・堤圭史郎，2014，『生活困窮者への伴走型支援——経済的困窮と社会的孤立に対応するトータルサポート』明石書店。

大沢真理，2013，『生活保障のガバナンス——ジェンダーとお金の流れで読み解く』有斐閣。

Popper, K., 1950, *The Open Society and its Enemies*, Princeton University Press. (＝内田詔夫・小河原誠訳，1980，『開かれた社会とその敵——第一部プラトンの呪文』未来社)

佐藤郁哉，2003，「制度固有のロジックから『ポートフォリオ戦略』へ——学術出版における意思決定過程に関する制度論的考察」『組織科学』36⑶：4-17。

佐藤郁哉・山田真茂留，2004，『制度と文化——組織を動かす見えない力』日本経済新聞社。

佐藤慶幸，2002，『NPOと市民社会——アソシエーション論の可能性』有斐閣。

Skelcher, C. and S. R. Smith, 2014, "Theorizing Hybridity : Institutional Logics, Complex Organizations, and Actor Identities : The Case of Nonprofits," *Public Administration*, Online version : 1-16.

Smith, S. R., 2014, "Hybridity and Nonprofit Organizations : The Research Agenda," *American Behavioral Scientist*, 58⑾：1494-1508.

須田木綿子，2011，『対人サービスの民営化——行政—営利—非営利の境界線』東信堂。

Thornton, P. H. and W. Ocasio, 2008, "Institutional Logics," in R. Greenwood, C. R. Oliver, K. Sahlin and R. Suddaby (eds.), *The Sage Handbook of Organizational Institutionalism*, Sage Publications, 99-128.

上野千鶴子，2011，『ケアの社会学——当事者主権の福祉社会へ』太田出版。

埋橋孝文，2011，『福祉政策の国際動向と日本の選択——ポスト「3つの世界」論』法律文化社。

米澤旦，2011，『労働統合型社会的企業の可能性——障害者就労の社会的包摂へのアプローチ』ミネルヴァ書房。

米澤旦，2017，『社会的企業への新しい見方——社会政策のなかのサードセクター』ミネルヴァ書房。

（よねざわ　あきら：明治学院大学）

小特集◆今日の労使関係の動向と課題

〈小特集趣旨〉
小特集に寄せて

木下　武男

1　特集の趣旨

　近年，日本の労働研究において労使関係に対する関心が薄らいでいるように思われる。それは労働組合組織率の低下やストライキ件数の減少に代表されるように，労使の「労」の力が衰弱している状況のもとで致し方ない感もある。しかし労働条件は，制度や法律ではなく，労使自治のもとでの労使交渉の結果が先行されるべきであるとの労使関係論の立場からすれば，微弱であっても労使関係に注目しないわけにはいかない。

　しかしこれは一般的な認識である。より重要なことは，2000年代以降の労働市場の構造的な変化に，労使関係が対応できているのか，できていないのかである。年功賃金・終身雇用制で代表される日本的雇用慣行は，高度成長期から長らく続いてきた。その慣行のもとでは企業内の労使関係が適合的であったし，労働組合組織としては企業別組合はあり得る選択だっただろう。

　経営側は労働市場の構造的変化という新しい環境のもとで，日本的雇用慣行を存続する意思を失ったとみなければならない。この雇用慣行のもとでは，男性の新規学卒者は正社員として採用され，その後は内部昇進制の階段をのぼり，やがて定年にいたる。賃金慣行のもとでは，新規学卒者は就職すると初任給の単身者賃金から，毎年賃金が上がり，やがて男性従業員は世帯主賃金への上昇が期待できた。従業員はこの長期の雇用保障と毎年

の賃金上昇が期待できる慣行だった。だが日本的雇用慣行は慣行にすぎず，経営者の意思があってのみ実現される社会システムである。大枠として経営者はその意思を失い，日本的雇用慣行は終息に向かいつつあるとみるべきだろう。

　日本的雇用慣行の終息は終身雇用制の崩壊を意味する。つまり現在，労働組合の規制なき企業横断的な労働市場が形成されつつあるのである。企業横断的で流動的な労働市場に，企業内労使関係が対応できないことは論を待たない。だが横断的な労働市場が形成されたからといって，横断的な労使関係が実現するわけでもない。

　労働市場を規制する労働組合が出現することによって労使関係は生まれる。労働市場─労働組合─労使関係の連関で，2000年以降の労働社会の変化を分析する視点が必要とされる。

　この労働市場─労働組合との間の媒介環ともなるのが労働者類型論である。企業横断的な労働市場の形成のなかで，どのような労働組合を生みだすことができるか。それは労働者類型を分析することで探ることができる。今野論文と青木論文はこの問題に接近している。今野論文では派遣労働者の雇用類型に注目し，青木論文は周辺的正社員を労働組合の基盤とみている。つまり労働者類型を分析することによってそれを基盤とする労働組合のあり方を見いだそうとしている。今野論文では労働組合の対応の不充分さが青木論文ではその適切さが提示されている。

　新しい労働者類型を，日本的雇用慣行の終息と

の関連からとらえると非年功型労働者と呼ぶことができるだろう。非年功型労働者は雇用不安と低処遇と過酷な労働のもとで働かされている労働者だ。雇用形態は正規・非正規を問わない。青木論文にある総合サポートユニオンは「ブラック企業」に対抗するためにできた労働組合であり、論文にもあるように正社員が多い。2000年代から急増してきた非正社員と使い捨ての正社員、これが新しい労働者類型だろう。

この非年功型労働者は、現在進行している日本的雇用慣行の終息過程で生まれてきている類型である。だから質を規定することも量を測定することもこれからの研究課題といわなければならない。新しいユニオン運動への研究者の注目が期待される。

一方、労働者類型に関連させるならば三家本論文の対象は年功型労働者といえるだろう。この類型には企業別組合が適合的であるといえる。企業別組合であっても企業内の労使関係が確立しているならば、労働組合の規制力が発揮されるとの注目すべき事例だ。日本の労働組合が一般に話題になるのは春闘時の賃上げのときぐらいだが、労働時間という「働き方」の根幹に関わる領域で組合規制が可能である事例は普及されてしかるべきだろう。

2 構 成

このような問題意識に立ち、本小特集では2000年代以降に生起した実際の労使交渉に着目する。今野論文では、2000年代半ば、大きな社会問題となり、新たな労働運動の先駆けとなった派遣・請負労働者の処遇をめぐる労使交渉に焦点を当て、労働組合の紛争への対応を調査・分析している。

今野論文は企業横断的な労働市場が形成されたまったく新しい局面に直面して、労働組合は対応できなかったとの歴史事実を提示している。調査にもとづいて派遣労働者に対し企業別組合に組織し、企業内部の労使関係へ包摂する路線と、企業外部の労使関係の構築という「二つの路線」が存在したことを明らかにした。実際の労使関係は主

として前者の路線にそって行われてきたとする。

結局は派遣労働市場の改革も、労働組合による企業横断的な組織化も実践されなかったと結論づけている。それは今野論文が析出した派遣労働者の雇用類型を、労働組合は分析する視点を欠いたためだと考えられる。非年功型労働者の派遣労働者の類型を十分に把握することができたならば、労働組合による組織化や制度改革の面でも新たな提起ができたものと思われる。派遣労働者の問題は、既存の労働組にとって、2000年代以降の労働市場の構造変化にどのように対応すべきかの試練であった。今野論文はその試練に耐えられなかったことを明らかにしている。

今野の論文が明らかにした派遣労働者をめぐる労使関係の試みとその終息のあと、同じような非年功型労働者を基盤にした労使関係の確立が、今回は確実になされたことを青木論文は実証的に示した。労働者類型をみると、組合員のなかで15歳から34歳以下の年代が約8割を占めるので若者を主体にしていることがわかる。青木論文は低賃金で長時間労働を強いられるワーキングプアの実態を明らかにしている。この労働者類型から、2010年代から注目された労働者の「使い捨て」「使いつぶし」の「ブラック企業」に、労働組合が挑んでいることがわかる。ワーキングプアの労働者の組織化と労働組合運動が不可能でないことを実証した意義は大きい。

今野論文が対象とした派遣労働者と異なり、労働者の店舗への定着が成り立ち、したがって企業内の労使関係の確立も目指すことができる。重要なことは業界構造に根ざす企業横断的な労働市場を視野にいれた業種別の視点を明確にしたことである。この視点によって、業界内に複数の個別的労使関係をつくり上げ、それを基礎にしてアメリカ労働運動のパターン・バーゲニング方式を導入することが可能になったと考えられる。

三家本論文は専門業務型裁量労働制に対して労働組合がどのように関与しているのかを明らかしている。裁量労働制の導入は労働時間の延長をもたらしていることは指摘されている。裁量労働制そのものがその傾向を必然化しているのは確かだ

ろう。しかし三家本論文は制度のなかに長時間労働を規制する仕組みが内包されていることに着目し，労働組合の規制力の重要性を強調する内容となっている。

その労働組合の規制を可能にしているのが，労働制の導入に当たっての労使協定の締結である。労働者への制度適用に当たっては，労働組合の関与を法律が要件としている。つまり労働組合の規制力の強弱が，労働時間の長短に直結するとの規定関係が浮かび上がってくる。

三家本論文は，その規制力は個々の労働者の制度からの適用除外や，制度の適用範囲の変更という形でなされていることを調査を通じて明らかにしている。IT産業の大手企業で労働組合の規制力が実際に発揮されている貴重な事例とみることができる。さらに論文は，近代の労使自治の世界では，労働者の働き方を一義的に定めるのは，国の法律や制度ではなく，労働組合の規制力であることをあらために示すものとなっている。

なお三家本論文は，裁量労働制では，制度の適用・非適用の判断は裁判実務ではいまだ不確定とされているが，当該調査で，労使交渉の次元で適用が否定される実態が明らかとなったとしている。

また青木論文は「ママ・パパ安心労働協約」が，子育てと仕事の両立を支援するための施策を，法令の定めを超える水準で合意されたと述べている。つまりこれらの事例は，労使関係における労働組合の規制力が法律・制度や裁判所の判断に先行し，上まわっていることを示している。制度や法律，裁判判例にこだわりがちな日本の労働組合運動にたいして，労使関係が先行すべき基軸であることを示したささやかな事実発見であろう。

以上述べてきたように，三論文とも2000年代以降の労使関係の新しい局面に注目した論考である。この時代は労働組合運動の衰退と，貧困や過酷な労働など労働者の悲惨な状態の広がりとが，同時に進行した時期であり，現在も続いている。これらの三論文の事例に限らず，新しいユニオン運動や最賃額1500円を要求する新しい最低賃金制の運動など若者を中心に新しい運動が起きてきている。これらの若者の労働実態や運動の分析は緒についたばかりといえる。各方面からの調査研究が期待される。

（きのした　たけお：元昭和女子大学教授）

小特集◆今日の労使関係の動向と課題

製造業派遣・請負労働者の組織化過程の検討
──紛争の様態と組織化の戦略との連関から──

今野　晴貴

郵便はがき

6 0 7 8 7 9 0

料金受取人払郵便

山科局承認

1695

差出有効期間
平成31年11月
30日まで

（受　取　人）

京都市山科区
　　　日ノ岡堤谷町1番地

ミネルヴァ書房

読者アンケート係 行

◆ 以下のアンケートにお答え下さい。

お求めの
書店名＿＿＿＿＿　市区町村＿＿＿＿＿＿書店

＊ この本をどのようにしてお知りになりましたか？　以下の中から選び、3つま
で〇をお付け下さい。

A.広告（　　　）を見て　B.店頭で見て　C.知人・友人の薦め
D.著者ファン　　　　E.図書館で借りて　　　F.教科書として
G.ミネルヴァ書房図書目録　　　　　H.ミネルヴァ通信
I.書評（　　　）をみて　J.講演会など　K.テレビ・ラジオ
L.出版ダイジェスト　M.これから出る本　N.他の本を読んで
O.DM　P.ホームページ（　　　　　　　　　）をみて
Q.書店の案内で　R.その他（　　　　　　）

「派遣村」などの問題によって大きな社
労使関係を検討する。製造業派遣・請負労
その実態はあまり解明されていない。本
程である。

企業外的な組織化戦略と企業内的な組
た組織化戦略への影響である。製造業派
造に制約され，リーマンショックを機に
た。

派遣労働　　間接雇用

な影響を与えた製造業派遣・請負労働者について，
労働組合による組織化過程の検討を行う。

問題意識及び先行研究

問題意識

の労使関係の特徴は，企業別組合が中心を
その組織化は大企業の正社員を主たる対象
行われてきた点にある。中小企業に加え，
雇用労働者は一貫して日本の主流の労使関
外部」に置かれてきた。中小企業労働者及
規雇用の組織化の担い手として注目されて
は，産業別労働組合や地域に基礎を置く合
コミュニティ・ユニオンであり，特に非
の組織化に関しては，コミュニティ・ユ
役割が期待されてきた［呉，2011］。本
稿の検討の対象である製造業派遣・請負労働も
た，非正規雇用労働者の一類型であり，日本の労
使関係の「外部」にある点で共通している。
　一方で，非正規雇用は企業別組合を中心とした

労使関係の「外部」に置かれているため，企業横断的に流動する存在であり，「外部労働市場」を形成するとも指摘されてきた。このため，非正規雇用の組織化は，企業横断的な方針を採らざるを得ないとの見解も存在する[2]。しかし，実際には非正規雇用の組織化は企業横断的な労使関係を形成したわけではなく，その多くは企業別組合の内部に組織化されている[3]。いわば「外部」の組織化戦略には，企業内部の労使関係への包摂と企業外部の労使関係の構築という「二つの路線」が存在したのであり，実際の労使関係は主として前者の路線にそって行われてきた。このような非正規雇用の組織化に対する「二つの路線」の存在は製造業派遣・請負労働の組織化及び労使関係形成においてはとりわけ，重大な意味を持っていたものと考えられる。製造業派遣・請負労働は従来の非正規雇用とは異なる特徴を有しているからだ。

周知のとおり，製造業派遣・請負労働は派遣・請負労働が製造業に適用されたものであるが，この労働形態は，派遣（請負）会社から派遣された労働者が，派遣先企業に派遣され指揮命令を受ける間接雇用の労働形態である。この三者関係に基づく労働は，就労先を移動する企業横断的な性質を有している。また，製造業派遣・請負労働は他の派遣労働とも異なり，社員寮に入居することを前提に全国的な移動を求められ，その担い手は家計自立型の労働者である。労働者は全国的労働市場に参入することで雇用の継続性を一定程度確保することができるが，個別の企業や地域との関係性は切断される。

これまでの非正規雇用労働は，女性を中心としたパートタイム労働や，契約社員などの直接・有期雇用であるが，これらの雇用類型と製造業派遣・請負労働の重要な違いは，間接雇用であるためにより雇用が不安定である点に加え，企業横断的な雇用関係を持つという点にある。

つまり，従来の非正規雇用とは異なり，製造業派遣・請負労働の場合には，雇用の三者関係ゆえに，企業横断的な関係を本質的に内在している。このため，製造業派遣・請負労働においては従来の非正規雇用類型とは異なり，企業横断的な組織化と，職場を単位とした組織化（派遣先企業への組織化）という組織化の「二つの路線」がより顕在化する。

また，三者関係（労働者，使用者，派遣先）にまたがる製造業派遣・請負労働は，職業安定法及び労働者派遣法によって規制されており，個別労使紛争のあり方はこれらの法制度の枠内で展開される。この点も，従来の非正規雇用とは異なる特徴である。

以上のように，2000年代後半に問題化した製造業派遣労働問題は，多くの労働組合によって取り組まれたが，それは上記のような「二つの組織化の路線」と，これと関係する既存の法制度との間の葛藤をはらんでいたものと考えることができる。

（2）先行研究

製造業派遣・請負労働の労使関係に関する先行研究には，第一に，既存の企業内労使関係の観点から検討した研究がある［電機連合総合研究企画室，2004；中尾，2003；佐藤・電機連合総合研究センター，2001；禿，2001］。これらの研究は，製造業派遣・請負労働の労使関係を，正社員を中心とした従来の労使関係との関係から幅広く論じている。しかし，派遣・請負労働者自身が紛争当事者となる個別労使紛争を発端とした労使関係については具体的な言明がない。

第二に，製造業派遣・請負労働の個別紛争を通じた組織化に関する先行研究として，伊藤［2013］及び児島［2012］の研究が挙げられる。伊藤［2013］は徳島県に所在するトヨタ自動車の下請け部品メーカーを事例調査し，同社において強力な企業内労働組合が請負労働者たちを組織化した過程を詳細に検討し，これが成功を収めた条件を分析している。同研究によれば，他の製造業派遣・請負労働に比べて熟練を要する労働過程であったこと，労働市場の狭隘さ，トヨタ生産方式によりサプライチェーンが逼迫していたことなどが，請負労働者を含んでの労使交渉に有利に働いていた。同研究は，請負労働という流動的な労働形態を対象としつつも，企業内労使関係を再構築し得る可能性を示している。

個別企業の実例ではなく，より一般的な製造業派遣・請負労働の個別紛争を起点とした労使関係を検討した研究には児島［2012］が挙げられる。同研究は労使交渉への参与観察や関係者のヒアリングから，2008年秋のリーマンショック期に労働組合，特にコミュニティ・ユニオンがどのように派遣・請負労働者たちの労使関係を形成したのかを明らかにしている。同研究によれば，コミュニティ・ユニオンの労使交渉は一人の加入者であっても法的に団体交渉権が保障される「法的に承認された労働組合」としての特性を持つ。また，同時に，デモや集会，座り込み，選挙など，制度外の手段を創造し，駆使して訴えかけ，さらに制度そのものを変えることを求める社会運動団体としての性質をも有している。派遣問題に際しては，間接雇用であるために，コミュニティ・ユニオンは派遣先への法的な交渉力が制限されていた。そのため，法的に承認された労働組合としての本来の力を発揮することができなかった。これを補ったのが，コミュニティ・ユニオンの社会運動団体としての特性である。制度外的な運動が派遣先を巻き込んで展開されたことや，派遣法改正運動や裁判活動などにこれが特徴づけられている。さらに，児島［2012］はコミュニティ（地域）に労働者を組織することが派遣労働者の組織化において不十分であり今後の課題であることを指摘している。

このように，伊藤［2013］は事例研究から派遣先企業内への労働者の組織化の可能性を示し，児島［2012］は法制度を乗り越えるコミュニティ・ユニオンの運動の性質を示した。両者の研究は製造業派遣・請負労働の労使関係形成の重要な側面を明らかにしている。本稿が上に指摘した組織化のプロセスにおける「二つの路線」の葛藤や，法制度がどのように組織化を規定しているのかについて解明することは，これらの研究の意義と限界を明確にするものと考える。

3　課題及び調査

（1）課　題

以上の問題意識及び先行研究の検討を踏まえ，本稿では2000年代の製造業派遣・請負労働について，第一に，製造業派遣・請負労働の雇用類型の特性を明らかにし，その組織化には「二つの路線」が内在していることを示す。第二に，個別労使紛争の争点を分類し，第三に，それらの争点が，企業別組合や産業別組合といった労働組合の組織化戦略の違いや，製造業派遣・請負労働者の雇用類型の特性とどのように関わるのかを検討する。

なお，本稿が扱う「製造業派遣・請負労働」は，1990年代に電機，自動車産業を中心として広がりを見せた構内下請け労働，及び2004年以後解禁された現業の製造業派遣を対象としている。また，外国人労働市場と区別される大規模派遣・請負業者を主たる対象とする。[4]

また，法的に見た場合，製造業派遣・請負労働は「派遣労働」，「本来の請負労働」，「偽装請負」の三者に区別ができるが，派遣・請負会社は概してこの三者にまたがって業務を行っており，同一の労働市場を形成していると考えられる。[5] このため本稿では製造業の派遣及び請負労働を同一の労働形態として扱う。

（2）調　査

本稿で用いるデータは，第一に，諸資料から「労働組合が関与した労使紛争」についての情報を収集・分類したデータである。これについては，新聞資料に加え，各労働組合の機関紙を通じて収集を行った（以下「資料調査」という）。[6]

第二に，製造業派遣・請負労働の組織化に取り組む労働組合への参与観察及び関係者への聞き取り調査である。調査対象は三つの労働組合であるが，特に，組織主体の差異に注目して選定した（以下「個別労働組合調査」という）。

A労働組合は企業内の少数派労働組合が請負労働者を組織した事例であり，2012年9月に関係者へのヒアリングを行った。B労働組合は産業別

労働組合を母体としており支援団体として独自の
NPO が組織されていた。同組合に関しては，支
援団体の NPO の会議に，同団体の実質的な活動
期間である2006年（結成時）から2010年まで参加
した。C 労働組合はナショナルセンターの地方支
部である。同労働組合は主として裁判支援を行っ
ており，ヒアリングはこの裁判の原告に対して
2014年5月に行った。

4 製造業派遣・請負労働の雇用類型及び組織化の二つの路線

（1）製造業派遣・請負の雇用類型

製造業派遣・請負労働の雇用類型としての特質
は，すでに別稿［今野，2017］で詳論しているた
め，ここではその要点を示しておくにとどめたい。

第一に，製造業派遣・請負労働は家計自立型労
働力を供給源にしており本業や世帯などの制約の
ない柔軟な労働力である。この点で，彼らはパー
トタイム労働や出稼ぎ労働と区別される。家計自
立型の特性は，次に見るような諸特徴を成す前提
条件である。

第二に，製造業派遣・請負労働は全国的な移動
がシステム化されている。労働者は派遣先（請負
元）の減産や NG（当該労働者を不適格と見なし，
契約期間中に違法に解約すること），さらには新
しい需要に対し，派遣会社による「スライド」と
呼ばれる配置転換によって充当される。大手派遣
会社にとってこの全国的な「スライド」は，労働
力を有効に活用すると同時に，派遣先の需要を確
実に満たすことによって販路を開拓する重要な営
業戦略となっている。

第三に，このような労働移動は，製造業派遣・
請負労働の断片的な雇用を不安定でありながら一
定程度「一続き」にした。雇用の継続という面で
は，好景気の局面では「スライド」が有効に機能
し，一定の雇用保障が実現された。このように不
安定でありながら，「一定の雇用持続性」を有し
ていたがゆえに，労働者は「自立」を志向しなが
ら全国的な移動に参入したのである。ただし，リ
ーマンショック期に見られるように不況局面にお

いては，派遣・請負会社の「スライド」による雇
用保障は機能しづらく，むしろ雇用コストの転嫁
や選別の側面が顕になる。不況期の雇用調整の対
象という意味では，従来の非正規雇用類型以上に
彼らの雇用保障は脆弱である。

第四に，製造業派遣・請負労働は，地理的な移
動と社会的な関係の切断によって，極めて社会的
に孤立した存在である[(7)]。パートや出稼ぎ，社外工
は言うまでもなく，港湾・建設日雇にあっても地
理的な近接性が，「労働者の共同性」の重要な条
件となったことが示されている［原口，2016］。
製造業派遣・請負労働の場合には，そうした関係
性が切断され，不安定雇用の下に全国を流動する
という他の非正規雇用類型には見られない特徴を
有している。このような労働者特性が，2008年秋
のリーマンショック以後，他の非正規雇用類型で
は見られないような「派遣切り」，「派遣村」と呼
ばれる現象を引き起こしたと考えられる。

以上のように，製造業派遣・請負労働は(a)家計
自立型の労働者属性を持ち，(b)全国的・企業横断
的移動がシステム化されており，(c)全国的労働移
動の制度によって雇用の継続が一定程度可能にな
り，その一方で(d)社会的関係が切断されていると
いう四点から特徴づけることができる「新しい雇
用類型」である。

（2）組織化の二つの路線

上記のような新しい雇用類型に対し，従来とは
異なる新しい労使関係の構築の必要性を訴える議
論は，2000年代の前半から存在した。非正規雇用
における企業横断的な組織化という路線を，製造
業派遣・請負労働において実現すべきだという主
張である。

一例を挙げると，小林［2002］は，製造業請負
の労使関係を展望するうえで，日本の労働界には
「長期安定型の正社員をあるべき雇用の姿と考え，
非正規雇用は最小限にとどめるべきだとする立
場」と「非正規雇用労働者を現実の存在として認
めたうえでその対応策を考えるべきだとする立
場」があるとし，「電機連合は1984年の派遣法制
定の際に賛成の立場をとって以来，後者の立場に

立ってきた。そして今，製造現場で起きている構造変化は，非正規労働市場を現実のものとして認めたうえで，雇用政策の在り方や解雇制限の法定化と解雇ルールの明確化を考える必要性を強めている」と指摘している。端的に言い換えれば，前者は製造業派遣・請負労働者であることを否定し，派遣先の正社員たることを労使関係の基本に据える「雇用類型転換路線」と表現することができ，後者は反対に「雇用類型維持路線」と言い換えることができる。

　また，小林［2002］は，後者の路線の実現のために①製造派遣の解禁（2004年に実現），②非正規労働者一括保護法の制定，③政労使の社会契約による均等待遇をはかる，④仕事別の時間当たり賃金についての概念を導入する，⑤労働組合の組織戦略（の変更）が必要であると述べている。つまり，製造業派遣・請負を派遣先（請負元）の正社員に転換せずに，労使関係の枠組みの内部に包含するためには，諸々の制度転換が不可欠である点が同時に強調されているのである。

　確かに，小林［2002］のいう②，③，④を条件として，⑤を実現すれば製造業派遣・請負労働の弊害の多くは縮減し得る。その場合には，特定の企業を超えて労働者を組織化し，場合によって職場先を変更すること（「スライド」）や，その期間の補償（移動経費，職業訓練制度），有期雇用（期間工）との賃金格差の縮小に関与することが実際の交渉内容となるだろう。

　では，それぞれの労働組合の組織化戦略や，既存の労働法の構造に影響を受けながら実践される実際の紛争過程は，具体的にどう展開したのだろうか。以下，この点を分析する。

5　製造業派遣・請負労働における個別紛争の争点

（1）争点の分類

　労働組合が関与した労使紛争の争点は，時系列に現れたものとして，次のように分類することができる。

　第一に，派遣労働そのものに内在する紛争である。賃金や福利厚生などに加え，中途解約や派遣会社による雇止めなどの不安定雇用問題がその主な内容である。派遣契約の解除は派遣法違反，請負会社による中途解雇は労働契約法違反に当たる。これらの問題において，労働者は派遣元に対する権利を有しているが，派遣元だけでは解決が困難なケースが多く，派遣先との交渉が必然化する。つまり，当初から派遣労働には派遣会社との交渉と派遣先企業との交渉という二つの交渉先が内在していた。

　第二に，派遣法に定められた直接雇用の申し入れ義務に関するものである。特に，2004年の派遣法改正の施行から3年が経過する2007年以降は，抵触日前の解雇（雇い止め）をめぐる問題が生じ得ることとなった。

　第三に，職業安定法上の問題（いわゆる「偽装請負」）である。製造業派遣・請負労働が解禁される2004年（改正法施行）の以前から，自動車産業や電機産業の組み立て工程において，広く請負労働が用いられてきた。法的な扱いとしては，派遣先は直接に指揮命令を行わず，請負企業は独力で業務を請負うものとされていた。だが，実質的には請負元企業から請負労働者への直接的な指揮命令が行われている場合も多く，実態は「偽装請負」であることが問題となった。つまり，2004年以前，そして2004年の派遣法解禁後も，製造業の業務請負の相当部分が実質的な派遣労働であった。このため，偽装請負の期間が派遣法上の労働者派遣に該当するとすれば，派遣先（形式上の請負元）が直接雇用の申し込み義務を負う場合が発生することになる。

　また，そもそも職業安定法は違法な労働者供給を行う事業者を罰するものであり，派遣労働者の保護を目的としたものではない。偽装請負を問題化するだけでは，派遣労働者の保護を実現することができない。このため，派遣先の責任を追及する偽装請負問題は，派遣先による直接雇用の要求と結びついていた。偽装請負を理由とした直接雇用化の要求について，2008年に高裁で労働者側の勝訴判決[8]が出されたことも，こうした労働組合側の動きを促進した。同判決では，偽装請負期間が

小特集◆今日の労使関係の動向と課題

表1　労働組合が関与した労使紛争の争点

紛争の内容（重複あり）	136件について判明
違法派遣	4件
解　雇	11件
偽装請負	38件
中途解約	68件
雇止め	50件
主訴（重複なし）	69件について判明
直接雇用化	60件
金銭解決	6件
中途解約撤回	2件
不当労働行為	1件
中途解約，雇止め，偽装請負 　を伴う直接雇用化	60件
紛争開始の時期	
2008年8月以降	139件
2008年8月以前	8件

（出所）「資料調査」より作成。

派遣期間の上限に抵触しているかにかかわらず，偽装請負そのものを理由として派遣先企業と労働者の黙示の労働契約の成立を認めた点に画期性があった。

　第四に，直接雇用（有期雇用化）をしたのちに，最初の雇用期間満了で解雇する場合や，3ヶ月間のクーリング期間をめぐる問題が生じた。前者は特にリーマンショック期に見られたが，後者についてはリーマンショック期以前から見られたものである。

　第五に，派遣法違反（中途解約を含む）を理由とした金銭補償の形態がある。これは，リーマンショック期以前にも個別紛争として見られたものであるが，特にリーマンショック期以後に増加している。もちろん，第一から第四の係争に関連しても「金銭解決」の形式が採られることは一般的である。

　それぞれの個別紛争の内容を，労働組合の組織化に関連した性質において整理すると，すでに述べた第一から第五に対応し，次のように特徴付けられる。すなわち，第一に，派遣労働者としての権利関係を交渉する（ⅰ）「派遣内在交渉型」，第二に，直接雇用を要求し，「雇用類型転換路線」を追及する（ⅱ）「直接雇用要求型」，第三に，直接雇用を，偽装請負問題を媒介として主張する（ⅲ）「偽装請負媒介型」，第四に直接雇用化後に個別紛争が継続する（ⅳ）「直接・有期雇用型」，金銭解決を要求する（ⅴ）「個別紛争型」である。

　このように，製造業派遣・請負労働の個別紛争には，まず，派遣・請負会社との交渉事項があると同時に，派遣先企業への要求事項が併存していた。その後，派遣法上の直接雇用化の規定を用いた直接雇用化を求める行使交渉へと展開した。同時に，偽装請負の争点を媒介することで，偽装請負の期間を通算した派遣期間の抵触を主張する，あるいは黙示の労働契約が成立するとの形で直接雇用化を要求する形式も現れた。さらに，直接雇用化が実現した場合にも雇止め問題が生じた。そして，これらの直接雇用化の実現が難しい場合には金銭解決が追求された。

　以上の経過からは，個別紛争は組織化の「二つの路線」に対応して派遣労働という雇用類型に内在する紛争形態（ⅰ）と，雇用類型を変更する紛争形態（ⅱ，ⅲ）を持ち，さらには従来型の金銭解決（ⅳ，ⅴ）の三つが混在していたが，法的な論理は，雇用類型を転換する路線を促す契機を持っていたことが確認される。

（2）「資料調査」結果

表1は，「資料調査」から確認できた紛争157件について，労働組合が関与した製造業派遣・請負労働における個別紛争の争点をまとめたものである。

この表で明らかなように，紛争の内容は中途解約と雇止めが多くを占めている一方で，偽装請負に関連する問題も一定の割合を占めている。特に注目すべきは，直接雇用の要求の多くが中途解約，雇止め，偽装請負問題と関連して要求されている点である。

派遣・請負労働の労使交渉は通常，派遣元との間で行われるが，雇止めや中途解約の問題を派遣元のみと解決することは難しい。そのため，先に見た分類と同様に，実際の争点の多くは派遣労働者としての雇用の維持ではなく，派遣先への直接雇用を目的としたものへと転換したことが示唆されている。偽装請負が派遣先への直接雇用要求に結びつくことも，すでに述べたとおりである。

また，係争が生じた「実際の時期」に着目すると，係争のほとんどがリーマンショック期に生じていることがわかる。そして，その時期の係争の多くが，「派遣切り」を背景として，直接雇用を求める係争となっている。[10]

以上の調査結果からは，上述した偽装請負を中心とした労働者と派遣先との労使関係は，リーマンショック期に法的な救済手段（派遣法の直接雇用申し込み義務，偽装請負）を媒介として，集中的に追求されたことが伺える。

6　「個別労働組合調査」結果

組織化における「二つの路線」と個別紛争の性質の関係は，異なる性質の労働組合の組織化過程を比較することでより明確になる。「個別労働組合調査」は，企業別労働組合 A，産業別労働組合 B，ナショナルセンターの地方支部 C に対して行った。

（1）A 労働組合：企業内少数派労組が組織した事例

A 労働組合のヒアリングは，派遣労働者支援の中心となった企業内労働組合の OB 及び代理人弁護士に対し，2012年9月30日に行った。

母体労組は派遣先企業の少数派労働組合であり，1970年代に会社に対し，多数組合との賃金差別裁判を行ってきた経緯がある。同社の子会社（請負労働者を雇い入れた当事者）に少数派組合の労働者が配転となったことを契機に，そこで働く派遣（請負）労働者が非公然に組合に加入した。

1人の労働者の加入をきっかけとして，5，6人の請負労働者が加入した。その後2年半の間に有給休暇，健康診断，冷暖房などについて交渉を行い，その間に，40人の職場において，29人が加入した。ただ，彼らは独立した構内下請けであったため（偽装請負ではない），29人全員がリーマンショック期に解雇された。組合は抵抗できず，労働者は正社員に引き継ぎをした。

リーマンショック期に，それまで組織していた職場の労働者は解雇される一方で，2008年11月に職場全体からの派遣会社の撤退が公表されたことを契機として，他の職場の労働者が加入し，組合員は46人まで増加した。このうち新たな職場から加入した11名が，偽装請負を媒介した直接雇用の要求を行った。

彼らの偽装請負の期間を含む派遣期間は3年間を超えており，直接雇用の申し入れ義務が派遣先にあることを主張し，裁判の原告となったのである。彼らは2009年3月末までの雇用契約であったが，派遣契約の中途解約と同時に，所属する派遣会社（原告たちは2社の派遣会社のどちらかに所属していた）からも解雇された。

裁判の提訴は，組織者が「松下高裁判決（偽装請負を理由とした直接雇用化）の直後であり，よい結果につながると思った」と証言していることから，法律が直接雇用化を促していることに影響を受けつつ実現したと考えられる。

同時に，A 組合の裁判闘争は，「社会運動」としての性格を強く有していた。組合は賃金差別裁判の経験やネットワークを生かし，労働者の支援

体制を敷いた。特に，Ａ組合でかつて賃金差別
裁判の争議団だったＯＢたちや，賃金差別の問題
を通じて作り出した連絡会が支援体制の基盤とな
った。2009年10月，裁判に移行する際には，支援
する弁護士が負担をかけずＯＢ会が費用を負担す
るとして労働者の説得を行った。

　支援者の以下の証言からは，Ａ組合の裁判闘
争の主たる目的が，具体的な労使関係の構築から，
社会運動へと転化したことを明瞭に読み取ること
ができる。

　「気持ちの余裕をもってやっていく。もっと
　もっと裁判に立ち上がって次の段階の攻めをや
　る時期だと思っていた。裁判に負けても，その
　後からまた裁判をやる人がでてくれば，派遣法
　を変えられると思った。そういうことが必要だ
　と僕らはおもっていたけど，そうでもない人が
　いたのは事実」。

　裁判闘争は，例えば傍聴席を埋めて，時には場
外の廊下まで並ぶなど，「運動的」に展開された。
一方，はじめに組合から相談を受けた弁護士も，
派遣問題に関心を持つ左派系弁護士のネットワー
クを通じて，支援体制を作った。ただし，裁判運
動を継続するうえでの一番のネックは，「顔を出
す，名前を出す，裁判所にいくこと，お金，であ
った」という。裁判は2012年に金銭和解で解決し
た。このように，「社会運動」は運動の結集軸と
はなったが，それは決して労働者を安定的に組織
化するものではなかった。

　本事例からは，二つのことが明らかとなる。第
一に，職場内労組が組織化していく際に，偽装請
負の法的な争点が企業内の直接雇用や正社員化を
進める有力な資源となっていたという事実である。
第二に，派遣裁判が運動の結集軸となっていた一
方で，労働者は職場内や職場を超えた労使関係に
定着することはできず，金銭和解に至っているこ
とである。

（2）Ｂ労働組合：異業種産業別労働組合が組織した事例

　Ｂ労働組合の調査では，労働組合の組織化の中
心となった労働者にヒアリングを行ったほか，
2006年から2010年まで，支援するＮＰＯの会議に
参加した。組織化の背景となった労働組合は，運
輸産業を組織する産業別労働組合であり，非常に
産別志向の強い労働組合である。

　Ｂ組合は主として関東の自動車工場の組織化に
成功し，リーマンショック期には全国の複数の電
機・自動車工場の労働者を組織化し金銭解決を実
現している。また，Ａ労働組合と同様に，法改
正運動にも積極的に関与している。

　2007年10月時点での同労働組合の要求の骨子は
第一に「雇用安定」，第二に「賃金・労働条件」，
第三に「技能訓練の充実」，第四に「希望者は３
年経過後の派遣先直接雇用」であった。その後闘
争の中心となる直接雇用化が，要求骨子の末尾に
「希望者は」と限定してあげられていることは特
筆すべきであろう。

　雇用安定については「６ヶ月継続で派遣就労し
たら，３年間は常用雇用」を求めることを原則と
し，「ただし，派遣先が中途解約したら別の派遣
先へ移ることを認める」「実施方法は柔軟に」「ス
ライド期間中の公的資金活用に向けて労使それぞ
れに議会ロビーを行う」といった対策が示されて
いる。また，「賃金・労働条件」については，「短
期雇用であることを踏まえ，正社員より高い時給
設定」を求めることなどが要求内容である。さら
に，「技能訓練の充実」に関しては，「多能工化の
プログラムの確立」「スライド期間中の職業訓練」
「公的資金の活用」が挙げられている。

　これらの要求項目は，総じて製造業派遣の流動
性に対応し，「派遣労働者としての地位の安定」
を求めることを骨格としていると言ってよいだろ
う。

　紙幅の関係で詳細な交渉経過及び成果について
は割愛するが，Ｂ組合は関東の自動車工場に関し
て，二つの派遣会社と交渉を行い，一つの派遣会
社と時給100円上昇（2007年９月。非組も含む同
自動車工場に勤務する１年勤続以上の労働者を対

象），2007年5月及び8月の連休手当30000円の支給，寮費3000～13000円の値下げ（2007年7月），個室への鍵（2007年4月，全国で実施）の設置，作業服無償支給化を実現した。このほか，もう一つの派遣会社との間で時給50円の引き上げ（2007年9月），労働条件虚偽表示の改善（2007年6月。「月給32万円以上可」などの表示を撤回し時給表示に改める），作業服無償支給化を実現した。

さらに，派遣先と自動車会社との間では，派遣法の派遣期間制限（2006年3月までは1年が上限）を理由として，2006年9月1日から1年間勤続した派遣労働者を対象として希望する全員の直接雇用化を実現した。直接雇用化後の労働条件は直接雇用の期間工と同一（年収100万円増，寮費無料など）である。その後もB組合は主たる労使関係を構築していた自動車工場に限らない組織化を続けたが，リーマンショック期には有期雇用化された自動車工場の労働者も解雇され，そのほかの派遣労働者の交渉も金銭解決へと収斂した。

B組合の労使交渉の特色は，全国的，全社（派遣・請負会社）的，派遣先企業横断的な交渉を行った点にある。B組合の労使交渉は特定の派遣先企業に限定されず，企業横断的な交渉志向を当初から持っていたことも示されている。特に留意すべきは，その一方で，派遣法上の権利を行使するために直接雇用化を実現している点である。派遣労働者全体の権利交渉と，直接雇用された期間工の労働者の権利交渉を連続させた点にB組合の特徴がある。しかし結果に着目すると，やはり一部労働者の直接雇用化と金銭解決に帰結している点でA組合と同様である。

（3）C労働組合：ナショナルセンター地方支部

C労働組合については，裁判の原告である労働者（後に組合の専従者として活動）からヒアリングを行った。組織化の背景となった労働組合は県のナショナルセンターである。この事件は大手自動車工場Dを相手に，リーマンショック後に争われたものであり，すでに争点が「派遣切り裁判」へと移行していたところに特色がある。

ヒアリングを行った労働者によれば，労働組合

に加入し，裁判闘争に至る経緯は次のようなものであった。

2009年1月に，1ヶ月後の退寮を要求されたことを端緒とし，同工場で働く同僚2人と労働組合に加入したが，派遣先は団体交渉に応じず，派遣元に交渉し，2ヶ月の寮滞在の合意をとりつけた。その後，派遣先への直接雇用を求めて裁判を行うことになった。

同時期に，C組合にはD工場で働く30から40名の労働者が，別個に相談に訪れていた。派遣会社は多様で，団体交渉も各自で展開された。同じ派遣会社の労働者同士も別個に交渉を行ったが，相談に訪れたタイミングも一様でなかったため，統一した交渉が困難であった。10月から3月まで断続的に派遣切りが行われていたためである。

派遣会社との交渉は進展せず，C組合は派遣先のD社を相手に訴訟を起こす方針を立てた。D社で働いていた17名が訴訟に加わり，この時点で初めて顔合わせが行われた。派遣先に団体交渉を拒否された結果，「訴訟」に入らざるを得なかったという事情が読み取れる。

C労働組合の事例においても，社会運動的な要素が労働者の結集軸となっていたことがうかがえる。原告の一人は，「労働法などなにも知らなかったが，調べる中で『だまされたのだな』と気づき，泣き寝入りはしたくないと思った」と証言している。

同原告は，直接雇用申し込み義務が生じる「3年間まで」で解雇されてしまうということは，働いていた時から「なんとなく気づいていた」が，派遣元と交渉するなかで，はじめから「3年までだ」と企図されていたこと，D社で導入されていたクーリング期間の有期雇用制度が，直接雇用申し込み義務を脱法するための手段であったことを訴訟の前に知った。これらの論点について行われた労働組合の啓発活動によって，労働者は「一番悪いのは，D社である」と考えるに至り，訴訟に踏み切ったのである。

派遣先企業の脱法行為の告発と，裁判闘争が労働者の原動力となり，交渉主体を形成した事情がよく理解できるエピソードである。「派遣法違反」

の実態が，情動を奮い立たせており，労働組合は
そうした事情を背景に組織化を実現し，裁判闘争
を行った。

　しかし，裁判を行うに当たっては，知人からプ
ライベートな場で攻撃を受けたこともあった。
「裁判をやって負ければ莫大な金がかかる。それ
を誰もお前に教えていない」と組合を誹謗する知
人もいた。また，「（派遣を選んだのは）自己責任
だから，裁判自体がおかしい」などと非難される
こともあった。それらの誹謗や金銭的な行き詰ま
りの中で全員が裁判を続けることは容易ではなか
ったという。

　この事例の特色は，リーマンショック期以後の
時期に紛争が生じ，裁判闘争や法改正運動を労働
運動の結集軸としていた点である。リーマンショ
ック期には同様の運動が全国各地で展開され，世
論に多大な影響を与えている。

7　考　察

（1）多様性と収斂

　以上の調査結果から，当初の労働組合の組織化
戦略には，その組織化主体たる労組の特質を反映
した多様性が見受けられる。冒頭で示した非正規
雇用における「二つの組織化の路線」も，当初は
鮮明であったが，そうした組織化戦略の多様性は，
派遣法の性質や，「偽装請負」の法的な構成が交
渉の内容に影響を与えることで，直接雇用を志向
するものとなり，さらに，リーマンショック期に
は多様性そのものが急速に失われていった。

　つまり，労働組合の組織化戦略と実際に動員で
きる法的資源の間には，「雇用形態維持路線」を
採る場合には強い葛藤が存在し，派遣先への労使
関係を構築する方向で交渉内容に影響を与えてい
た。また，この路線を採る場合にも，その保護は
十分ではないために，金銭解決に誘導された。そ
のような傾向が一挙に加速，集約化したのがリー
マンショック期であったと推察することができよ
う。

　このような組織化戦略の多様性と収斂の過程を
踏まえると，伊藤［2013］は多様性が存在した初

期の一事例を対象とした分析であり，児島［2012］
は多様性が失われたリーマンショック期に焦点を
当てた観察であると考えられる。同様に，派遣労
働運動の社会運動的性格も，製造業派遣・請負労
働の労使紛争全体を特徴づけるものではあるが，
それぞれの労働組合における位置は異なっており，
組織化戦略の多様性との関係で新たに位置づけ直
す必要があると言える。

（2）「二つの路線」の妥当性

　次に，製造業派遣・請負労働者は，その性質か
ら考えると，(a)家計自立型の労働者属性を持ち，
(b)全国的・企業横断的移動がシステム化されてお
り，(c)全国的労働移動の制度によって雇用の継続
が一定程度可能になっている点で，労働市場横断
的な権利主体となり得る。また，(d)社会的関係が
切断されていることから，児島［2012］も指摘す
る通り，従来型のコミュニティ・ユニオンの組織
化にはなじまない。ただし，(a)〜(b)の市場横断的
な雇用特性も，極めて流動的かつ不安定な法的関
係のうえに成立しており，彼らが市場横断的な労
使関係の主体となることはこの点から非常に困難
であると考えられる。

　調査結果からは，組織化の「二つの路線」は実
際にはどちらも実現されていないことがわかる。
小林［2002］が想定したような労働市場改革は実
施されず，労働組合の組織化も企業横断的に実践
されはしなかった。一方で，派遣先企業の正社員
としての組織化も，部分的な実例は存在するもの
の，大多数の労働者には適用されなかった。

　「雇用類型転換型」が実現しない背景には，そ
もそも三者関係にまたがる雇用において派遣先に
労使関係を築くことが困難であることに加え，派
遣先企業の労働組合の多くは正社員とは区別され
る非正規雇用労働者の存在を認めており，製造業
派遣・請負労働者を正社員として新たに組み込む
ことを忌避したことが要因であると考えられる
［小林，2002］。

　一方で，「雇用類型維持型」が一部に追求され
ながら実現しない背景には，製造業派遣・請負労
働の極度の不安定さがある。また，既存の法制度

が派遣先への直接雇用を要求する方向へ労使交渉を促した点も指摘できる。さらに，横断的な労働者の組織化を実現するためには，これを補完する制度的な枠組みが必要であるが，これが実現しなかったために，労働組合の組織化は上に示したような収斂をせざるを得なかったものと考えることができる。

8　おわりに

製造業派遣・請負労働をめぐる労働運動は非正規雇用問題に新たな光を投げかけ，社会に多大な影響を与えた。個々の係争はどれも労働者の尊厳をかけた重要な闘争であった。だが，本稿で述べてきたような労使紛争に伴う論点は，その影響の大きさに比して，あまり顧みられていないように思う。本稿もまた，多大な課題に対し試論の域を出ない。

また，本稿では製造業派遣・請負労働者の組織化が法的な権利構成に制約され，収斂された過程を分析してきた。だが，法的な権利構成の問題は立法行為や裁判所による法解釈の背後に潜む，より大きな労使関係によって規定されている。この点を見落とすならば，法制度還元論に陥る危険性も否定できない。より広い文脈の労使関係と製造業派遣・請負労働をめぐる法規範の関係については，今後の研究課題としたい。

注

(1)　厚生労働省［2009］によれば，リーマンショック直後の2008年11月以降，2009年2月18日時点まで，約2万1000人の雇用状況を調査した結果，「雇用が継続」に該当するのは登録型が5.8%である。

(2)　例えば，橋元［2010］は企業別組合の機能のみによっては非正規雇用の雇用問題は解決できないとし，「特定企業に依らない産業別職種別あるいは地域別労働市場における常用化をめざす」労働者供給事業の意義を強調している。

(3)　呉［2011］は非正規雇用労働者の企業内的な組織化と，コミュニティ・ユニオンによる組織化の双方の実態を明らかにしているが，組織化の実数は前者が大多数を占めている。また，同書からは，コミュニティ・ユニオンの活動は，実態としては個別紛争

解決が中心であることも読み取ることができる。

(4)　丹野［1999］によって観察された地域に基盤を置く外国人の製造業請負労働市場と本稿が対象とする全国的移動を伴う労働市場は一部の対象が重なるものの，同一視することはできない。全国的労働市場を形成した大手派遣会社では，外国人を採用しておらず，地域労働市場との住み分けは明瞭であった。

(5)　派遣・請負会社は複数の会社との間で同時に請負や派遣の形式で契約をしている場合がある。また，請負から派遣，あるいは派遣から請負へと契約形式を変更することも，特に2006年の社会問題化以後頻繁に行われた。

(6)　2000年1月1日から2010年12月31日まで，朝日新聞，毎日新聞，産経新聞，読売新聞，東京新聞，中日新聞，河北新報，北海道新聞，中国新聞，西日本新聞について，「派遣 and 労働組合」及び「請負 and 労働組合」のワードで検索した。また，『月刊全労連』第85，112，119，126，146，148，150，155，163，165号の関連する記事を参照した。さらに，上記で見いだされた事例について，各労働組合や支援団体のホームページ等を参照した。なお，各ナショナルセンターの関係部署，地方支部等にも問い合わせを行ったが，まとまった資料が作成されているケースはなかった。

(7)　木下［2008；2012］は，これを「デラシネ化」であると規定している。

(8)　大阪高判平20・4・25労判960号5頁。偽装請負状態にあった労働者がのちに直用化され，雇止めされた事件において，請負会社と請負元企業の契約を無効とし，請負元企業と労働者の黙示の労働契約の成立が認められた。ただし，最高裁では原告の主張は認められず，逆転敗訴している。

(9)　有期雇用後の雇い止めの事例については，三木［2013］を参照。

(10)　ただし，「資料調査」は，新聞資料など社会的に問題が表面化したものを中心に集計している点には注意が必要である。無数に争われた個別紛争についても把握すべく，各コミュニティ・ユニオンやナショナルセンターなどにも問い合わせを行ったが，筆者の調べた限りでは，製造業派遣・請負労働の個別紛争について，資料を系統的に保存している例は存在しなかった。そのため，本調査は新聞資料に加え，断片的に事例を集積している資料を参照し，集計した。裁判に関わる紛争が多く見られることについては，こうした資料の限界を差し引いて考えなければならないだろう。リーマンショックの以前には，必ずしも個別紛争は直接雇用化の法的要求と結びつか

ず，紛争として表面化していなかった可能性も指摘できるだろう。

引用文献・参照文献

電機連合総合研究企画室，2004，『電機産業における業務請負適正化と改正派遣法への対応の課題——「電機産業における請負活用の実態に関する調査」報告書（電機総研研究報告書シリーズ No. 7）』。

原口剛，2016，『叫びの都市——寄せ場，釜ヶ崎，流動的下層労働者』洛北出版。

橋元秀一，2010，「非正規雇用問題と企業別組合の役割およびその展望」『社会政策』2(1)：27-37。

伊藤大一，2013，『非正規雇用と労働運動——若年労働者の主体と抵抗（大阪経済大学研究叢書第78冊）』法律文化社。

秀あや美，2001，「電機産業のパートタイマーをめぐる労使関係—— A 社の定時社員制度を中心に」『大原社会問題研究所雑誌』515：1-17。

木下武男，2007，『格差社会にいどむユニオン—21世紀労働運動原論』花伝社。

———，2008，「派遣労働の変容と若者の過酷」『POSSE』1：23-38。

———，2012，『若者の逆襲—ワーキングプアからユニオンへ』旬報社。

小林良暢，2002，「請負労働者の急増と労働組合の対応」『日本労働研究雑誌』44(8)：49-55。

児島真爾，2012，「コミュニティ・ユニオンによる「派遣切り」に対する取り組み」『大原社会問題研究所雑誌』642：14-29。

今野晴貴，2017，「製造業派遣・請負労働の雇用類型——全国的移動及び移動の制度的媒介に着目して」『日本労働社会学会年報』28：111-140。

厚生労働省，2009，「労働者派遣契約の中途解除に係る対象労働者の雇用状況について（速報）」（http://www.mhlw.go.jp/houdou/2009/02/h0227-9.html　2017年11月１日アクセス）。

松宮健一，2006，『フリーター漂流』旬報社。

三木陵一，2013，「JMIU における非正規雇用労働者の組織化と運動」『労働法律旬報』1783・1784：55-59。

中尾和彦，2003，「製造業務請負業の生成・発展過程と事業の概要(3)」『電機総研レポート』286。

———，2004，「電機産業における請負労働者の活用と請負適正化の課題——電子部品企業２社のケーススタディから」『日本労働研究雑誌』46(5)：31-42。

呉学殊，2011，『労使関係のフロンティア——労働組合の羅針盤（労働政策研究・研修機構研究双書）』労働政策研究・研修機構。

菅野和夫，2012，『労働法　第十版（法律学講座双書）』弘文堂。

丹野清人，1999，「在日ブラジル人の労働市場——業務請負業と日系ブラジル人労働者」『大原社会問題研究所雑誌』487：21-40。

———，2007，『越境する雇用システムと外国人労働者』東京大学出版会。

（こんの　はるき：NPO 法人 POSSE，一橋大学）

小特集◆今日の労使関係の動向と課題

裁量労働制を規制する労使関係の実態

三家本　里実

　　本稿の目的は，裁量労働制の導入・運用に，労働組合がどのように関与しているのかを明らかにすることで，労使関係による労働時間規制の実態，および可能性を探ることにある。

　　裁量労働制については，各種調査によって，当該制度の導入が労働時間の延長をもたらしていることが指摘されている。だが，その運用にあたって，労働組合がどれほど関与し，規制力を発揮しているのかについては，これまでほとんど解明されていない。

　　本稿では，当該制度を導入している企業の労働組合を対象としたインタビュー調査を通じて，長時間労働の実態が確認された場合に，制度適用の可否を判断するという運用がなされていることが明らかとなった。より具体的には，制度適用を受ける対象者の選定や適否に労働組合が関与しており，制度導入後，労使協定で定めたみなし時間と実労働時間との間に大幅な乖離が見られる場合には，当該労働者を制度適用から除外する手続きがなされていた。

　　キーワード　裁量労働制　　労働組合　　長時間労働　　IT産業

1　はじめに

　本稿の目的は，専門業務型裁量労働制の適用，あるいは運用において，労働組合（以下，労組）がどのように関与しているのかを明らかにすることで，労使関係による労働時間規制の実態，および可能性を探ることにある。

　裁量労働制とは，一定の業務について，実際の労働時間数ではなく，労使協定で定めた時間数だけ労働したものとみなす制度である（労基法第38条の3）。あくまで労働時間に関する制度ではあるが，労働の量よりも質，すなわち成果を重視した働き方・働かせ方を可能にする制度であると広く認識されている。

　その一方で，裁量労働制の導入が，労働時間の延長をもたらしていることが，いくつかの調査か

ら指摘されている。例えば，JILPT［2014］によると，通常の時間管理をされている労働者よりも，制度適用者の方が労働時間が長くなっている。1ヶ月の実労働時間について，通常の労働時間制のもとにある労働者の場合，「150時間以上200時間未満」は61.7％，「200時間以上250時間未満」は26.5％であるのに対して，専門業務型裁量労働制の適用者では，前者が42.1％，後者が40.9％であった。このように，成果で評価される働き方が想定された裁量労働制は，その成否以前に，導入によって長時間労働化という効果をもたらしているのである。

　ただし，この「制度の導入」と「長時間労働化」といった両者の関係を捉えるには，一つの重要なアクターが介在していることを見落としてはならない。それは，労働組合である。当該制度の導入にあたって使用者は，労働組合との間で書面

による労使協定を締結し，労働基準監督署（以下，労基署）長に提出する必要がある。後述するように，労使協定には，対象業務やみなし労働時間，健康確保のための措置などを定めなければならない。つまり，当該制度を労働者に適用するにあたっては，法律が直接に，労働組合の関与を要件としているのである。

　しかしながら，この裁量労働制の適用における労組の関与という点に着目した研究は，ほとんど見あたらない。したがって，裁量労働制の導入，あるいは運用に際して，労組がどのような役割を果たしており，また，長時間労働をもたらす傾向にある裁量労働制に対して，どれほど規制力を発揮しうるのかを考察する必要がある。

　その際，研究対象を情報サービス業，いわゆるIT産業に設定した[2]。それは，専門業務型裁量労働制を採用している企業の割合が「情報通信業」で最も高く（20.1%），他産業を大きく引き離しているからである[3]（全体平均は2.1%）。また，周知の通り，情報サービス業における長時間労働の問題は深刻であり，その改善の方途を探るうえでも，当該産業を研究対象とすることは適切であろう。

　ここで本稿の構成を示すと，まず，法的側面から，裁量労働制の適用要件について把握していく（第2節）。これを踏まえ，労働組合の機能に着目して，本稿の課題を設定する（第3節）。端的には，労使関係の次元では，どのように裁量労働制が運用されているのかを明らかにする。そして，労働組合の役員，および一般組合員を対象に実施したインタビュー調査の結果を分析していき（第4節），労使交渉による労働時間規制の意義について考察する（第5節）。

2　先行研究

　先述したように，専門業務型裁量労働制を導入するためには，使用者は，事業場の過半数組合，ないし労働者の過半数代表との間で，書面による労使協定（または労使委員会決議）を締結し，労基署長に届け出なければならない。労使協定にお

いて明示すべき項目は，①対象業務，②みなし労働時間，③業務の遂行手段・時間配分の決定に関して指示をしないこと，④健康・福祉の確保措置，⑤苦情処理手続である。

　まず，①については，「業務の性質上その遂行の方法を大幅に当該業務に従事する労働者の裁量にゆだねる必要があるため，当該業務の遂行の手段及び時間配分の決定等に関し使用者が具体的な指示をすることが困難なもの」とされる業務である。専門業務型裁量労働制を導入することができるのは，法令等で定める19業務であり，そのうちの一つにシステムエンジニア業務がある。②は，対象業務に従事する労働者の労働時間として算定される時間である。冒頭で触れたように，裁量労働制においては，実際に労働した時間数ではなく，この労使協定で定めたみなし労働時間数だけ，労働したものと算定される。③は，対象業務に従事する労働者に対して，使用者が対象業務の遂行の手段や時間配分の決定等に関する具体的な指示をしないことを指す。④は，対象業務に従事する労働者の労働時間の状況に応じた，健康・福祉を確保する措置であり，⑤は制度適用に伴う苦情処理の手続きである。

　これらを定めた労使協定が，労基署長に届け出られていない場合，裁量労働制の適用は認められない（手続要件）。また，上記の対象業務やみなし労働時間などが，就業規則や労働協約などを通して，労働契約の内容となっていない場合も，制度の適用は認められず，労働者には通常の労働時間管理が適用されることとなる。

　さらに，次のような実体要件を欠く場合にも，制度の適用は認められない［塩見，2013］。すなわち，(i)対象業務外の業務を恒常的に行わせた場合，(ii)就労実態に裁量性が認められない場合，(iii)みなし時間から乖離した実労働時間である場合である。このうち(i)については，例えば，システムエンジニア業務以外に，当該制度の対象業務ではないプログラミング業務を恒常的に行わせた場合がこれにあたる。労使協定に関する手続きがとられていなかったり，労働契約化されていなかったりする場合と同様，比較的，容易に判断しうるも

のだろう。

次に，(ⅱ)については，「使用者は，業務の基本的目標・内容を指示したり，業務の途中で必要な変更を指示することは許容されるが，対象労働者に対し具体的指揮命令をしてはなら」[塩見，2013，29]ないとされている。システム開発業務の多くは，複数人から成るチームによって遂行されているが，そのチームリーダーが時間配分を具体的に指示するなどして，労働者が自身の裁量によって働けない場合がこれにあたる。前掲のJILPT［2014］では，「上司の業務指示の出し方をみると，『通常の労働時間制』では『具体的な仕事の内容について指示がある』割合が相対的に高いが（27.2%），『専門業務型』『企画業務型』では『業務の目的等基本的事項についてのみ指示がある』割合が高い（それぞれ67.3%，74.7%）」[JILPT，2014，26]と指摘されており，詳細な指示を受けて業務を遂行することが少ないという点をもって，一義的には，この要件についても判断することができると考えられる[4]。

ここで注目したいのが，(ⅲ)である。本来，労使協定で定められたみなし時間を超えて労働したとしても，みなし時間数の分，労働したものとみなすのが，当該制度の趣旨である。だが，実際の労働時間がみなし時間から著しく乖離した場合には，制度の適用は許容されるのだろうか。学説ではこのような場合，裁量労働制は適法性を失い，通常の労働時間制が適用されるようになるとする説が有力である［盛，1997］。だが，塩見［2013］によれば，実際の裁判においてこの点が明確にされたことはないという。すなわち，「実労働時間がみなし労働時間から乖離して長時間となっているという事実をもって裁量労働制の適用を否定することができるかは，現在の裁判例・行政実務においては不明という状況である」[塩見，2013，32]ということである。

このように，実体要件(ⅲ)について法的に争う場合に，制度の適用が認められるか否かは，不確定な状態にある。それでは，これが労使関係の次元となると，どのように運用されているのだろうか。

3　課　題

すでに述べたように，裁量労働制の導入にあたっては，労使協定の締結が必要となる。その労使協定では，みなし労働時間数や，制度の趣旨と大きく関連する「業務の遂行の手段・時間配分の決定に対して指示をしないこと」等を定めなければならず，その交渉過程に労働組合が関与している。これは，通常の労働時間規制を離れて，労働時間を「みなす」処理を行うという，例外的な制度であることに起因して，その正当化・適法化のために求められている要件である。つまり，労使間の協議は，裁量労働制が適切に運用されるための必須条件なのである。

これを踏まえ，本稿では次の2点を明らかにしていく。第一に，労使協定の内容，すなわち制度の対象者やみなし時間数などの決定において，労組はどれほど関与しているのか。第二に，制度導入後の実際の運用に，労組はどのような役割を果たしているのか。とくに，後者の点を明らかにすることによって，先述した，みなし時間と実際の労働時間の間に大幅な乖離が見られた場合の制度運用について，労使関係の視点から検討することが可能となる。こうして労使の交渉過程をつぶさに見ることで，裁量労働制の適用・運用において，労組がどれほど規制力を発揮しうるのかという，本稿の目的に迫ることができるだろう。

4　インタビューデータの分析

（1）使用するデータ

上記の課題を検討するために，専門業務型裁量労働制を導入している企業の労働組合を対象としたインタビュー調査を実施した。対象は，日本の産業別労働組合である情報産業労働組合連合会（組織人員：約260組合，約21万8000人，2014年6月現在）の加盟組合の役員，および一般組合員である（**表1**）[5]。

半構造化インタビューにより，主に，労使協定の中身とそれらがどのように決定されたのか，導

小特集◆今日の労使関係の動向と課題

表1　調査対象者の概況

対　象	内　訳
A組合（2名）	2名：組合役員
B組合（4名）	2名：組合役員，2名：一般組合員
C組合（2名）	2名：一般組合員
D組合（3名）	2名：組合役員，1名：一般組合員

（出所）筆者作成。

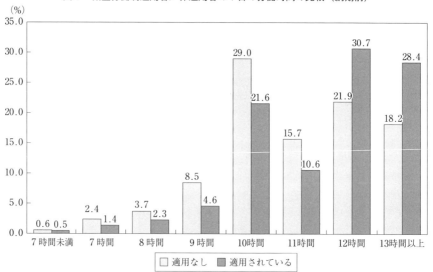

図1　裁量労働制適用者／非適用者の1日の労働時間の比較（納期前）

（出所）筆者作成。

入までのプロセス，そして，運用にあたっての問題とそれへの労組の対処について，聞き取りを行った(6)（1回あたり40分から1時間の聞き取り。調査時期は2016年4月から6月）。

ところで，冒頭でも述べたように，裁量労働制の適用者は，通常の労働時間制のもとに置かれている労働者よりも，長時間労働の傾向にあるが，本調査が対象とする労働者も，同様の状況下にあることを，ここで指摘しておきたい。それは，2015年4月から5月にかけて，筆者が情報労連に協力を依頼し，実施したアンケート調査の結果(7)から明らかである。まず，全回答者の「納期前などの忙しい時期」の1日の労働時間について見ると，「10時間」が29.1%，「12時間」が25.1%を占め，10時間以上に偏りが見られた。これを，裁量労働制が適用されている者と適用されていない者で比べてみると，制度適用者の方が労働時間が長くな

っていた。図1に示したように，制度適用者の「12時間」，および「13時間以上」の割合が，非適用者に比べて，約10ポイントずつ高くなっている。

以上のように，裁量労働制が適用されている者ほど，労働時間が長くなっているという状況を前提としたうえで，次項以降，それにたいする労組の対応を見ていく。

（2）制度導入のきっかけと労組の反応

まず，裁量労働制がどのような目的で導入されることになったのか，そして，それに対して労組はどのように反応したのかについて見ていく。

聞き取りを行ったすべての企業において，制度の導入は，会社側から提案されたものであった。その目的は，生産的な，あるいは効率的な働き方の実現にあるとされている。

「やっぱり裁量労働制って，自由に自分の判断でできるので，うまく働けば生産性とか自主性とかっていうのは上がるんですよね。早く終わらせて，成果を出していこうって意識が向くので，労使とも合意したっていう話は聞いてますね。」（D組合）

「我々の業界そのものって，やっぱり人が長い時間働いて情報システムを作る……そういう業界です，と。ただ，その業界のなかで生き残ろうとしたときに，長い時間働いて，コストをかけていいものを作るっていうのは，もう無理だと。……まず労働時間を減らすっていうよりは，生産性を高めるっていうような言い方をされて。どうやって生産性を高めるかって言ったときに，単位時間あたりの生産量を増やせばいいと。……やること決まってるなかで，短い時間でなるべく済ませましょうと。そういったときに，こういった制度を取り込むことで，……同じ給与のなかで，より短い時間で働ければ，本人としては，働いた時間が短いのにもらえる額同じなので，インセンティブ的な位置づけになりますよね，と。」（B組合）

このように，「生産性」の高い働き方へと転換するために，裁量労働制の導入が目論まれていることがわかる。ただし，その一方で，次のように，残業代の削減がその目的ではないか，との見方もある。

「（会社側に，長時間労働をなんとかしたいという：筆者注）思いはあったみたいです。『効率的に働こう』っていう。でも，それこそ『残業代カットじゃないの？』っていう，割と紛糾した組合員の方とやりとりがあって。」（C組合）

この事例は，一般の組合員から，裁量労働制の導入によって，残業代が目減りするのではないかとの反応があったことを指している。そのため，組合員の利益になるのかという観点から，制度の

導入に対して，当初は，反対の意思表示をする労組もあった。また，反対とまではいわなくとも，実際に導入するには課題があるとして，長期にわたる交渉を経て，導入にあたって次のような条件を設けさせた労組もある。

「組合の本部の方で，各管理職の長の方が，『うちは裁量労働入れたいよ』って言ってきたのを，『いや，こんなの専門職じゃないでしょ』とか……っていうふるいを，まずかけて……」（C組合）

「裁量労働を新しく適用するってなったら，チーム単位でやっていくんですけど，そのチームに対しては，アセスメントっていうのをやります。それで，裁量労働を適用して大丈夫かどうかっていうのを，それぞれ個別に評価していくという形をとっています。」（B組合）

このB組合が実施するアセスメントの流れは，次の通りである。(1)組合が用意した設問に，導入を検討しているチームメンバー全員が回答する。例えば，「仕事のやり方・時間配分について，上司から工夫の余地がないほど細かい指示がなく，自分で決めることができる」，「実労働時間と乖離があった場合，上司とコミュニケーションをとることができる」等である。(2)回答者全員が，○（できる），あるいは△（改善すればできる）と回答した場合のみ，裁量労働制を導入することができる。(3)1つでも×（できない）がある場合は，職場改善の活動を促し，再度アセスメントを実施する。

このように，会社側から提案された当該制度の導入を，そのまま受け入れているのではなく，具体的に誰が，あるいはどのチームが制度の適用を受けるのかを判断する際に，労組が関与していることが確認される。

（3）労使協定の内容

次に，当該制度を導入するにあたって締結された労使協定の内容として，主に，対象者とみなし

労働時間について見ていく。

①対象者

裁量労働制の適用を受ける対象者は，すべての企業において，管理職一歩手前の役職に就く者となっている。

「（対象者は：筆者注）グレード15のシステムエンジニアといったところです。……グレード16を課長とみなすと，その手前の係長クラスですかね，イメージ的に言うと。そこに対して適用します。」（A組合）

「グレードっていうのが，入社したら5で，それが4に上がって，3に上がっていくんですけど。グレード5って，入社してエントリーのグレードの人は，適用外にします。それを1個上がったところから，主任級という格がつくんですけど，主任の格以上の方は，基本的には適用できる。『適用できる』というのは，あくまで適用できるというだけで，やるかどうかっていうのは，個別判断にはなるんですけど。」（B組合）

「基本的には，役職が管理職の一歩手前の人間は，原則。それから，その下の人間，もう一ランク下の役職の人間は，希望者。」（C組合）

「C3とC4ですね，任意でなれるっていうかたちです。C5は，もう強制的に裁量労働制者っていうかたちになります。1年以内にマネージャーになるとか，そのぐらいのレベルの人がC5だと捉えていただければ……」（D組合）[8]

一方で，BおよびC組合では，前項で見たように，労組が実施するアセスメントを通過しなければ，制度の導入は認められないというような仕組みが整備されている。したがって，当該制度の適用対象となる役職に就いたからといって，すべての対象者に一律に制度が適用されるのではなく，その適否に労組が関与しているのであり，この点が重要であろう。

ところで，管理職一歩手前の労働者というように対象者が設定されているのは，その役職に就く者であれば，自身の裁量を発揮して働くことができるほどの経験を積んでいるだろう，と想定されているためである。こうした設定をとることで，先に確認した実体要件(ii)の「就労実態に裁量性がある」ことが担保されていると考えられる。[9]

「裁量を持って，要するに自分の判断で働けるっていう人は，例えば，新卒で入って1年目でそういう働き方ができるかっていったら，それはできないだろう，と。じゃあ，その自分で考えてできるっていったら，それは管理職一歩手前くらいになれば，そういった判断はできるだろうっていう，会社の判断ですね。」（A組合）

「毎年，年度の頭ですね，……本人と上長の課長との間でやり取りをして，『君の働き方であれば，裁量的に働ける見通しがあるので，やってみないか』っていうようなオファーがあって，『じゃあ，やります』，『やりません』とかっていうので，裁量労働を適用していたと。」（D組合）

②みなし労働時間

次に，労使協定において定めるみなし労働時間については，ほとんどの企業で，1日7.5時間前後となっている（**表2**）。

これは，制度導入前の，あるいは制度の適用を受けない労働者の所定労働時間を，そのままみなし労働時間とするところからきている。

「みなしは7.5（時間：筆者注）と，いわゆる労働契約と同じ時間に設定しています。それは記録書にも載ってるんですけど……，労働契約っていうのをベースにして，この制度を作り上げていきたいっていうのがあったらしくて。7.5ってすることで，（労使で：筆者注）お互い何の不利益も生じない状態で，うまく移行できると。」（A組合）

論　文　裁量労働制を規制する労使関係の実態

表 2　みなし労働時間とみなし残業時間

	みなし労働時間（1 日）	みなし残業時間（1 ヶ月）
A 組合	7.5時間→ 8 時間	25時間
B 組合	7.5時間	30時間
C 組合	7.5時間	29時間
D 組合	7.3時間	40時間→30時間

（出所）　筆者作成。

　また，裁量労働手当のもととなる想定された残業時間は，制度導入前の平均的な残業時間から設定されている（表 2）。それは，労働者が受け取る手当が，制度導入以前に比べて遜色ないようにすることで，スムーズに制度導入を進めるためである。

（ 4 ）制度運用
　①実際の労働時間
　前項で，みなし労働時間，あるいはみなし残業時間を確認したが，制度適用者の実際の労働時間はどれほどのものなのだろうか。端的には，想定された時間をオーバーするケースが多いようである。

　「（7.5時間：筆者注）以下ってのは，なかなかないケースだと思ってます。」（B 組合）

　「トータルでいうと，本当に厳しいプロジェクトですと，たぶん裁量にすると，みなし以上に働いているのが実態だと思います。」（B 組合）

　「みなしは7.5時間なんですけど，それ以上の方が多いですね。29（時間：筆者注）のみなし残業がついているっていうのは，組合員みんな知っているんですけど，『それよりも，私はやってますよね』って思っている方も，結構いらっしゃると思います。そういう方たちが不満を持っているわけですよね，目減りだということで。」（C 組合）

　このように，みなし労働時間を超えて，長時間にわたる残業が発生するのは，業務量の多さが直接的な要因である。加えて，当該産業においては，納期の短さや仕様変更による突発的な業務の発生等が，これを助長している。短納期の問題を例に挙げると，法改正に伴う行政関係のシステム変更の場合，その法改正がどの時期に決まったとしても，次年度の始まりには，そのシステムを完成させておく必要がある。こうした事態に対応するために残業が発生することは，容易に想像できるだろう。

　「やっぱりどうしても法律の改正とか，制度の改正とかで直前にきたりして。結構バタバタ，急に忙しくなっちゃったりとか。だいたい 2 月の途中に省令が形になって，4 月にやれよ，とかいうと，それがどんときますよね。そういうのも結構あったり。」（D 組合）

　また，目に見えないものを設計するという，ソフトウェア開発の性質上，必ずといっていいほど，開発途中で仕様変更が発生するという。

　「システム規模に応じて受注をして，人を揃えて進めるっていうことはできるんですけど，でも簡単にできないんですよ，システムって。必ず順序立てて設計してっても，ある程度作ると，『何か違う』っていう風になっちゃう。形が見えない世界なので。『何か違う』っていって仕様変更があって，色々やっていくうちに，どんどんどんどん齟齬が広がっていって，動かない。なので，徹夜で直しまくるみたいな状況になりがちなんですよね。」（D 組合）

小特集◆今日の労使関係の動向と課題

表3　適用除外の条件

	適用除外となるケース
A組合	・明確な基準なし ただし， 　・裁量を発揮できないような仕事量を抱えている場合 　・毎日，終電帰りが続いている場合
B組合	・チーム：平均で，月間総労働時間が200時間を超える場合 ・個人：2ヶ月連続で，月間総労働時間が200時間を超える場合 ・深夜勤務が月10回以上，発生する場合
C組合	・3ヶ月連続で，月75時間以上の残業が続く場合
D組合	・3ヶ月連続で，月93時間以上の残業が続く場合

（出所）　筆者作成。

システムをあらかじめ計画し尽くすことは難しく，開発途上で必ず追加的な業務が発生し，それがどれほど必要となるのかは，計画段階では定かではない。こうして，みなし時間内におさまらない業務に対応する状況が生みだされているのである。

②制度からの適用除外

では，上記のように，みなし労働時間を大幅に超えて残業せざるをえないような状況が発生した場合，労組はそれにどのように対応しているのだろうか。聞き取りでは，1つの労組を除いて，一定の時間による基準を設けて，該当者を裁量労働制の適用除外とする対応が確認された（**表3**）。

A組合の場合も，他の組合のように明確な基準は設けられてはいないものの，裁量性の発揮という観点から，長時間労働をしている場合に，当該労働者は制度の適用から外れることになっている。

　「よく具体的にある例としては，裁量がないとみなされる，要するに，自分の裁量でできる量でない仕事を振られてしまっている，とかですね。あと，お客さんに合わせた働き方をしなきゃいけない，とか。そういう方々に対しては外しています。そういった業務がなくなったら，また復帰じゃないですけど，裁量労働制に戻るといったかたちで，解除と再開の運用もしています。」（A組合）

他の労組においては，表3のように，残業時間の長さに応じて，制度の適用から除外するか否かを判断する明確な基準が設定されている。それは，裁量性の発揮という観点に加え，労働者の健康にたいする配慮からきている。「月間総労働時間が200時間を超える場合」と，比較的，厳格な条件を設けているB組合，および「3ヶ月連続で，月75時間以上の残業」と設定しているC組合においては，厚生労働省が定めた，いわゆる「過労死ライン」[10]が意識されていることがわかる。

　「対象社員の健康への影響を考慮して設定しています。具体的には，厚労省の通達において[11]，定型勤務で月間45時間を超える時間外労働が認められる場合は，健康障害防止措置を講じることが定められていることを勘案して，1ヶ月の所定内労働時間の最大値と所定外労働時間45時間相当の総和を意識し，おおむねそれを超える総労働時間となる場合には，健康への悪影響に対する何らかの歯止めが必要な状況にあるとみなして，裁量労働制の適用についても馴染まないとしています。」（B組合）

　「導入前の取り決めで，健康配慮の観点から，過労死認定基準の80時間を目安にして，『3ヶ月連続で75時間超となる場合は適用除外となる』というように，労使間で話し合って決定したように思います。」（C組合）

実際に，情報通信業におけるメンタルヘルス不調の問題は深刻である。JILPT［2012］によると，過去1年間にメンタルヘルス不調で1ヶ月以上休職，退職した正社員がいる割合は，全体平均が23.5％であるのに対して，当該産業では55.8％と，他産業と比べてかなり高い数値を示している。また，休職や離職をせずとも，メンタルヘルスに問題を抱えている正社員の割合は73.0％を占める。こうした状況を踏まえると，上記のように，「過労死ライン」を明確に意識した，B組合とC組合の基準からは，裁量労働制適用者の心身の健康確保，さらには過労死防止に，労組が重要な役割を果たしていることがわかる。

BおよびC組合では，制度導入時から，このような適用除外の条件を設けていたが，D組合では，制度導入後に，労使間の交渉を経て表3に示した条件を設定することとなった。

「毎月，人事部と労使協議会で実態調査を確認していて。『最低限，毎月毎月100時間残業しているような人は，裁量的に働けてないから，解除してあげてください』みたいなやり取りをずっとしていました。昨年は，それで会社も動いてくれて，『3ヶ月連続で93時間以上残業した場合に，強制的に解除します』っていう運用を始めてくれたんですね。それで，裁量労働の強制解除の運用をして，本当に危ない人を水際で防ぐ，救うっていうことをやっていた……。」（D組合）

この実態調査とは，裁量労働制適用者の残業時間のデータを踏まえ，彼ら・彼女らの働き方に裁量性があるのかといったヒアリング調査を，会社側に実施させたものだという。

「残業時間のデータは，弊労働組合の場合はもらえるので，毎月，裁量労働者の人の時間とかを見ていくと，100時間以上やっている人が何割っていうのは，出せるじゃないですか。それを突きつけていけば，やっぱりノーとはいえないですよね。それをもう毎月くり返していて。

例えば，『100時間超えた人は，全員，裁量的に働けているのか，次回の中央労使協議会までにヒアリングしてきてください』っていうのを，ずっとやって。で，翌月，ヒアリング結果がくるじゃないですか。まぁ，色々いってくるんですけど，『違うよね』っていうのをずっといい続けると，やっぱり会社も『そうだよね』っていわざるをえないっていうのがあるので。継続的に，実態確認をしていくっていうのが，一点ですよね。」（D組合）

さらに，D組合では会社との交渉を通じて，次項で見るような制度変更を実現している。

③制度適用対象者の変更

先に示したように，D社においては，等級のC3，C4が任意で，C5が強制的に，当該制度の適用対象として設定されていたが，制度運用のなかで，次のような事例が確認されたという。

「適用除外になる経緯ですね。結果的に，C3，C4，C5で裁量労働になってる人に，ものすごく仕事の負荷が偏ってしまったっていう現象が，ここ4〜5年，ずっと続いていたんですね。……やっぱり36協定の時間を，（通常の：筆者注）時間管理の人が守るために，本当にぎりぎりになったところで，裁量労働の人に仕事を全部回すっていう習慣が生まれちゃってたんですね。」（D組合）

「ひどい話でなかなかいいづらいんですけど，例えば，C3の一人前にやっとなったかな，くらいの人間が36協定違反しそうになったんですね，もともと時間管理で。本部長クラスの人が，『36超えそうだから，裁量させてくれ』ってお願いしにくるんですよね。それは，会社のもっと上にかけあって，『やめてくれ』ってお願いして，止めてもらったんですよ。」（D組合）

このような制度運用に対しては，当然，適用者から，多くの不満や苦情が労組に寄せられた。こうした事情を踏まえ，先の交渉によって，「3ヶ

小特集◆今日の労使関係の動向と課題

図2　D組合のおける制度適用対象者の変更

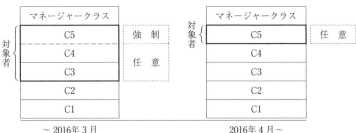

（出所）筆者作成。

月連続で，月93時間以上の残業」が続く場合に，制度の適用から外れるという条件が設けられるようになったのである。ところが，この条件が設けられた後も，次のような問題が生じた。

「結局，そのしきい値にいかない人にまた回るんですよね，負荷が。……仕事があふれそうになったら，できる人に。時間管理は36（協定：筆者注）上限まで仕事させよう，と。で，あふれたら裁量（労働制の適用者：筆者注）にやらせよう，と。93時間以上いくなら，違う裁量に任せよう，って感じで。とにかくできる人によせることになる。」（D組合）

こうした現場レベルの運用を受けて，D組合はさらに会社との交渉を重ね，次のように対象者の範囲を変更させている。

「実態を確認すると，C3，C4のレベルの人間では，プロジェクトの状況によっては，裁量的に働けない可能性がある，と。であれば，まず選べないようにしよう，と。C5の人も，本当にプロジェクトを統括する人間で，本当に自分の裁量で時間を管理できる人だけに限定しようっていうかたちになったので，厳密にはC5の人も裁量を選べるようになったんです。」（D組合）

これまで強制的に適用対象となっていたC5も，任意での対象者となり，C3とC4については，そもそもの対象から外れることとなった（図2）。

この制度変更によって，元制度適用者には，実際の残業時間数に応じた残業手当が支給されることとなった。

このような変更は，会社との2～3年にわたる交渉を経て，実現している。

「労基署の指導もかなり効いたらしいんですけれども，やっぱり組合としては，ずっといい続けてきていて。会社に納得してもらうところに運んだのはやっぱり，労使協議会とかの場だと思うんですよね。一番効いたのは，（労働時間の：筆者注）データと管理職がどういう悪い動き方をしたのか，という2点をつめていく形ですよね。」（D組合）

以上のように，インタビュー調査からは，みなし時間と実労働時間との間に大幅な乖離があった場合，次のような対応がなされていることが明らかとなった。第一に，一定の条件を設け，制度からの適用除外の手続を行う。これは，長時間労働をせざるをえない状況においては，裁量を発揮することができないとの判断から，すべての労組において実施されている。そして，このとき過労死ラインが一つの基準となっている事例も確認された。そして第二に，制度の適用を受ける対象者の範囲そのものを変更させるというものである。このような対応は，長時間労働規制の観点から，労働組合による先進的な取り組み，あるいは成果であるといえるだろう。

5 考察

前節で見たように，みなし時間と実労働時間との間に大幅な乖離が生じた場合，制度の適用・非適用はどのように判断されるのかという，裁判実務においてはいまだ不確定である事態に対して，労使関係の次元では，適用が否定されることが明らかとなった。

さらに，本調査の結果からは，使用者との力関係において生じる労働者間競争を規制する主体として，労組が機能しうることも指摘できるだろう。具体的には，D組合の事例を見ればわかりやすい。D社では，制度適用者の範囲を変更する以前は，〈36協定の規制を受ける労働者→裁量労働制の適用者（93時間以内）→別の裁量労働制の適用者……〉というかたちで，長時間労働が押しつけられる事態が発生してしまった。これは，法律や時間の制約を受けずに働くことのできる，いわば使い勝手のいい労働者は誰なのかをめぐって，労働者同士が競争させられる関係に置かれていたことを意味している。

したがって，できるだけ長時間働いてほしい使用者と，基準を設けることでそれに抵抗する労組という，両者のせめぎ合いのなかでなされた，制度からの適用除外条件の設定や制度適用範囲そのものの変更は，このような競争関係に労働者が巻き込まれないようにするための一つの解であろう。

このような労組の動きは，労使交渉を通じて規制をかけていくという，従来型の労使自治を実現している事例であり，労使の「労」が衰退している今日においても，労組による労働時間規制が顕在していることを表している。

6 おわりに

本稿は，専門業務型裁量労働制の適用に，労組がどのように関与しているのかを明らかにすることで，長時間労働をもたらす危険性の高い当該制度の運用において，労組がどれほど規制力を発揮しうるのかを分析してきた。労組へのインタビュ

ーを通して，本稿の設定した二つの課題に，次のように応えることができる。

第一に，労使協定の決定における労組の関与について見ると，誰が制度の適用を受けるのかという対象者の選定，あるいは適否に，労組が直接的に関与していた。第二に，制度を導入した後，労使協定で定めたみなし時間と実労働時間との間に大きなずれが発生した場合には，当該労働者を制度の適用から除外する手続きがなされていた。さらに，制度の適用対象となる労働者の範囲それ自体を大幅に狭めることで，当該労働者が，実際には裁量を発揮することができないにもかかわらず，36協定の制約の外に置かれるといった事態を防ぐ事例も確認された。

このように，長時間労働の実態が確認された場合に，制度適用の可否を判断するという，労組による柔軟な制度運用は，非常に重要であり，かつ労使関係においてしか実現しえないものであろう。

ただし，このような主体的な取り組みをもってもなお，次のような課題があるだろう。それは，インタビューのなかで聞かれた，適用除外は「事後的な対応だ」との指摘である。業務量や納期から計算して忙しくなることが見込まれているのであれば，事前に裁量労働制の適用から外し，時間管理にすべきではないかとの意見である。たしかに，すでに見たように，業務量の多さや突発的な業務の発生への対応という，長時間労働が発生する要因そのものを解消しなければ，長時間労働の根本的な解決とはいえない。また，制度適用者が長時間残業を担っているという現状は，裁量性を発揮した働き方という，そもそもの前提が崩れていることを表している。長時間労働規制の観点からは，制度の導入そのものや業務量の問題を交渉の俎上に載せることが，労組に求められていることが示唆されている。[13]

それでも，上記のように，裁量労働制という一つの制度を対象にして，その運用と労組の関与の関係を捉える試みは，集団的な労使関係の存在感が薄らいでいる今日こそ，長時間労働規制，あるいは過労死防止の観点から重要なのではないだろうか。

小特集◆今日の労使関係の動向と課題

注

(1) 以下，裁量労働制とのみ記述している場合も，本稿では専門業務型裁量労働制を指す。なお，近年，裁量労働制をめぐる議論では，企画業務型裁量労働制（労基法第38条の4）の適用対象を拡大しようとする動きが見られる。こうした状況も踏まえ，裁量労働制の運用実態を示し，適正な運用のために何が求められているのかを探ることは，喫緊の課題であるといえるだろう。

(2) 情報サービス業は，取引先企業の情報システムの構築・運用が主な業務となる。日本標準産業分類では，「ソフトウェア業」（小分類：391），「情報処理・提供サービス業」（小分類：392）を含む，中分類39を指し，大分類「G情報通信業」に含まれる。

(3) 厚生労働省，2016年，「就労条件総合調査」。

(4) ただし，裁量労働制においては，「業務遂行の手段や時間配分の決定は労働者自身に委ねられるが，最も重要な意味をもつ労働の量や期限は使用者によって決定されるので，命じられた労働が過大である場合には，労働者は事実上長時間の労働を強いられ，しかも時間に見合った賃金は請求しえないという事態が生じる。また，伝統的にグループ作業が中心の日本企業において，個々の労働者が真に業務遂行の手段や時間配分について裁量をもちうるのかということも問題となる」[西谷，2013，311]との指摘もあり，より厳密には別途検討が必要であろう。

(5) 各企業の従業員規模については，匿名性担保のため，明記しないこととした。

(6) インタビューに際し，聞き取りで得られた内容は，研究発表，および研究論文の執筆以外には使用しないこと，企業名・組織名・個人名などすべて匿名にし，個別企業や個人が特定されないよう配慮することを確認したうえで，録音することの同意を得た。本稿においても，その限りでデータを使用する。

(7) 本アンケート調査は，情報労連本部から地区協を通して単組に配布し（約2000票），1066票の有効回答を得たものである。

(8) 後述するように，D社では2016年4月から対象者の変更があり，ここでの聞き取り内容は2016年3月までのものである。

(9) ただし，次のように，必ずしも役職と裁量性とが結びついていないとの指摘もあった。「あまりリンクしてないですね。裁量労働適用・非適用なのかと，業務の内容とが。業務の内容というか，進め方とか。裁量であろうとなかろうと，上司は『この業務やっといてね』くらいしかいわない」（C組合）。したがって，前述したように，就労実態に裁量性があるか

否かについてのより実質的な判断は，別途分析が必要となるだろう。

(10) 厚生労働省「脳・心臓疾患の労災認定」において，業務の過重性を評価する際に目安となる労働時間を指す。労災認定に際して，「おおむね45時間を超えて時間外労働時間が長くなるほど，業務と発症の関連性が徐々に強まると評価できる」，「発症前1ヶ月間におおむね100時間または発症前2ヶ月間ないし6ヶ月間にわたって，1ヶ月あたりおおむね80時間を超える時間外労働が認められる場合は，業務と発症との関連性が強いと評価できること」などを踏まえ，判断がなされる。

(11) 厚生労働省「過重労働による健康障害防止のための総合対策」（改正，基発0401第72号，平成28年4月1日）。

(12) この93時間という基準の設定については，次のように説明されている。「本当は，いわゆる法定内残業時間が80時間なんですね。うちの会社って，17時20分が定時なので，18時までの40分っていうのがあって，そこの40分ぶんを足していくと，1ヶ月で93時間なんです」（D組合）。つまり，ここでもB組合，C組合のように，「過労死ライン」が意識されていることがわかる。

(13) 一つの事例として，D組合では，今いる人員の数からして明らかに業務過多となるような仕事は受注しないように要求しているという。経営戦略等も絡み，簡単には解決できない問題ではあるだろうが，残業が発生する直接的な要因は業務量の多さにあるため[JILPT，2016，180]，それをどのように抑制するのかという問題は，労組が力を入れて取り組むべき課題であると考えられる。

参考文献

濱口桂一郎，2004，『労働法政策』ミネルヴァ書房。

石田光男，2003，『仕事の社会科学——労働研究のフロンティア』ミネルヴァ書房。

JILPT，2012，「職場におけるメンタルヘルス対策に関する調査」（JILPT調査シリーズNo. 100）。

JILPT，2014，「裁量労働制等の労働時間制度に関する調査結果　労働者調査結果」（JILPT調査シリーズNo. 125）。

JILPT，2016，「働き方の二極化と正社員——JILPTアンケート調査二次分析結果」（労働政策研究報告書No. 185）。

盛誠吾，1997，「年俸制・裁量労働制の法的問題」『日本労働法学会誌』89：53-84。

森田雅也，1996，「裁量労働制の実態と新しい人事労

務管理」『関西大学社会学部紀要』28⑴：143-169。

西谷敏, 2013, 『労働法』第 2 版, 日本評論社。

塩見卓也, 2013, 「裁量労働制」『労働法律旬報』

1793：27-33。

（みかもと　さとみ：一橋大学）

小特集◆今日の労使関係の動向と課題

ブラック企業に対抗する労使関係の構築

青木　耕太郎

　近年，新興のサービス産業を中心に，周辺的正社員（その使用者はブラック企業などと呼称される）をはじめとする新たな労働者類型が登場してきた。彼らの雇用は不安定且つ低処遇であり，社会問題として指摘されている。だが，従来型の企業別労働組合は当該企業の社員以外を組織対象としないため，こうした問題に対応できない。

　一方，2010年代には，ブラック企業で働く若者を組織するための個人加盟ユニオンを結成する動きが現れた。このブラック企業対抗ユニオンは，業種・職種という結集軸を重視する点で，これまでの個人加盟ユニオンとは区別される。

　本報告では，こうした新たなタイプの個人加盟ユニオンが，どのような要因や経緯で結成されたのかを明らかにし，その組織形態や組合機能における特徴を提示する。これによって，周辺的正社員という新たな労働者類型に対応した労働組合の組織形態や組合機能について考察することができると考える。

　　キーワード　個人加盟ユニオン　　ブラック企業　　労使関係

1　はじめに

　今日，ブラック企業は大きな社会問題となっている。ブラック企業は，若者を過重労働・違法労働によって使い潰すことで知られており，2013年には流行語大賞のトップ10にも選ばれた。いまや，ブラック企業問題は，日本の労働者・市民の重大な関心事となっており，厚生労働省もブラック企業を「若者の『使い捨て』が疑われる企業」と定義して対策を講じてきている。

　こうしたブラック企業の従業員の多くは未組織労働者である。労働組合組織率の長期低落傾向が続いているが，ブラック企業の出現によって，近年，新たに膨大な未組織労働者が生み出されているのだ。それでは，こうした未組織労働者の広が

りに対し，労働組合はどのように対応してきた，あるいはしうるのであろうか。

2　課題と方法

（1）新たな労働者類型：周辺的正社員

　上記の問いを検討するにあたって，まずはブラック企業とは何かを確認しておきたい。今野[2015a]は，ブラック企業を「特定の違法行為」に還元することはできず，「労務管理の変化」として把握すべきだとしている。ブラック企業の労務管理上の特徴は，新規学卒者等の若者を大量に採用し，過重労働・違法労働によって使い潰し，次々と離職に追い込むことにあるという。

　こうした新たな労務管理を行う企業は，サービス業・小売業の全国的大企業に集中している。な

ぜなら，これらの産業では，労働内容を極度に単純化・マニュアル化しており，低賃金で長時間働かせることが経営合理性を持っているからである。全国的大企業に多い理由は，大企業のほうが使い潰した従業員の代替要員を確保することが容易であるという点にある。また，こうした労務管理は，労務コンサルタント等によって「技術」として普及されることで，一企業にとどまらない広がりを見せている［木下，2016］。

そして，ブラック企業で働く正社員の職種は特定・限定されており，年功賃金・長期雇用慣行の外側に置かれている。その一方で，業務命令の内容は，通常の労働時間の範囲を超えて，「業務無定量」の状態にある。木下［2012］は，こうした新たな雇用類型を周辺的正社員と呼び，日本型雇用慣行下にある正社員と区別している。

これらを踏まえ本稿では，ブラック企業で働く正社員，すなわち周辺的正社員を，次の4点の特徴を有する労働者として定義づけて使用する。①サービス業・小売業において，②低賃金・低処遇にもかかわらず，長時間労働を強いられることにより，③短期間で使い潰される，④若年・正規雇用労働者，である。

ところで，木下［2005］によれば，労働組合は特定の労働者類型を基盤に結成されるという。そして，その類型に適合的な組合機能によって労働条件の維持・改善が図られ，その類型に応じた組織形態がとられる。

以上から，冒頭の問いは次のように具体化されるだろう。すなわち，周辺的正社員という大規模な未組織労働者の出現に対し，労働組合はどのように対応しているのだろうか。また，周辺的正社員を基盤とする労働組合があるとすれば，それはどのような組合機能と組織形態を有するのだろうか。

（2）先行研究と課題の設定

未組織労働者の組織化の実践や戦略に焦点を当てつつ，労働組合の機能や組織を考察した研究としては，中小企業労働者対策としての合同労組を研究した沼田［1963］や，戦後から90年代までを

総括する浅見［2008］，非正規労働者の組織化に取り組むコミュニティ・ユニオンを研究した高木［1999］，呉［2010a］，福井［2010］などがあるが，周辺的正社員の組織化に焦点を当てた実証研究は存在しない。

また，木下［2005；2010］は，ワーキング・プアという新たな労働者層に対応する新たな労働運動形態の必要性を提起したが，現実にはそうした労働運動は発現しておらず，その萌芽を紹介するにとどまっている。その後，木下［2016］は，ブラック企業に対抗するユニオンの存在を指摘し，その運動の展開や意義を論じてはいるものの，実証的な分析は行われていない。

そこで，本稿では，主として周辺的正社員を組織する労働組合の存在を実証したうえで，その組合機能と組織形態の特徴を明らかにしたい。具体的には，木下［2016］が「「ブラック企業」対抗ユニオン"として位置づけた総合サポートユニオン（以下，GSUとする）を対象に，相談記録のデータ分析やその他組合関連文書の調査，インタビュー調査を行う。

（3）分析の視角

ここで，本研究の分析視角を提示する。それは業種別職種別ユニオンとの対照と，コミュニティ・ユニオンとの比較という視点である。

①業種別職種別ユニオン

木下［2016］によれば，労働組合の根源的な機能は労働者間競争の規制にある。その方法が，業種別職種別ユニオンである。

業種別職種別ユニオンの組合機能の核心は，業種別の交渉という「集合取引」と職種別の賃金という「共通規則」によって競争を規制し，労働条件を向上させることにある。

また，その組織形態は個人加盟組織であり，執行権・財政権・人事権を持つ単位組合に労働者が個人加盟する形態である。この単位組合は，企業単位ではなく，「同一産業の労働者を企業の枠を超えて地域的に結集したもの」である［中林，1979；木下，2005］。

本稿では，業種別職種別ユニオンという理念型

と照らし合わせることによって，調査対象組合である GSU の組合機能や組織形態の特徴を浮かび上がらせる方法を採る。

②コミュニティ・ユニオンとの比較の視点

もう一つは，コミュニティ・ユニオン（以下，CU とする）との比較の視点である。近年，CU は未組織労働者の組織化の主体として注目されており，その基盤となる労働者類型やそれに対応する組合機能，組織形態についての研究は，一定の蓄積を見せている。福井［2010］や呉［2010a］によれば，CU の組合員の平均年齢は40代後半で，正規・非正規比率は 7 対 3 であり，組合員の業種や職種は多様で分散しているという。典型的な組合員像は，中小企業で解雇や退職強要に遭った中高年の正社員である。

CU の主たる組合機能は，労働相談と個別労働紛争処理である。労働相談を受け，団体交渉や司法・行政機関の利用を通じて紛争を解決するという流れがある［呉，2010a］。紛争が解決すると組合員が CU を離脱してしまうケースが多いが，一部の CU は，相談者を組合に定着させ，職場を組織化し企業別支部を結成することに成功している。そして，個別企業と労使関係を構築し，交渉による労働条件の維持改善を行っている［呉，2010b］。

最後に，その組織形態を見ておくと，高木［1999］は，CU の多数派は，職場組織と個人加盟の混合体であると指摘し，呉［2010a］は，合同労組の個人加盟組合員の比率が27.6％にすぎないことを明らかにしている。

以上に示した CU の特徴との比較を通じて，調査対象組合 GSU の組織対象とする労働者類型（本稿 3 節）や組合機能（4 節），組織形態（5 節）の特徴を明らかにしていく。

3　対象組合の労働者類型

（1）調査の概要

本調査では，総合サポートユニオン（GSU）を対象に，次の三つの調査を行った。第一に，GSU の相談記録（495件：2016年 3 月から2017年 2 月までの電話・来所相談の記録）のデータ分析である。この調査から GSU の相談者・組合員像を分析することが可能となる。第二に，GSU の各種文書（組合規約，大会資料，労働協約，労使交渉の資料）の調査である。これにより，GSU の組合機能や組織形態の分析を行う。第三に，GSU の役員 1 名へのインタビュー調査（約 2 時間。2017年 4 月30日に実施）である。GSU の結成の経緯や具体的な活動内容を示すことで，第一，第二の調査を補完・具体化していく。

（2）対象組合の発足の経緯：「ブラック企業対策」という目的

GSU は2014年 3 月にブラック企業対策ユニオン（旧称）として結成されている。GSU の組合役員によれば，結成に至る経緯は以下の通りである。

　組合をつくる前から，私を含めて役員の多くが，POSSE という若者の労働問題に取り組む NPO で活動していました。それで労働相談を受ける中で，ブラック企業で働く若者の労働条件を改善するユニオンが必要だと感じていました。あとは，ブラック企業が社会問題になっていたという当時の社会状況もあったかと思います。それでユニオンを作ろうという話になりました。

この発言や旧称から，GSU はブラック企業対策，すなわち周辺的正社員の労働条件の向上という目的から結成されたことが窺える。さらにこのことは，当時の組合規約（2014年 3 月施行版）からも確認できる。

第 3 条（目的）
　この組合は，ブラック企業で働く労働者の労働及び生活状況の改善をその主たる目的とする。
第 5 条（組合員）
　この組合はブラック企業で働く当事者その他のすべての労働者及び組合が承認した者によって組織する。

論　文　ブラック企業に対抗する労使関係の構築

表1　相談者・組合員の勤務先の産業

		産業の分類											総　数
		医療・福祉	生活関連サービス業・娯楽業	宿泊業・飲食サービス業	卸売業・小売業	教育・学習支援業	製造業	情報通信業	不動産業	サービス業（その他）	その他	不　明	
相談者	人数（人）	237	140	30	25	21	8	7	7	6	13	1	495
	割合（％）	47.9	28.3	6.1	5.1	4.2	1.6	1.4	1.4	1.2	2.6	0.2	100
組合員	人数（人）	34	105	1	0	0	0	0	3	0	1	0	144
	割合（％）	23.6	72.9	0.7	0.0	0.0	0.0	0.0	2.1	0.0	0.7	0.0	100

（出所）　筆者作成。

表2　相談者・組合員の年齢構成

		年齢の分類（単位：歳）							総　数
		15〜24	25〜34	35〜44	45〜54	55〜64	65〜	不　明	
相談者	人数（人）	85	180	101	84	25	4	16	495
	割合（％）	17.2	36.4	20.4	17.0	5.1	0.8	3.2	100
組合員	人数（人）	41	73	17	8	4	0	1	144
	割合（％）	28.5	50.7	11.8	5.6	2.8	0.0	0.7	100

（出所）　筆者作成。

表3　相談者・組合員の雇用形態

		雇用形態の分類						総　数
		正社員	契約社員	派遣社員	パート・アルバイト	その他	不　明	
相談者	人数（人）	328	18	6	119	10	14	495
	割合（％）	66.3	3.6	1.2	24.0	2.0	2.8	100
組合員	人数（人）	136	1	0	6	1	0	144
	割合（％）	94.4	0.7	0.0	4.2	0.7	0.0	100

（出所）　筆者作成。

（3）対象組合の主たる組織対象：周辺的正社員

　次に，GSU が主たる組織対象としている労働者類型を分析するために，GSU の相談者および組合員の勤務先産業や，年齢構成，雇用形態，労働条件，勤続年数について見ていく。なお，495名の相談者のうち，2017年2月末時点までに組合に加入した144名を組合員として区別している。

　①勤務先の産業

　まず GSU の相談者・組合員の勤務先の産業を見ていく（表1を参照）。相談者・組合員ともに，「医療・福祉」と「生活関連サービス業・娯楽業」に集中していることが分かるだろう。特に，組合員に限れば，この二つの産業で95％以上を占めて

いる。製造業などの第二次産業で働く相談者・組合員はほとんどおらず，広義のサービス産業に集中している。

　これは GSU に特徴的な傾向である。一般に労働組合は，製造業等の第二次産業で働く労働者を多く組織しているとされ，コミュニティ・ユニオン（CU）の組合員に限ってみても，勤務先の産業は幅広く分散しているという調査結果がある［厚生労働省，2005；福井，2010］。

　②年齢構成・雇用形態

　次に，相談者・組合員の年齢構成を見ていく。表2に示した通り，15歳から34歳以下の年代の相談者が過半数を占めている。組合員に限れば，15

小特集◆今日の労使関係の動向と課題

表4　相談者・組合員の給与水準（正社員）

		給与水準の分類（単位：万円）									総　数
		～17	17～19	19～21	21～23	23～25	25～27	27～29	29～31	31～	
相談者	人数（人）	35	40	105	39	19	23	8	7	23	299
	割合（%）	11.7	13.4	35.1	13.0	6.4	7.7	2.7	2.3	7.7	100
組合員	人数（人）	5	12	69	26	8	6	0	0	9	135
	割合（%）	3.7	8.9	51.1	19.3	5.9	4.4	0.0	0.0	6.7	100

（出所）　筆者作成。

表5　相談者・組合員の月間残業時間（正社員）

		月間残業時間の分類（単位：時間）						総　数
		0～20	21～40	41～60	61～80	81～100	101～	
相談者	人数（人）	64	33	68	51	15	7	238
	割合（%）	26.9	13.9	28.6	21.4	6.3	2.9	100
組合員	人数（人）	10	14	52	41	9	1	127
	割合（%）	7.9	11.0	40.9	32.3	7.1	0.8	100

（出所）　筆者作成。

表6　月収25万円未満かつ月間残業41時間以上の相談者・組合員の割合（正社員）

		該当件数	総　数
相談者	人数（人）	115	235
	割合（%）	48.9	100
組合員	人数（人）	94	127
	割合（%）	74.0	100

（出所）　筆者作成。

歳から34歳以下の年代が約8割を占める。

　GSU の相談者の雇用形態は，正社員が3分の2，非正社員が残りの3分の1を占めている（**表3**を参照）。これは日本社会の正規・非正規比率とほぼ変わらない。だが，GSU の組合員の雇用形態は，正社員が9割以上を占める。

　GSU の組合員の年齢構成や雇用形態を，労働組合全体や CU と比較すると，その特徴がより鮮明になる。労働組合全体では，組合員の約4分の3は35歳以上であり［厚生労働省，2005］，CU に限ってみても，組合員の平均年齢は40代後半との調査結果がある［福井，2010］。

　このように，GSU は若年層の組織化に力点を置き，正社員を主な組織対象としていることが分かる。

③労働条件：賃金水準と労働時間

　ここでは，相談者・組合員のうち正社員に絞って，その労働条件（賃金と労働時間）を見ていく。まず月間の給与水準（総支給額）の分布を確認する（但し，給与水準が不明のケースは分母から除く）。**表4**からは，月収25万円未満（年収300万円未満）の層が，相談者の約8割を，組合員の約9割を占めることが分かる。このことから，GSU の組織対象の労働者の多くは，ワーキング・プア層であると言える。

　相談者・組合員の労働時間（月間残業時間）について見ると，GSU の相談者の約6割が月に41時間以上の残業をしていることが分かる（但し，残業時間が不明のケースは分母から除く）。また，GSU の組合員に限れば，8割程度が月に41時間以上の残業をしている（**表5**を参照）。日本労働組合総連合会［2015］によれば，正規雇用労働者の平均残業時間は月に22.1時間である。GSU の組合員の月間残業時間は，労働者全体のそれに比べて顕著に長いと言える。

　ここで，GSU の相談者・組合員（正社員に限る）のうち，給与水準と労働時間（月間残業時間）の両方が分かるケースを母数にして，月収25

論　文　ブラック企業に対抗する労使関係の構築

表7　相談者・組合員の勤続年数

		勤続年数の分類						総　数
		1年未満	1〜3年未満	3〜5年未満	5〜10年未満	10年以上	不　明	
相談者	人数（人）	150	140	77	76	36	16	495
	割合（%）	30.3	28.3	15.6	15.4	7.3	3.2	100
組合員	人数（人）	17	56	37	26	7	1	144
	割合（%）	11.8	38.9	25.7	18.1	4.9	0.7	100

（出所）　筆者作成。

万円未満（年収300万円未満）且つ月当たり残業時間が41時間以上の層がどれほど存在するのかを示したい。表6の通り，GSU の相談者のうち，約半数がこの条件に該当する。組合員に限れば，4分の3が該当する。低賃金にもかかわらず長時間労働に従事する労働者が，GSU の主な組織対象であることが分かる。

④相談時点での勤続年数

GSU の相談者の勤続年数は，1年未満が約3割を占め，3年未満までを含めると6割近くを占める（表7を参照）。組合員の勤続年数は相談者全体よりも若干長いが，それでも3年未満が過半数を占め，5年未満が約4分の3を占める。このように，GSU の相談者や組合員は，就職後の早い時期に何らかの労働問題を抱えて GSU に相談している。

⑤周辺的正社員の占める割合

最後に，組合員のうち，勤務先が「サービス業・小売業」に属し，年齢が「34歳以下」で，雇用形態が「正社員」，月収が「25万円未満」で，月当たり残業時間が「41時間以上」，勤続が「5年未満」という要件を全て満たす人の割合を示す。以上のいずれかの項目が不明のケースを除いた130件のうち，上記の要件を全て満たすケースは67件（51.5%）であり，過半数を占めている（表8を参照）。

このことから，GSU の組織対象が主として，周辺的正社員（サービス業・小売業において，低賃金・低処遇にもかかわらず，長時間労働を強いられることにより，短期間で使い潰される，若年・正規雇用労働者）であることが分かるだろう。

表8　組合員のうち周辺的正社員の占める割合

	該当件数	総　数
人数（人）	67	130
割合（%）	51.5	100

（出所）　筆者作成。

（4）小　括

GSU 結成の目的は，ブラック企業対策，すなわち周辺的正社員の労働条件の向上にあることが分かった。そして，主たる組織対象である労働者類型は，周辺的正社員であることが明らかになった。

GSU の組合員像は，組織労働者一般はもちろん，CU の組合員像とも大きく異なっている。CU の組合員が中小企業で解雇や退職勧奨に遭った中高年の正社員をその典型とするのに対し，GSU の組合員の多くは低賃金で長時間労働に従事する若年層の正社員である。

4　対象組合の組合機能：個別企業との交渉からパターンバーゲニングへ

本節では，GSU が，周辺的正社員の賃金・労働条件の向上を，どのような運動によって実現しているのかという組合機能の面に着目し，その特徴を明らかにする。

その際，GSU のエステティックサロン業界（以下，エステ業界）における労使関係に焦点を当てる。エステ業界は，GSU が労働者の組織化と労使関係の構築に最も成功している業界であり，GSU の組合機能を考察するうえで最適であると考える。

小特集◆今日の労使関係の動向と課題

表9　エステ業界の相談内容の内訳

相談内容	問題の分類（重複分類）									総　数
	賃金不払	パワハラ	解雇・退職勧奨	社会保険	長時間労働	辞められない	自腹購入	有給休暇	求人詐欺	
件数（件）	122	47	4	5	79	65	51	76	42	130
割合（％）	93.8	36.2	3.1	3.8	60.8	50.0	39.2	58.5	32.3	100

（出所）　筆者作成。

なお，本節の分析には，GSU の労使交渉の資料（GSU と相手方企業がやり取りした文書等）や労使協定・労働協約等の文書資料を使用する。また，GSU 役員へのインタビュー調査の結果についても適宜使用する。

（1）エステ業界の労使関係と労務管理, 労働条件

エステ業界は，1970年代頃から日本で広がり始めた新興業界である。そのため，企業規模や創業時期にかかわらず，日本型雇用慣行やそれに付随する労使関係はほとんど存在しない。GSU が組織化に着手するまでは，労働組合がほぼ存在しないノンユニオン業界であった。これと関連して，エステ業界の労務管理は概ね非年功的なものとなっており，勤続年数を重ねてもあまり給与水準は上がらない。そして，エステ業界に勤務するGSU の相談者の半数以上が賃金不払い，長時間労働，有給休暇が取れないといった問題を訴えている（**表9**を参照）。

次に，エステ業界に勤務する GSU の相談者（130名）の年齢，労働条件，勤続年数を見ていく（各項目とも「不明」のケースは分母から除く）。34歳以下が約9割（112名/123名）を占め，約95％（120名/126名）が正社員である。その給与水準は，月給25万円未満が約95％（110名/116名）を占める。労働時間を見ると，月当たり41時間以上の残業に従事する人が約9割（94名/108名）を占める。勤続年数は約7割（92名/129名）が5年未満で，約45％（59名/129名）が3年未満となっている。そして，約60％（65名/104名）が周辺的正社員の定義に該当する。また，大企業に勤務する割合が高いこと（従業員数500名以上の企業に勤務する組合員が約75％を占める），エ

ステティシャン職に就いている割合が高いこと（約95％）が特徴的である。

（2）個別企業との労使関係の構築

それでは，GSU がエステ業界において，どのようにして労使関係を構築してきたのかを見ていこう。そこで，まず GSU が組織化に最初に着手した A 社との労使交渉の経過を見ていく。

①地方の一店舗から全国的・全社的組織化へ

GSU から提供を受けた労使交渉の資料によると，2014月6月に GSU は A 社に団体交渉を申し入れ，同月中に初めての団体交渉が開催されている。初回の団体交渉の時点で，GSU が A 社に通知した組合員は，A 社・仙台店に勤務する4人の従業員であった。この時点では，全国展開の大手企業の一店舗における労使関係にすぎなかったと言える。

一方で，GSU は当初から A 社全体の組織化や労働条件の改善を構想していた。実際，同年7月に GSU は，A 社の全国各地の店舗に向けて組合加入を呼びかける手紙を発送している。また，GSU が A 社に送付した同年7月22日付の「要求書」と題する文書からは，GSU が仙台店勤務の組合員・従業員の労働条件の改善だけではなく，A 社の全店舗の従業員の労働条件の改善を求めていることが分かる。その要求書の一部を抜粋する。[3]

　4，年次有給休暇について
　⑴フレックス休暇の取得状況にかかわらず，有給休暇を自由に取得できるように，社内ルールを変更すること。
　8，時間外手当について

論　文　ブラック企業に対抗する労使関係の構築

⑴残業代の未払いがある事実を認め，全社員に対し，未払残業代を過去2年分支給すること。
⑵今後，全社員に対し，残業代を支払うように改善すること。

　GSU の組合役員によれば，全国的・全社的組織化の試みや，会社全体の労働条件の改善を求める動きには，次のような客観的な根拠があったという。

　　A 社は，全国のどこのサロンでもほぼ同じ問題を抱えているということが分かっていました。A 社は全国転勤の会社なので，仙台の組合員も関東や関西の店舗で勤務していた経験があったのです。それで，仙台店だけじゃなくて，他のサロンの従業員も仲間にしていこうとか，会社全体の労働条件を変えないといけないという意識が持てたように思います。

　A 社は全社的に画一的な労務管理をとっており，全国転勤を通じて組合員がそのことを認識していた。このことが，GSU が全国的・全社的組織化へと発展した要因であったと考えられる。
　つまり，GSU は，A 社との労使紛争において，仙台店という一店舗の労使紛争を全国的・全社的レベルの紛争にまで引き上げるという手法を採用した。それは，全国的大企業，かつ画一的な労務管理であるがゆえに可能となっており，労働組合は全国的・全社的レベルでの組織化と紛争化という戦略で対応しているのである。これは，地場の中小企業の正社員を基盤とする CU にはあまり見られない組織化戦略・闘争方式である。
　②社会問題化と「社会的交渉力」
　次に，GSU が A 社全体の労働条件の改善をどのようにして実現していったのかを見ていきたい。GSU は団体交渉と並行して，労働基準監督署に A 社の労働基準法違反を申告していた。そのうえで，GSU は記者会見を開き，労働基準監督署が A 社に対し是正勧告を行った事実を公表した。その数日後には，A 社代表取締役によるパワー・ハラスメントについても告発している。これ

らは大きく報道され，A 社に対する社会的な批判が強まった［青木，2016］。
　A 社は，この報道後すぐに「仙台労働基準監督署指導への今後取り組み並びに，エステ・ユニオン要望書への回答」（2014年9月11日付）をホームページ上に公表している。また，社内で「労務改善計画書」と呼ばれる文書を周知するなどの対応を迫られている。[4]
　こうして，A 社の労働問題が社会問題化されることで，A 社は会社全体の労働条件の改善に乗り出した。それまで A 社は団体交渉で GSU による労働条件の改善要求を拒否していたが，社会的な圧力によって労働条件の改善を迫られたのである。木下［2016］は，こうした圧力を「社会的交渉力」と呼んでいるが，その内実について GSU の組合役員は以下のように述べている。

　　社長の不当労働行為や従業員の自腹購入の被害が報道されてからは，お客さんからのクレームや解約の電話が非常に多かったようですし，実際に売り上げも落ち込んだみたいです。あとは，ブラック企業のイメージが広がって，従業員を採用することが難しくなったという話も聞きました。それで，A 社としても，改善をしないとまずいと考えるようになったようです。

　GSU が「社会的交渉力」を積極的に活用する背景には，地場の中小企業の正社員を組織化する CU とは違って，企業内多数派を形成することが難しいという事情があると考えられる。地場の中小企業であれば，従業員の過半数を組織化し，「数の力」を交渉力とする戦術は現実的であり且つ有効な方法である［今野，2015b］。だが，全国に従業員が散らばっている全国的大企業の場合はそれが難しい。そこで，大企業の全国的な知名度を活かして問題を社会化し，それを「社会的交渉力」に転化する戦術を採っているのである。
　③会社全体の改善と労働協約の締結
　こうした「社会的交渉力」を背景に，GSU は A 社との団体交渉の中で，A 社全体の労働条件・労働環境の改善に向けた労使合意を形成して

社会政策学会誌『社会政策』第9巻第3号　｜　109

いった。同年12月には「ママ・パパ安心労働協約」が締結され，子育てと仕事の両立を支援するための施策を法令の定めを超える水準で行うことに合意している。その後も，GSU と A 社は，固定残業代を廃止する内容の労働協約や自社商品の自腹購入の強要を防ぐ内容の労働協約を締結するなど，労働条件の改善に取り組んでいる［青木，2016］。

GSU と A 社との労使紛争の特徴は，労働協約を締結したうえで，その内容を広く公表する点にある。実際，GSU と A 社との連名で記者発表が行われ，労使紛争の解決と協約の内容がマスメディアによって報じられている。これにより，GSU の知名度が上がるとともに，労働協約の締結を通じて労働条件を改善するという方向性が同業他社の従業員に示されることとなった。

（3）業種別労使関係の構築に向けた流れ

次に，GSU と A 社との労使関係の形成が，同業他社における労使関係，さらには業種別労使関係の構築に向けた流れが作られた点を指摘しておきたい。

①象徴的事件の発生による同業他社への波及効果

GSU と A 社との労使紛争がマスメディアによって初めて報道されたのは，2014年8月22日のことである。GSU は，その1週間後の8月29日と9月1日に，エステ業界全体を対象とした電話相談会を実施している。そして，実際に，同業他社の労働者から相談が GSU に寄せられたことを，同年8月31日付のブログから確認することができる。

　「うちのサロンでもブログに書かれているのと同じ働き方なのですが……。」「以前私が A 社で働いていた時もこうした働き方でした……。」「同業他社で働いていますが，同じように有給休暇が取得できないし，サービス残業・出勤があるのですが……。」などといったご相談が多数寄せられています。

ここから，A 社の労使紛争という象徴的事件を機に，同業他社の労働者の一部が「意識化」されたことが示唆されている。実際，この頃からエステ業界に勤務する労働者の相談や組合加入者が増えたという。

さらに，GSU の組合役員によれば，A 社との労働協約締結後，同業他社でも労働協約を締結しようとする機運が生まれたという。

　労働協約の締結が報道されてからは，同じ協約をうちでも結びたいという相談が寄せられるようになりました。それで，協約締結を求めて C 社と D 社に交渉を申し入れました。

その背景には，業界内の労務管理上の共通性がある。GSU が A 社の問題を業界に共通する普遍的な問題だと表象し，このことを通じて同業他社に勤務する労働者が A 社の従業員の問題は自分自身の問題でもあると認識することができたのは，業界内の労務管理に共通点があるいう現実的な基盤があったからだと考えられる。

とはいえ，A 社との労使紛争の解決から，他の大手エステ企業との交渉に至るまでの間に，半年以上の期間を要しており，A 社とは別の大手エステ企業に団体交渉を申し入れた時期は，2015年9月のことである。このような時間差について，組合役員によれば，同業他社の「ガス抜き」の措置によるものであったという。

　この業界で働く誰もが A 社の騒動を知っています。労働者だけじゃありません。経営者も大抵うち（GSU：筆者注）のことを知っています。それで，大手は A 社の騒動を受けて，ガス抜きをしていたようです。（中略）D 社では A 社の騒動があってから残業申請を一部認めるようになりました。あとは C 社では，二ヶ月に一回は有給休暇を取らせるようになったそうです。E 社でも，有休が取れるようになりました。ですが，それが不徹底だったり，元に戻ってしまったりして，結局うちに相談に来るようになったようです。

論　文　ブラック企業に対抗する労使関係の構築

表10　エステ業界大手との交渉開始状況

会　　社	従業員数	交渉開始時期
Ａ　社	1000人〜	2014年５月
Ｂ　社	1000人〜	2015年９月
Ｃ　社	1000人〜	2015年12月
Ｄ　社	1000人〜	2016年１月
Ｅ　社	500〜999人	2016年９月

（出所）　筆者作成。

ここからＡ社の労使紛争が業界に与えたインパクトは非常に大きなものであったと推察される。不徹底あるいは一時的なものであれ，一企業の労使紛争が同業他社に対し労働環境の改善を強いたのであり，そして，「ガス抜き」の効果が薄れてきた頃に，Ａ社の労使紛争によって「意識化」された同業他社の労働者が権利行使を始めたのである。

　②業種別労使関係の構築とパターンバーゲニングの試み

　2015年末頃から，GSU は大手企業を中心に同業他社へと次々に交渉を申し入れ，労使関係を構築していった（表10を参照）。紙幅の関係から，それらの企業における労使交渉の経過について詳述することはできないが，GSU は同業他社においても，全国的組織化と問題の社会化という方法を採用した。

　現在，GSU は，売上高で業界10位以内に入る企業のうち，表10に示した５社と労使関係を構築しており，この５社の売上高の合計額は，業界全体の売上高の２割を超えている。

　次に，GSU の労働協約締結の実績を見ていく。2016年８月には，GSU は Ａ社に続いて，Ｃ社とも「ホワイト求人労働協約」と呼ばれる労働協約を締結している。その内容を一部引用する。

　⑴会社は，若者雇用促進法及び女性活躍推進法が定める，全ての情報公開項目を各求人媒体において公開する。また，各事業場における36協定を組合，同業他社らと協議の上，各求人媒体で公開することを協議する。

　⑷会社は，求人情報を下回る労働契約を締結しない。ただし，店舗の統廃合等，やむを得な

い事情がある場合はこの限りではない。

　以上の引用から，２つ重要な点を読み取ることができる。第一に，求人詐欺を防止する内容となっていることである。求人詐欺は労働市場を攪乱するものであり，この協約は直接的に労働市場を規制する効果を持つ。

　第二に，協約の第一項には「各事業場における36協定を組合，同業他社らと協議の上，各求人媒体で公開することを協議する。」とあり，ここから GSU と Ｃ社が「業種別」の集団的な交渉機構の設立を展望していることがわかる。

　以上から，GSU が同業他社とも「ホワイト求人労働協約」を締結し，Ｃ社を含む複数社と集団的に交渉する機構を設立するという青写真が浮かび上がる。組合役員によれば，今後 GSU は Ａ社や Ｃ社との協約を拡充するとともに，他の大手企業とも順次協約を結ぶことを目指しているという。

（４）小　括

　GSU は，周辺的正社員という労働者類型の労働条件の向上を，個別企業ごとの交渉という方法にとどまらず，業界内で労使関係をとり結ぶ企業を増やしつつパターンバーゲニングで労働市場を規制することによって成し遂げようとしている。そして，将来的には，業種別の「集合取引」を，同業種の使用者をまとめて集団的に交渉する形で実現しようという展望を持っていることが明らかとなった。

　より具体的には，GSU は，象徴的事件を業界に共通する普遍的問題として表象させることで，業種別の労使関係構築に向けた動きを作り出して

小特集◆今日の労使関係の動向と課題

図1　労働者類型と組合機能の関係性

周辺的正社員【労働者類型】
↓
象徴的事件を通じて、問題の業界共通性を顕在化させる【組合機能】
↓
同業種の労働者が加入することで、組合内に業種別のまとまりを形成【労働者類型】

(出所)　筆者作成。

きた。第一に，象徴的事件は，同業他社にも労働条件の改善を求めるという波及効果を生み，第二に，象徴的事件は，同業他社の従業員を「意識化」させ，直接的に業種別の労使関係を構築する動きへと結びついた。こうした二重の波及効果は，一方では周辺的正社員という労働者類型の特性から生まれたものであり，他方ではGSUの主体的な営為によって生み出されたものであると考えられる。

波及効果の第二点目については，組合内に業種別のまとまりを作るうえで重要な意味を持っている。象徴的事件を通じて，同業他社の労働者が「意識化」されて，特定業種で働く人の組合加入が増え，組合内に業種別のまとまりが生まれる。それは，図1のように図式化できる。

以上のようにして，GSUは業種別労使関係を構築し，業種別の「集合取引」に向けた動きを作ってきたが，その一方で課題もある。GSUは使用者と職種別賃金の交渉を実現するには至っておらず，職種別の「共通規則」は不在のままである。GSUが職種別賃金を設定するためには，更なる組織化と交渉力の向上が課題となるであろう。

5　組織形態：個人加盟制，業種別支部

本節では，GSUがどのような組織形態によって周辺的正社員を組織化しているのかを明らかにする。

（1）個人加盟制，地域×業種別の下部組織

まず，GSUの組織形態が組合規約でどのように定められているのかを見ていく。そこで，現行の組合規約から「組合員」に関する規定を引用する。

第5条（組合員）
　この組合は，労働者及び組合が承認した者によって組織する。

ここからGSUは組合員の範囲を特定企業や業種に限定していないことが分かる。次に，組合規約から「組織」に関する規定を引用する。

第17条（組織）
　この組合は次の組織を持つ
　1　エリア
　2　支　部
第18条（エリア）
　1　エリアは，地域別に設置し，活動単位とする。
　2　エリアの設置については，中央執行委員会の承認を得なければならない。
第19条（支部）
　1　支部は，地域別且つ業種別に設置し，日常の活動単位とする。
　2　支部の設置については，当該エリアのエリア事務局の承認を得なければならない。

GSUは下部組織として地域別のエリアと業種別の支部を設置している。GSUはすべての組合員を直接個人加盟させつつ，地域ごとに同一業種の労働者を結集するという組織形態をとっている。つまりGSUには，CUのように職場・企業別の支部を持たないという特徴がある。GSUの組合役員はこの点について以下のように述べている。

論　文　ブラック企業に対抗する労使関係の構築

表11　業種別の相談件数

	エステ業界	介護業界	保育業界	その他・不明	合　計
件数（件）	130	115	92	158	495
割合（％）	26.3	23.2	18.6	31.9	100

（出所）　筆者作成。

うちの組合は，全員が直接本部に加盟するように
なっていて，企業ごとの支部はありません。
（中略）もちろん団体交渉や争議の準備のため
に，そこの企業の人がみんなで集まるというよ
うなことはありますが，そこに規約上の位置づ
けは与えてないです。

（2）業種別支部の設置の経緯

次に，GSU の下部組織である支部が設置され
るに至った経緯を見ていく。2015年3月に開催さ
れた第2回定期大会において，規約が改訂され，
新たに支部が設置された。その経緯について
GSU の組合役員は，次のように述べている。

支部に関しては，これも A 社との闘いの中
で，エステ・ユニオンを名乗り出したことがあ
ります。エステ支部という形で組織していった
ので，これも規約上で位置づける必要が出てき
たわけです。

業種別の支部が，実際の運動上の必要性から結
成されたことが示唆されている。それでは，エス
テ支部が実質的に活動を始めたのはいつ頃なのだ
ろうか。最も早い時期にエステ支部の活動を確認
することができる文書は，2014年7月初旬に
GSU が組合加入を呼びかけるために A 社の各店
舗に送付した手紙である。そして同年7月26日に
は，エステ支部のブログが立ち上げられている[11]。

ここから分かることは，GSU は A 社との交渉
を始めた直後に，エステ支部としての活動を開始
したということである。浅見・木下［2015］が指
摘するように，GSU は A 社との安定的な労使関
係を築く以前に，企業別支部の結成ではなく，業
種別支部の結成によって組合員の定着を図ろうと
したのである。

（3）業種別支部の役割

業種別支部は，主として同業種で働く労働者か
らの相談の受け皿としての役割を果たしている。
たとえば，エステ支部は，独自のホームページや
ブログ，支部専用の電話番号やメールアドレスを
有しており，支部に直接相談することができるよ
うになっている。実際，GSU のエステ業界の相
談者のほぼ全員が GSU 本体にではなく，エステ
支部の連絡先に相談をしている。また，GSU の
もう一つの業種別支部である介護・保育支部も同
じ役割を果たしているという。

こうして，業種別支部は，特定の業種で働く人
の相談の受け皿となることによって，GSU 内に
同業種の労働者のまとまりを作り出している。表
11に示した通り，エステ支部と介護・保育支部の
関連業種の労働者が，GSU の相談全体のうちの
約7割を占めている。エステ業界の労働者（エス
テ支部に対応）の相談が26.3％，介護業界の労働
者（介護・保育支部に対応）の相談が23.2％，保
育業界の労働者（介護・保育支部に対応）の相談
が18.6％となっている。

（4）小　括

GSU の組織形態上の特徴は次の二点にまとめ
られる。一つは，組合員をすべて直接個人加盟さ
せている点である。もう一つは，地域別エリアと
業種別支部という下部組織を置いている点にあ
る。とりわけ業種別支部は，特定業種で働く労働者の
相談の受け皿となることで，組合内に同業種の労
働者のまとまりを作り出している点が特徴的であ
る。これらの労働者類型と組織形態の関係は，図
2のように図式化することができる。

こうした GSU の組織形態上の特徴を業種別職
種別ユニオンという理念系に照らしてみると，個
人加盟組織を基本とし，地域別に同一産業・業種

小特集◆今日の労使関係の動向と課題

図2 労働者類型と組織形態の関係性

> 周辺的正社員【労働者類型】
> ↓
> 業種別支部組織が特定業種の相談の受け皿になる【組織形態】
> ↓
> 同業種の労働者が加入することで、組合内に業種別のまとまりを形成【労働者類型】

(出所) 筆者作成。

の労働者を組織するための下部組織を有する点において，合致しているといえるだろう。

また，GSU の組織形態を CU と比較すると，下部組織の置き方に違いがあることが分かる。CU のほとんどは企業別あるいは事業所別の下部組織を置いている。一部の組合は，下部組織に単組権限を与えて合同労組のような形態になっている。一方で，GSU は職場や企業単位の下部組織を置かずに，地域別・業種別の下部組織を置いている。

6 結論

(1) 周辺的正社員と業種別職種別ユニオン

調査結果から GSU の基盤とする労働者類型は周辺的正社員であることが分かった。サンプルが一つとはいえ，周辺的正社員を基盤とする労働組合の存在を実証した。

GSU は，周辺的正社員を組織するに当たり，組織形態の面では，業種別職種別ユニオンの方法に合致することが分かった。また，組合機能の面でも，パターンバーゲニング方式を採り，業界全体の労働条件を引き上げる形で業種別の「集合取引」を実現しつつあるという点において，業種別職種別ユニオンの方法との一致が見られる。他方，使用者と企業横断的な職種別賃金を交渉するには至らず，職種別の「共通規則」は成立していない。この点は GSU の今後の課題ではないかと思われる。

(2) コミュニティ・ユニオンとの比較

GSU の労働者類型，組合機能，組織形態は，CU のそれとは大きく異なっていることが明らか

となった。CU の基盤とする労働者類型が中小企業に勤める中高年の正社員であるのに対し，GSU の基盤とするそれは周辺的正社員であった。また，CU が個別企業との交渉による企業ごとの労働条件の維持改善を主な組合機能とするのに対し，GSU はパターンバーゲニング方式による業界全体の労働条件の引き上げを主な機能とする。

また，CU の多くが職場組織と個人加盟の混合形態をとり，企業別の下部組織を置くのに対し，GSU は純粋な個人加盟制をとり，地域別に同一業種の労働者を結集するための下部組織を置いている。

7 おわりに

労働組合が，組織対象とする労働者類型の変化に応じて，組合機能と組織形態を変化させてきたことは，歴史的に証明されている。近年の日本社会における周辺的正社員の出現は，産業構造の変化，あるいは企業活動に由来するものであるから，その数が自然と減少することはない。労使関係が不在の場合には，絶えず，企業側が編成した労働過程に適合的な労働者が作り出され，労働者は労働者同士の競争に巻き込まれることになるだろう。こうした中で労働組合には，周辺的正社員をはじめ，それぞれの労働者類型や労働市場に対応した組合機能と組織形態を作り出すことが求められているだろう。本研究が，そうした組合を対象とする研究の足掛かりとなることを期待したい。

注
(1) ブラック企業の集中する小売業・サービス業における労働組合の組織率の低さがこれを裏付けている。

(2) GSU には学生アルバイトの支部があるが，本調査では対象から除外している。

(3) 傍点は筆者によるものである。以下で使用する傍点も同様である。

(4) GSU のエステ支部のブログを参照。エステ・ユニオン，2014，「『たかの友梨ビューティクリニック』の『労務改善計画の策定について』（2014年9月25日）を受けて」（http://esthe-union.sblo.jp/article/104006813.html 2017年5月10日取得）。

(5) GSU のエステ支部のブログを参照。エステ・ユニオン，2014，「たかの友梨ビューティクリニックとママ・パパ安心労働協約を締結したことをご報告します」（http://esthe-union.sblo.jp/article/113954539.html 2017年5月10日取得）。

(6) GSU のエステ支部のブログを参照。エステ・ユニオン，2014，「明日29日（金）と来週1日（月），エステ業界の労働相談ホットラインを開催します！」（http://esthe-union.sblo.jp/article/102877797.html 2017年5月10日取得）。

(7) GSU のエステ支部のブログを参照。エステ・ユニオン，2014，「9月1日（月）20時〜24時：エステ・ 労働相談ホットラインを開催します！」（http://esthe-union.sblo.jp/article/102969775.html 2017年5月10日取得）。

(8) 会社名は筆者がアルファベット表記に修正した。以降のブログ記事やインタビューの引用においても，同様の修正を行っている。

(9) 「意識化」は，批判的な意識を持つという意味で使用している。

(10) 実際の労働条件よりも高い労働条件を意図的に提示して，求人募集することをいう。今野［2016］を参照。

(11) GSU のエステ支部のブログを参照。エステ・ユニオン，2014，「エステ・ユニオンのブログを立ち上げました！」（http://esthe-union.sblo.jp/article/101975282.html 2017年5月10日取得）。

参考文献

青木耕太郎，2016，「エステ業界における労働運動の意義と展望：たかの友梨での労働協約の締結と同業他社への波及効果」『労働法律旬報』1855・1856：74-78。

浅見和彦，2008，「戦後日本の労働組合の組織化戦略と活動——その経過と論点」『専修経済学論集』42(3)：1-35。

浅見和彦・木下武男，2015，「次世代の業種別ユニオン——労働組合再生の方向性」『POSSE』28：52-66。

福井祐介，2010，「コミュニティ・ユニオンの10年」『大原社会問題研究所雑誌』642：1-13。

木下武男，2005，「ワーキング・プアの増大と『新しい労働運動』の提起」『ポリティーク』10：100-123。

木下武男，2010，「ワーキングプアの増大と新しいユニオン運動」『社会政策』1(4)：51-61。

木下武男，2012，『若者の逆襲——ワーキングプアからユニオンへ』旬報社。

木下武男，2016，「業種別職種別ユニオンの構想」『季刊労働者の権利』315：42-49。

今野晴貴，2015a，「「ブラック企業問題」の沿革と展望——概念の定義及び射程を中心に」『大原社会問題研究所雑誌』681：6-21。

今野晴貴，2015b，「「新しい雇用類型」の性質と労使交渉の課題——「ブラック企業」現象に着目して」『労務理論学会誌』24：51-69。

今野晴貴，2016，『求人詐欺』幻冬舎。

厚生労働省，2005，「労働組合活動実態調査」（https://www.e-stat.go.jp/SG1/estat/GL08020103.do?_toGL08020103_&tclassID=000001012824&cycleCode=0&requestSender=dsearch 2017年5月10日取得）。

中林堅二郎，1979，『現代労働組合組織論』労働旬報社。

日本労働組合総連合会，2015，「労働時間に関する調査」（https://www.jtuc-rengo.or.jp/info/chousa/data/20150116.pdf 2017年5月10日取得）。

沼田稲次郎，1963，『合同労組の研究——その実態と法理』労働法学研究所。

呉学殊，2010a，「合同労組の現状と存在意義——個別労働紛争解決に関連して」『日本労働研究雑誌』52(11)：47-65。

呉学殊，2010b，「コミュニティ・ユニオンと組織化——札幌地域労組の先駆的な歩み」『進歩と改革』704：61-71。

高木郁朗，1999，「コミュニティ・ユニオンの現状と課題（上）」『労働経済旬報』53（1632）：4-8。

（あおき　こうたろう：東京大学）

投稿論文——1

1970年代の農林年金の給付改善の過程

福田　順

　本稿では，1959年に設立された農林年金が1970年代にどのような変化が生じたのかを，農業協同組合の労働生産性，賃金，事業構造や厚生年金，国家公務員共済組合との関係から検討するのが目的である。以下に主要な知見を述べる。第1に，労働者1人当たりの付加価値で計測された労働生産性に対しては信用事業の比重は正の影響を与えていたものの，農協の合併や共済事業の比重の拡大の効果は確認できなかった。第2に，農林年金は当初より掛金率が高かったこと，および積立方式が維持されたことから掛金率の引き上げはあまり行われることなかった。第3に，農林年金は農協労働者の賃金を踏まえれば高水準の年金給付を実現したことが分かった。最後に，厚生年金や国家公務員共済組合に準じた改定率や制度が農林年金に適用されたことから，分立的な公的年金制度が年金間の制度間競争をもたらし，年金給付を改善したことも分かった。

　キーワード　農林年金　　農業協同組合　　賃　金　　労働生産性　　制度間競争

1　はじめに

　農林漁業団体共済組合（以下「農林年金」と呼称する）は1959年に成立した。それに先立つ1953年に私立学校教職員共済組合が厚生年金から分かれる形で設立されており，農林年金の成立に対しては当時の厚生省を含め国民各層から反対の声が上がっていた［福田，2016］。農林年金成立後，厚生年金から分離する形での年金の設立は今後認めない，という閣議決定が行われた。

　この動きの背景には厚生年金の給付水準の低さがあった。中尾友紀によると戦時中に設立された厚生年金は戦後の経済成長によって賃金や生活水準が上昇したにもかかわらず，1954年の全面改正以来，ほぼ据え置かれたことによって実質価値が低下してしまった。社会保障制度審議会等はこう

した公的年金の一元化を強く望んでいたが，現実には厚生年金の給付水準の低さを理由に年金の分立化は加速した。先に紹介した閣議決定と併せ，厚生年金の給付水準の引き上げは急務であったが，1960年の第1回年金再計算の時は事業主側の反対にあって実現しなかった。1966年に厚生年金基金が設立されたのを機に事業主側は態度を軟化させ，厚生年金の給付水準は格段に改善されていくことになった［中尾，2008］。

　この流れを見る限り，農林年金の設立は厚生年金基金の設立および厚生年金の発展の方向を大きく決定づけたと言える。実際，農林年金は自身の設立が日本の社会保障制度の整備のきっかけになったと評価している［農林漁業団体職員共済組合，1969，18-19］。農林年金の被保険者が公的年金制度全体に占める割はごくわずかなものでしかないが，農林年金と他の年金制度との相互作用を検討

する価値はあると思われる[1]。

　さらには，2015年の農協法の改正により，一定の条件の下で農協の株式会社への転換が可能となった。市場での競争を強めている農協で働く労働者の待遇や人事労務管理を考える上でも，農林年金をめぐる議論を整理することは意義のあることと考えられる。

　農林年金の設立の時に反対の声があったように，公的年金制度の分立化はリスク分散のメリットを損なうなどの理由で一般には否定的に評価されがちである[2]。一方で農林年金の見解に従えば一種の「制度間競争」が行われることによって，社会保障制度の整備をもたらす可能性もある。すなわち農林年金設立によって危機感を抱いた厚生省が厚生年金の給付水準を引き上げるように行動する一方で，農林年金は「古巣」の厚生年金より高い給付水準を維持し，さらには他の共済組合，特に国家公務員共済組合とのインデクセーションを実現しようと努める。このようなメカニズムが働くことで，厚生年金，農林年金いずれも給付水準を向上させることに成功したというのが本稿の趣旨である。

　しかしながら，留意しなければならない点がある。それは農林年金の大多数の組合員が勤務する農協の生産性，より具体的には農協の労働生産性の問題である[3]。一般に農作物は需要の所得弾力性が低く，そうした農業に基盤を置く農協では，他産業，特に製造業や金融保険業と比較し，労働生産性上昇率が低いと考えられる。労働生産性に応じて賃金が支払われるとすれば，農林年金組合員の賃金は低水準にとどまり，従って掛金と年金給付額も同じく低水準なものとなるだろう。この問題を解決するには農林年金の制度の改正だけでは不十分であり，農協の労働生産性の向上に努めていかなければならない。具体的な方策としては農協の合併による規模の経済性の追求や，事業構造の信用ないし共済部門へのシフトが考えられる。本稿では1970年代を主たる対象とし，公的年金制度における制度間競争だけでなく農協の事業構造や労働生産性の分析も行う[4]。

　本稿の結論は以下の通りである。1970年代に農協の労働生産性は大きく向上したが，それは主として信用事業のシェアの増加によるものが大きく，共済事業については他の事業，特に信用事業との間に緊張関係があったことが分かった。さらに，農林年金の掛金率は当初からかなり高い水準にあり，農林年金の給付改善は掛金率の上昇を伴わずに実現されたことが分かった。特に国家公務員共済組合の給付改善に準じる給付改善が実現されたこと，農林年金加入者に有利になる給付設計の変更が行われたことも重要である。その結果，農林年金の給付水準はその賃金水準を踏まえればかなり高くなった。このことから，日本の公的年金制度の内部では制度間競争が生じており，生産性上昇に基づいた賃金上昇に加えてこのような制度改正も年金給付の充実をもたらしたと結論付けることができる。その一方で，賃金の上昇トレンドを上回る年金給付の充実は給付効率の悪化をもたらした。

　本稿の構成は以下の通りである。2では農林年金の給付水準と農協労働者の賃金について述べる。3では農協の事業構造および収益性の変化について述べる。4では農林年金の1970年代の制度変化を厚生年金と国家公務員共済組合の関係を踏まえつつ述べる。5ではまとめを述べる。

2　農林年金と農協労働者の賃金

　福田順は1959年に発足した農林年金について，当時農協労働者の離職率が実際よりも高く見積もられており，農協関係者および当時の農林省にその対応策として認識されていたと指摘している[福田，2016][5]。

　渡辺穎助は農林年金と他の年金制度の比較を行っている。年金給付の算定基準となる1973年度の報酬給与月額の平均値は地方公務員共済が10万1348円，公企体職員等共済が9万5193円，国家公務員共済が9万2926円，厚生年金が8万9437円，私立学校教職員共済が8万320円，農林年金が7万620円となっている。渡辺はこのような低い賃金水準を反映し，農林年金の年金給付額も他の公的年金と比較して低いものとなっていると指摘し

ている。

また，渡辺は，農林年金の受給資格を得られない者が多いと述べている。1968年に農林年金自身が試算を行ったところ，組合員のうち17.9％の者しか農林年金を受給できないという。渡辺は「農林漁業団体の低賃金やその他，労働条件のひどさなどを反映して，他の職域へ転出してくことを物語って」おり，「農林年金制度設立の趣旨が生かされていない」と結論づけている［渡辺，1975］。受給権者の被保険者に対する比率を吉原健二の資料から検討してみると，1965年度の段階では農林年金の同比率は厚生年金よりも低いものの，1970年度になるとその比率は同程度になっている［吉原，2004，304-305］。従って，渡辺の受給権者が少ないという指摘は他の業種との比較を踏まえて評価する必要がある。[6]

山田定市は1970年度の農林中央金庫の調査を引用し，農協労働者の実態について論じている。それによると1970年度の時点で主として「農協からの給与所得で生計をまかなっている人」の割合は33.2％であり，「本人または家族が農業を営み，これを生計の補充としている人」の割合は55.8％，「本人または家族が自営兼業，その他の兼業を営み，これを生計補充としている人」は11.0％であった。このことから山田はこの時点では農協労働者のおよそ3分の2が自立した労働者ではなかった，と述べている［山田，1991］。

また，渡辺克司によると，1961年に行われた第9回全国農協大会において農協「職員の給与水準は当該地域の公務員の水準を目途とする」とされた。それにもかかわらず，1973年には国会で時間外労働に対する割増賃金の未払いなど労働基準法違反の多さや低賃金が問題とされた［渡辺，1993］。

また，農協の労働組合である全農協労連は1967年に賃金実態の全国一斉調査を行っている［全農協労連調査部，1968］。この調査では全農協労連加盟単組86のうち74の単組から回答があり，回答数は3万2249人で，加盟員数の77％であった。それによると1月当たりの賃金が2万円以下の労働者が26％，3万円以下の労働者が61.5％であり，

3人に2人は3万円以下の賃金しか受け取っていないという。全農協労連はまさに農協の低賃金を具体的に表している，と結論づけている。なお，当時の労働省「毎月勤労統計調査」によると，1967年の規模30人以上の事業所での現金給与総額，定期給与，特別給与は調査産業計でそれぞれ4万8714円，3万7798円，1万916円であり，製造業でそれぞれ4万5568円，3万5796円，9809円となっている。[7] 事業所規模の違いに注意する必要はあるものの，農協労働者の賃金はこの時期はかなり低かったと判断できる。

これら渡辺，山田，全農協労連の見解は妥当なものなのだろうか。農協労働者の賃金を100とした他産業の賃金指数の時系列データを示した（図1）。先行研究が示唆する通り1960年代までは製造業，卸・小売業と農協の格差は拡大する傾向にあったものの，1970年代以降は金融・保険業を除くすべての産業との賃金格差は縮小する傾向にあった。特に1970年代には町村部の公務員とほぼ同程度の賃金に到達していたことが分かる。ただし，金融・保険業のみならず，製造業やサービス業との格差は長期に渡って残り続けたことに注意が必要である。

さらにこの時期の農林年金の政府・農林省の農協労働者の賃金および農林年金に関する見解を示す。一例として1970年4月14日に行われた衆議院農林水産委員会でのやりとりを紹介する。[8]

　　三ツ林弥太郎委員：（略）農林年金制度については昨年度（引用者注：1969年度）に引き続き今回もその額が改定され，相当大幅に増額されておりますが，どうも他の年金に比べてまだまだ支給額が低いようであります。これは農林漁業団体の職員の給与が低いためであろうかと思われますが，（略）
　　渡辺美智雄政府委員（農水政務次官）：（略）給与を払うに（原文ママ）ついても農業団体それ自体が合理化をされ，あるいは経済的にも強くなっていかなければ，支払いをしようにもできないのでありますから，そういう意味において政府は農協の合併と規模の拡大，こういうこ

投稿論文　1970年代の農林年金の給付改善の過程

図1　他産業との賃金の比較（農協労働者の賃金を100とした指数）

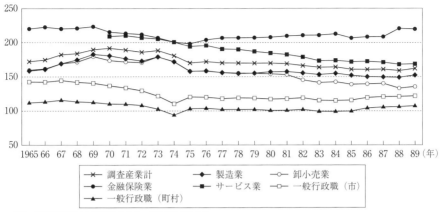

(注)　「調査産業計」は1970年よりサービス業の値を含む。
(出所)　農協については農林水産省「総合農協統計表」の年度の値。調査産業計，製造業，卸小売業，金融保険業，サービス業については労働省「労働白書」，原票は「毎月勤労統計調査」で事業所規模30人以上の現金給与総額の年の値。
　　　　一般行政職（市），一般行政職（町村）は自治省「地方公務員給与実態調査」年の値である。

とを推し進めてまいっております。（略）

　言うなれば，ここでは農協の低生産性→低賃金→農林年金の給付の低さという因果関係を前提に，農協の合理化・合併→農協の生産性の上昇→賃金の上昇→農林年金の給付の改善という解決策が提示されている。このことから，農協の労働生産性の向上，そのための農協合併による規模の経済性の程度，それによる賃金の改善の程度について検討する必要がある。

3　農協の合併と事業構造の変化が労働生産性に与えた効果

（1）農協の合併

　農協の合併について論じるには1961年に制定された農業協同組合合併助成法について論じる必要がある。高瀬雅男は同法について以下のように述べている。第1条では「適正かつ能率的な事業運営」を行う組合を育成することを目的としている。この法の特徴は，経営不振とは関係なく，合併により農協の事業経営の適正化・効率化を図ることを目的としていること（第1条），主たる合併対象は総合農協であること（第2条），合併経営計画は都道府県知事の認定を要すること（第5条），

補助金の交付は政府から都道府県への間接助成とされ（第10条），税法上の特例措置も設けられること（第11条），都道府県知事の計画認定は国の機関委任事務であることである。また施行通達では合併後の農協の規模は正組合員戸数1000戸以上と規定された。この法律は当初は1965年12月31日を経営合併計画の提出期限としていたが，その後空白期間を挟みつつも現在まで延長されている[高瀬，1999，111-145][(9)]。

　このような農協の合併には規模の経済性を通じて労働生産性，さらには賃金を引き上げる効果がある可能性がある。分析対象とする時期が本稿と比べて後のものとなるが，農協の合併の効果について検討する研究として高田理，万木孝雄，森佳子・仙田徹志・伊庭治彦の研究がある［高田，1989；万木，1997；森・仙田・伊庭，2003］。これらの研究は事業管理費÷事業総利益の値を用いて，農協の規模と付加価値に占める費用の比率との関係を算出し，付加価値に占める事業管理費の割合が事業規模によって低下しているかどうか，すなわち規模の経済性が機能しているか否か検討するものである。ここで注意が必要なのが人件費は事業管理費に含まれているという点である。

　万木と森・仙田・伊庭に共通することとして，規模の経済性は確認されない，ということが挙げ

られる。事業管理費÷事業総利益ベースで規模の経済性を計測しているので，合併による経営効率の改善を背景に農協労働者の賃金が上昇すると事業管理費も上昇し，結果として規模の経済性は確認されなくなるというメカニズムを万木と森らは指摘している。一方高田は全事業ベースでは規模の経済性は確認されたものの，信用・共済事業では規模の経済性は確認されないとしている。その原因の1つとして，高田は信用・共済事業にかかる人件費が適切に事業管理費に反映されておらず，専任外務員を配置している大規模農協の方がむしろ事業管理費が割高になっていることを挙げている。

（2）農林水産省「総合農協統計表」を用いた検討

以上のことからおおむね農協では合併と大規模化を通じて人件費の上昇が生じているという仮説を立てることができる。ここで注意すべき点は既存の研究は事業管理費÷事業総利益を用いて経営効率の検討を行っており，賃金の抑制は効率性に対してプラスと判断されている点である。しかし本稿では農協労働者の賃金と農林年金が主題となっていることから，経営効率を労働生産性（付加価値÷労働力）の観点から取り扱うのが適当である。

農林水産省「総合農協統計表」データを用い，1970年度から1989年度にかけての労働生産性（＝物価調整済み事業総利益÷労働者数），労働者数，賃金，事業総利益および農協数の動向を示した（図2）。労働者数はほぼ横ばいと言ってよく，付加価値は年々増加する傾向にある。それに応じて労働生産性は上昇している。一方，賃金は1970年代まではおおむね労働生産性を上回っていたが，1980年代以降は労働生産性を下回るようになっている。とはいえ，物価水準で調整しても賃金は20年間でほぼ2倍となっていることが分かる。この賃金の上昇が農林年金の給付水準を一定程度改善したと考えられる。

1970年代の農協の労働生産性の上昇はどのような要因で生じたのか，より具体的に検討する。ここで，1970年度から1980年度までの農協の主たる

4事業，すなわち信用，共済，購買，販売のそれぞれの事業総利益と労働生産性を示す（図3）。これを見ると全期間を通じて事業総利益が高かったのが信用事業，次いで購買事業であり，その比重は年々大きくなっていることが分かる。次いで労働生産性の方であるが，共済事業の労働生産性はほぼ一貫して上昇し続けている一方で，信用事業の労働生産性は頭打ちになっていることが分かる。

以上のことから最も事業総利益が高い信用事業，一貫して高い労働生産性を達成した共済事業についてより検討する必要がある。まず，都道府県別の集計データを用い，①信用事業総利益÷事業総利益の1970年度から1980年度までの変化幅，②共済事業総利益÷事業総利益の割合の1970年度から1980年度までの変化幅，③1970年度から1980年度までの農協数の変化率が，労働生産性の1970年度から1980年度までの変化率とどのような関係にあるのか検討した。具体的には労働生産性変化率を従属変数とし，先述の①②③を独立変数とした単回帰分析を行った。その結果，①信用事業総利益÷事業総利益の1970年度から1980年度までの変化幅のみ，統計的に有意（係数は正）であることが分かった。

この結果を踏まえ，従属変数を労働生産性上昇率とし，①②③を独立変数とした重回帰分析を行った。その結果を以下に示す（数式1）。

労働生産性変化率(%)＝129.131[13.61]＋0.031[0.21]×農協数変化率(%)＋0.013[－0.01]×共済事業割合変化分(%ポイント)＋1.931[3.62]×信用事業割合変化分(%ポイント)

[ ] 内の値はt値　修正済み決定計数＝0.2008
F値＝4.77　N＝46（数式1）

すなわち，仮に信用事業割合が1%ポイント上昇すると農協の労働生産性が1.931%上昇することを示している。付加価値における信用事業のシェアの変化のみが農協の労働生産性の伸びに正の効果を与えている一方，農協数の変化率や共済事

投稿論文　1970年代の農林年金の給付改善の過程

図2　農協数，労働者数，賃金，事業総利益，労働生産性の推移（1970年度の値を100とした指数）

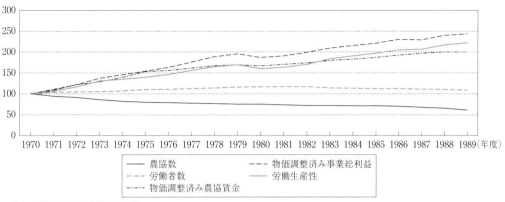

(注)　縦軸は1970年度を100とした値。
(出所)　賃金は図1と同じく農林水産省「総合農協統計表」による。労働生産性は「総合農協統計表」に掲載された事業総利益を職員総数で除したものである。事業総利益から人件費などを含めた事業管理費を差し引くと事業利益となり，これは民間企業の営業利益に相当する。物価水準は総務省統計局「2015年基準消費者物価指数中分類指数」「全国，年度平均」の「総合」で標準化している。農協数は農林水産省「農業協同組合等現在数統計」による。

図3　部門ごとの事業総利益と労働生産性の変化

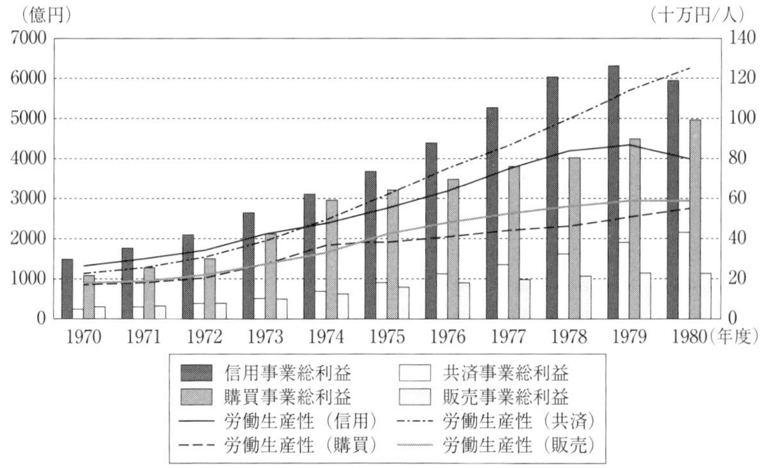

(注)　左軸の値は事業総利益。右軸の値は労働生産性。労働生産性の値はそれぞれの事業総利益を当該事業の職員数で除したもの。
(出所)　農林水産省「総合農協統計表」。

業の事業総利益におけるシェアは有意な効果がないことが分かる。先述した1970年に衆議院農林水産委員会で提示された，「農協の合理化・合併→農協の生産性の上昇→賃金の上昇→農林年金の給付の改善という解決策」は主として農協の合併や大規模化を念頭に置いたものと考えられる。しかし実際には，農協労働者の賃金の上昇とそれを通じた農協労働者の自立，そして農林年金の給付改善は農協の信用事業へのシフトによって実現されたことが分かる。一方で，共済事業それ自体は労働生産性を大きく伸ばしているのにもかかわらずなぜこのような結果が生じるのか。考えられる理由として，共済事業と他の事業の間の範囲の経済性が弱い，というものが挙げられる。[10]

そこで信用，共済，購買，販売の各事業の1970年度から1980年度までの労働生産性変化率の相関

変数を計測した（紙面の都合上詳細は省略）。相関係数はいずれの事業の間でも有意ではなかった。その上で信用事業と販売事業の間には正の相関があることが分かったが，共済事業は他の3つの事業との間に負の相関が存在することが分かった。このことから1970年代にもたらされた農協の労働生産性の伸びは共済事業に牽引されたものであったものの，他の事業との緊張関係をはらむものであったと考えられる。泉田富雄は1960年代から1970年代初めにかけて，共済の推進がボーリング推進（集中組織推進）から職員が各戸を訪問して，その家族に必要な保障について提起する戸別訪問型推進へと切り替わっていったと指摘している。推進の前には全職員を対象に1日から2日程度の研修を行い，職員は自分の担当業務を持っていることもあって，夜間（時間外）に推進を行った。この推進方式は単協によっては過大な目標額の設定となり，職員の負担感を大きくしていった［泉田，2009］。この共済事業が職員に与える負担感が，共済事業と他の事業の労働生産性の伸びの間に負の関係をもたらした可能性がある。

4　農林年金の制度改革と公的年金との関係

　ここでは農林年金の1970年代の主要な制度変化を『農林年金二十年史』に依拠しながら記述し，他の文献や統計資料を用いてその実態を検討したい。

　1969年には農林年金の掛金率は国家公務員共済組合の改定率に準じて改定されることになった。そして1972年には「半自動スライド方式」が導入された。これまでは各年度の標準給与を物価と公務員給与の上昇率を加味し，底上げしたもので，平均標準給与を算出し，年金額を再計算するという方式を取っていた。従って年金額の改定率が実際の年金額の改定に直接反映されるわけではなかった。しかし1972年10月以後は単純に年金額の算定の基礎となっている平均標準給与をその年度の改定率で引き上げることになった［農林漁業団体職員共済組合，1979，280］。

　1974年には「自動スライド方式」が導入された。これは厚生年金が物価スライドを実施した場合，従来の改定とは別途農林年金もスライドを行うものである。

　また，同年には年金額計算に「通算退職年金方式」が導入された。この方式は厚生年金の年金計算に準じた計算方式であり，これにより，従来の「共済年金方式」と比較してどちらか有利な方で年金を受給できるようになった［農林漁業団体職員共済組合，1979，290-300］。渡辺穎助は両方式を以下のように説明している。

共済年金方式（従来の方式）
給付額＝平均標準給与年額×（40/100）＋平均標準給与年額×（1.5/100）×20年を超える加入年数

$$（数式2）$$

通算退職年金方式（厚生年金方式）
給付額＝13942円×加入年数＋平均標準給与年額×（1/100）×加入年数

$$（数式3）$$

　渡辺によると共済年金方式では現役時の給料で決まる比重が大きく，賃金が低い農林漁業団体の労働者は低賃金がそのまま低年金に跳ね返ってしまうと指摘し，さらに最低保障該当者と通算退職年金制度の該当者が受給者の90％以上を占めていると指摘している［渡辺，1975］。

　ここで渡辺の指摘が妥当かどうか，簡単な試算を行う。具体的には国立社会保障・人口問題研究所「社会保障統計年報」に収録されている1975年3月末現在の農林年金の標準給与等級別組合員数のデータを使い，共済年金方式の方が有利になる給与水準はどれくらいか，さらには通算退職年金方式が適用される農林年金組合員はどの程度になるか推計を行う。当時農林年金は31の標準給与等級があった。加入期間を20年間および25年間と仮定して試算した（図4）。

　加入期間を20年とした場合，第19等級で共済年金方式の給付水準が上回る。第19等級の標準給与は月額1万2000円，年額14万4000円である。加入

投稿論文　1970年代の農林年金の給付改善の過程

図4　通算退職年金方式と共済年金方式の給付額の比較

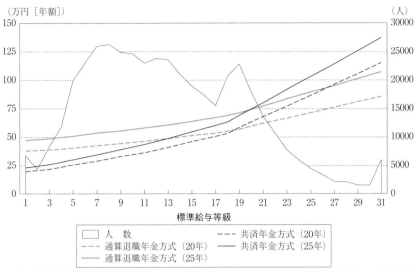

（注）　数値は1975年3月末のものである。なお，当時の農林年金の最低保障額は年額36万240円であった［農林漁業団体職員共済組合，1989，121］。
（出所）　国立社会保障・人口問題研究所「社会保障統計年報（1975年版）」の値に基づき筆者作成。

期間が25年の場合，共済年金方式の給付水準が上回るのは第20等級でその標準給与は月額1万3000円，年額15万6000円である。この時点の加入者は合計43万7681人であり，加入20年で共済方式の方が得になるのは9万8706人（22.6％），加入25年で共済年金方式の方が有利になるのは7万5992人（17.4％）となっている。いうなればおよそ8割の組合員が従来の方式である共済年金方式よりも，通算退職年金方式あるいは最低保障額の方が有利ということになる。このことから渡辺の指摘がある程度支持される。また，勤続年数の増加，並行して行われた定年退職年齢の55歳から60歳への引き上げは，共済年金方式を不利にすることが明らかになった。

1976年には農林年金の財政方式が積立方式から修正積立方式へと移行した[16]。この時期，農林年金の試算では掛金率を134‰に引き上げる必要があるとされていた。それに対し，農林大臣と大蔵大臣の折衝において「財源率再計算結果に基づく財源率の増加については，国家公務員共済制度等他制度の財政方式に準じた修正積立方式の採用によって対処する。新掛金率は，現行の千分の九六が千分の九八程度におちつくものと思われるので，

そのような（原文ママ）農林年金当局を指導したい」［農林漁業団体職員共済組合，1979，311］といった内容が確認された。農林年金の掛金率が当初から高いのは，厚生年金から年金制度を引き継いだことに起因している［福田，2016］。この後農林年金でもおよそ5年おきに掛金率の引き上げが行われていったが，これは段階保険料方式の導入を通じた修正積立方式への移行と解釈することができる［吉原，2004，308-309］。厚生年金と農林年金の給付効率および保険料率・掛金率を示した（図5）。

以上述べた諸改革によって農林年金の給付水準と所得代替率はどのように変化したのか，厚生年金，国家公務員共済組合と比較したものを示した（図6）。この図から分かる点を4点挙げる。第1に図1で指摘した賃金の格差を前提とすると，農林年金の給付水準は高い。第2に1973年に厚生年金で「5万円年金」が実現し，厚生年金の給付水準が大きく上昇した。それに対し農林年金では先述したように1974年に今までの共済年金方式に加え，通算退職年金方式を導入し，どちらか大きい方を採用することになった。従って1975年には農林年金と厚生年金が同じ程度になった。このこと

投稿論文　1970年代の農林年金の給付改善の過程

図5　保険料率・掛金率と給付効率の推移

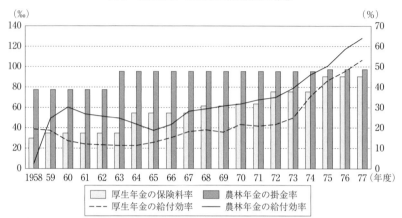

（注）給付効率は保険料収入（掛金収入）に占める保険給付金の割合であり、％表示である。保険料率と掛金率は‰表示である。
（出所）保険料率と掛金率は吉原［2004, 308-309］に掲載された数値を基に筆者作成。厚生年金の給付効率は厚生省「厚生白書」に掲載された数値を元に筆者作成。農林年金の給付効率は農林漁業団体職員共済組合［1969, 576-577］および農林漁業団体職員共済組合［1979, 748-749］に掲載された値より筆者作成。

図6　給付額と所得代替率

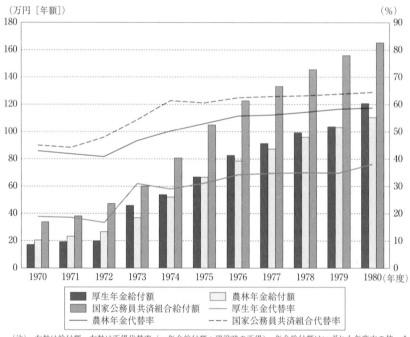

（注）左軸は給付額。右軸は所得代替率（＝年金給付額÷現役時の所得）。年金給付額はいずれも年度末の値。なお、国家公務員の1978年、79年の所得代替率のデータは欠落しているので、前後の年の値を基に値を推測する形でグラフを作成した。
（出所）農協労働者の賃金については農林水産省「総合農協統計表」の年度の値。厚生年金加入者の賃金については労働省「労働白書」、原票は「毎月勤労統計調査」で事業所規模30人以上の現金給与総額の「調査産業計」の年の値。国家公務員の給与は人事院「国家公務員給与等実態調査」の「全俸給表」に基づく。年金給付額についてはいずれも国立社会保障・人口問題研究所「社会保障統計年報」に基づく年度の値である。

から，厚生年金と農林年金の間に制度間競争が存在していたと考えられる。第3に農林年金の所得代替率は厚生年金の所得代替率を常に上回っており，その差はあまり変化していない。この所得代替率の差は現役時の賃金の格差に相当する。すでに指摘した厚生年金加入者との賃金格差を前提としつつ，年金については同程度の給付額になるような制度設計が行われていたと解釈できる。第4に全期間を通じ，国家公務員共済組合の年金給付額および所得代替率は高く，厚生年金や農林年金の給付額や所得代替率のベンチマークとなったと考えられる。

5　結　論

本稿で得られた知見をまとめてみる。後の時期と異なり，1970年代においては労働者1人当たりの付加価値で計測した農協の労働生産性は，農協の合併ではなく信用事業の比重の拡大によって生じていることが分かった。生産性上昇に裏づけられたこの賃金上昇は農林年金の給付改善に貢献したと考えられる。このことは，1970年に衆議院農林水産委員会で提示された「農協の合理化・合併→農協の生産性の上昇→賃金の上昇→農林年金の給付の改善という解決策」が農協の信用事業へのシフトによって実現されたことを意味する。

この他，国家公務員共済組合や厚生年金に準じたスライド制度の確立，通算退職年金方式の導入によっても農林年金の給付の改善は実現した。その結果，加入者の賃金を踏まえると，農林年金は厚生年金と比べて割高な給付水準に達した。また，厚生年金や国家公務員共済組合との制度間競争を通じて年金給付の充実がもたらされた。近年公的年金制度の一元化が進んでいることから，分立的な公的年金制度は否定的に捉えられがちであるが，この時期までは給付の充実をもたらしたという点で肯定的に評価することも可能である。

次に本稿の課題を述べる。第1に自動スライドや半自動スライド，さらには通算退職年金方式といった，農林年金給付額の引き上げ策導入の経緯については本稿では取り上げることが出来なかっ

た。第2に本稿では掛金率の改定を先送りした農林年金の給付の悪化を指摘しているが，修正積立方式を早期に導入し，保険料改定を頻繁に行った厚生年金においても給付効率の悪化は生じており，掛金率と給付効率の関係は十分に分析できたとは言えない。従って，この時期の厚生年金と農林年金の給付と財源の関係について，より詳細に比較する必要がある。(17) 第3に本稿では農林年金の年金給付のみを取り扱ったが，農林年金は他にも多くの事業を手掛けており，その中でも特に重要と考えるのが住宅ローン制度である［吉田・村山・山崎・落合，1979］。この制度が農村地域でどのような役割を果たしたのか，当時の開発政策や住宅政策の変容を踏まえつつ明らかにする必要がある。第4に，本稿で明らかにした制度間競争は年金制度の持続可能性を損なうものでもあったと考えるが，この点についても今後の課題としたい。

［付記］　本誌レフェリーより有益なコメントをいただいた。感謝申し上げる。

注

(1)　吉原健二によると，農林年金の被保険者がピークとなったのは1994年度で51万1000人，同年度の公的年金全体の被保険者数は6954万8000人であり，その比率は0.7%である［吉原，2004，304］。

(2)　実際，2002年に農林年金が厚生年金に統合される際には，農林年金は統合の申し出の理由として就業構造の変化による成熟率の悪化を挙げている［福田，2016］。また，城下賢一と近藤正基は国民年金と農林年金のそれぞれ成立過程を比較し，農協の共済事業と競合する可能性のある国民年金と競合しない農林年金の間で農協の態度に大きな違いがあり，そのことが日本の分立的な公的年金制度が形成された一因であったと指摘している［城下・近藤，2011］。

(3)　1992年から農業協同組合の通称として「JA」が用いられているが，本稿はこれより以前の事象を扱うので「農協」を呼称として用いる。

(4)　なお，田代洋一はこの時期の農政について，1961年に成立した農業基本法を基軸とした基本法農政の時期，1960年代末からの「総合農政」の時期，1970年代後半からの「地域農政」の時期の3つに区分している［田代，2003，71-91］。

(5)　農林省は1978年に農林水産省へと改称されている。

投稿論文　1970年代の農林年金の給付改善の過程

本稿では特定の時期について言及する時には「農林省」「農林水産省」を使い分けるが，長期間にわたるデータの出所を示す時には「農林水産省」を用いる。

(6)　なお，福田順は農林年金の資格喪失者数と労働省「毎月勤労統計調査」のデータから，農林年金の被保険者の離職率は他産業に比較して低かったことを明らかにしている［福田，2016］。

(7)　労働省「労働白書」昭和48年度版（1973）によった。

(8)　衆議院農林水産委員会（16号1970年4月14日）議事録。国会議事録検索システム（http://kokkai.ndl.go.jp/）に依拠した。

(9)　法令データ提供システム「農業協同組合合併助成法」（http://law.e-gov.go.jp/htmldata/S36/S36HO048.html　2016年12月14日最終アクセス）。

(10)　この範囲の経済性について，「トランスログ費用関数」を用いた研究がいくつか存在する。これは農協の事業管理費などの費用が複数の事業を兼営することによって，別個に事業を行った場合よりも費用が節約できるかを検討した研究である［近藤・廣政，1993；井口，1994；川村，1991；近藤，1997］。

(11)　先述の1969年に行われた改定で，例えば1959年1月から同年9月分の納付については

1万1548円（1959年度末の標準給与月額の平均額）×1.7376（1959年の国家公務員共済組合の改定率）/1万1184円（1958年度末標準給与月額の平均額）＝1.794

という算出式に基づき，1.794という改定率を乗じて納付額を改定している。この数値は国家公務員共済の改定率（1.7376）とは一致しない。なお，1959年の国家公務員共済組合の改定率は1965年の既裁定年金の2割の改定と1969年に行われた44.8％の改定から算出されたものである（1.2×1.448＝1.7376）［農林漁業団体職員共済組合，1979，252-253］。

(12)　それに先立つ1973年9月には翌1974年に予定されていた第4回の財政再計算を1年繰り上げ，標準報酬月額が8万4600円の者が27年間加入した時の夫婦の年金額を月額5万2242円とする「5万円年金」が厚生年金で実現された。給付水準を「直近の被保険者の平均標準報酬の60％程度」と設定した結果であった。これに伴い，被保険者期間中の平均標準報酬月額の算定に当たり，過去の標準報酬について，期間区分ごとに定められた再評価率を乗じて，現在の標準報酬に評価しなおすという賃金の再評価制度が導入された。また，年金額の実質価値を維持するために，全国消費者物価指数が1年度または2年度以

上の期間に5％以上変動した場合には，それに応じて翌年の11月以降に，自動的に年金額を改定する物価スライド制が導入された［中尾，2008］。農林年金の「自動スライド」はこの物価スライドに応じたスライドを指す。

(13)　ここで通算退職年金制度について説明を行う。日本の公的年金制度は国民年金制度ができるまでは被用者年金制度である厚生年金，船員保険，国家公務員共済組合，市町村職員共済組合，公共企業体職員等共済組合，私立学校教職員組合，農林漁業団体共済組合が分立していたが，厚生年金と船員保険の間および一部の共済組合間の一部に期間通算が認められているだけで公的年金制度相互間の関連がなかった。そこで1961年に「通算年金通則法」と「通算年金制度を創設するための関係法律の一部を改正する法律」が成立し，公的年金の通算制度が設立された。この通算制度は既存の公的年金制度とその加入者は現行通りとし，加入期間を相互に通算して一定年数以上となれば「通算老齢（退職）年金」という名の年金を給付するというもので「じゅずつなぎ方式」と呼ばれた。1969年の段階では通算年金の年額は農林年金の場合は退職一時金の計算の基礎となった期間1月につき，100円＋平均標準給与×6／1000に相当する額とされた［農林漁業団体職員共済組合，1969，138-152］。農林年金の設立は農協労働者の定着率を高める意図があったが，このような通算退職年金制度の導入はこの目的と緊張関係にあったと言える。

(14)　この時の厚生年金の標準的な給付水準は月額では以下の通りである。

1万2000円×加入年数＋（標準報酬年額×10÷1000×加入年数）＋2万8800円

1973年時点では平均加入年数は27年，標準報酬月額は8万4600円だったので標準的な月ごとの給付額は5万2242円となり，これを指して「5万円年金」と呼んだ［吉原・畑，2016，726］。

(15)　年金額の算定の基礎となる平均標準給与は1974年の改正法までは退職時前3年間の平均標準給与とされていたが，国家公務員共済組合に準じ，74年改正法によって退職時前1年間の平均標準給与に改訂された［農林漁業団体職員共済組合，1979，295］。

(16)　厚生年金は1954年の新しい厚生年金法によって保険料率は従来通り3％に据え置かれたものの，5年ごとに人口推計や経済情勢に合わせて保険料を見直す財政再計算を行い，保険料率を引き上げることとする段階保険料方式が採用された。若い世代の保険

料負担が確実に重くなることから，中尾友紀はこの時点で厚生年金は完全積立方式から賦課方式の要素を含んだ修正積立方式へと移行したと指摘している。なお，国民年金は1966年の段階で完全積立方式から修正積立方式へと移行した［中尾，2008］。

(17) 特に厚生年金の年金積立金の運用については財政投融資とその制度変化の検討が不可欠と考えられる［田中，1992；丸山，1988］。

参考文献

福田順，2016，「日本の農林年金と農業協同組合」『社会政策』8(1)：153-164。

井口富夫，1994，「業務範囲の自由化によって生じる費用節約効果――農協共済からの推測」『保険学雑誌』546：1-24。

泉田富雄，2009，「共済事業の仕組みと課題」田代洋一編『協同組合としての農協』筑波書房，第7章，185-214。

川村保，1991，「総合農協の規模の経済と範囲の経済――多財費用関数によるアプローチ」『農業経済研究』63(1)：22-31。

近藤功庸・廣政幸生，1993，「北海道の総合農協における規模の経済性と範囲の経済性に関する計量分析」『北海道大学農經論叢』北海道大学農学部農業経済学教室，49：157-175。

近藤巧，1997，「農協経営における規模の経済と範囲の経済」長谷部正編『農協経営の計量分析』第2章，24-41。

丸山晴男，1988，「年金積立金の現状と課題」『週刊社会保障』1445：52-55。

森佳子・仙田徹志・伊庭治彦，2003，「農協の合併効果に関する一考察」『島根大学生物資源科学部研究報告』島根大学生物資源科学部，8：71-80。

中尾友紀，2008，「公的年金」玉井金五・久本憲夫編『少子高齢化と社会政策（社会政策II）』法律文化社，第3章，63-101。

農林漁業団体職員共済組合，1969，『農林年金十年史』。

農林漁業団体職員共済組合，1979，『農林年金二十年史』。

農林漁業団体職員共済組合，1989，『農林年金三十年史』。

城下賢一・近藤正基，2011，「日本型福祉国家と農業団体――農協共済制度の経路依存効果と分立型年金への道」『創造都市研究』大阪市立大学大学院創造都市研究科，7(2)：19-28。

高田理，1989，「農協合併効果と効果発揮の条件」『神戸大学農業経済』神戸大学農学部農業経済経営研究室，24：1-18。

高瀬雅男，1999，「農協合併と農協合併助成法」『福島大学地域研究』福島大学地域研究センター，10(3)：111-145。

田中信孝，1992，「公的年金積立金等の資金運用問題――1987年財政投融資制度改革との関連を中心として」『証券研究』101：43-73。

田代洋一，2003，『新版　農業問題入門』大月書店。

渡辺克司，1993，「農協労働者の賃金，労働諸条件についての一考察」『北海道大学農經論集』北海道大学農学部農業経済学教室，49：197-219。

渡辺穎助，1975，「農林年金をめぐる現状と問題点」『賃金と社会保障』679：55-60。

山田定市，1991，「農協労働・労働者の存立構造」飯島源次郎『転換期の協同組合』筑波書房，第19章，385-401。

万木孝雄，1997，「農協合併と信用事業」長谷部正編『農協経営の計量分析』第5章，84-103。

吉田和雄・村山晴美・山崎道次・落合幸文，1979，「農林年金をめぐる情勢と今後の課題」『農業協同組合』25(2)：22-35。

吉原健二，2004，『わが国の公的年金制度――その生い立ちと歩み』中央法規。

吉原健二・畑満，2016，『日本公的年金制度史――戦後七〇年・皆年金半世紀』中央法規。

全農協労連調査部，1968，「農協労働者の賃金実態」『総評調査月報』21：47-57。

（2017年3月2日受理／2017年8月15日掲載決定）

（ふくだ　じゅん：同志社大学）

投稿論文——2

戦時動員政策と既婚女性労働者
——戦時期における女性労働者の階層性をめぐる一考察——

堀川　祐里

　本稿では戦時期に経済的な必要から労働せざるを得なかった既婚女性労働者が，動員政策の中でいかに位置づけられ，子育てにおいて，労働現場において，いかなる問題を抱え，その問題はいかに扱われたのかについて考察する。

　戦時期に政府は，経済的理由により動員政策以前から賃金労働をしていた既婚女性を，あえて法律や勅令に明記せずとも働く労働力として意識していた。戦局が悪化する中で，本来は働く必要のない階層の未婚女性を動員するために政府は特別な配慮をした。そのために職場で女子挺身隊と一般女子工員との軋轢が生じると，軋轢を解消するために両者の待遇の差の是正が行われ，未婚女性同士の労働条件は均衡した可能性がある。しかし政府は経済的理由から働く既婚女性に対しては，特別な配慮をしなくても働くものと期待し，既婚女性の就業継続のための労働環境の改善を行うことはなかった。

　　キーワード　戦時動員政策　　階　層　　既婚女性　　保　育　　就業継続

1　はじめに

　戦時期において政府は，未婚女性には女子挺身隊などの形で主に労働の任務を，既婚女性には主に人口増大の任務をそれぞれ課した。既婚女性は戦時動員政策において法律や勅令等の法規範上は労働力の対象からはずされており，家庭において子どもを産み育てる存在として位置づけられていた。しかし，実際には多くの既婚女性が子育てをしながら労働していたのである。本稿ではこの既婚女性のうちでも，経済的な必要性から賃金労働をせざるを得なかった既婚女性労働者に焦点を当てたい。既婚女性労働者に着目するのは，女子挺身隊などの戦時動員政策の法律や勅令で労働力の対象とされた女性たちのみに着目していては明らかにならない，戦時の女性労働の実態を解明す

るためである。

　戦時期の女性労働研究には多くの蓄積がある。その一端をあげれば田辺［1967］では戦時期に女性を労働力化するために，女子労務管理が盛んに行われたことに焦点が当てられた。女子労務管理についてはさらに塩田［1984；1986；2000］において分析された。塩田は女子労務管理が盛んになる背景には，女子挺身隊として未婚女性を動員するために，その家族の不安を払拭しようという政府の思惑があったことを明らかにしている。そのほか齊藤［1997］では東京都女子挺身隊を中心に，女子挺身隊の結成と労働状況について明らかにされ，また入山［2003］は動員イデオロギーを検討するという観点から女子挺身隊について分析している。

　このように主に未婚女性を動員した女子挺身隊については多くの蓄積がある一方で，戦時期の既

婚女性労働者に焦点を当てた先行研究は，管見の
かぎり布施［1979a；1979b］と堀［1991］のみ
である[1]。布施はそれまでの日本において既婚女性
の労働問題は看過される場合が多かったことを指
摘し，労働者家族の生活状態を把握するために，
「労働者階級の諸階層を横断的に層として把握す
る階層的な視点が必要」だとする。「賃労働者層
の，とりわけ下層あるいは中層の下辺」のものが
営む家族生活は既婚女性の就業の問題を抜きにし
て語れないとし，賃労働と内職に着目して明治期
から敗戦までの時期の既婚女性の労働問題を分析
している［布施，1979a］。しかし，戦前を取り扱
った広範な研究であるため，戦時期については紙
幅も多くはなく動員政策との関係については論じ
ていない［布施，1979b］。一方，堀は十五年戦
争における既婚女性労働について扱い動員政策に
ついても一定程度言及しており，統計や実態調査
が少ないこの時期の分析のために，いくつかの職
種を取り上げ，聞き書きや記録集から具体的な事
例をあげて論述している。しかしながら上記の布
施にみられるような階層の視点を欠く［堀，1991］。
　既婚女性の労働と一口にいっても，その労働実
態は経済的な階層により大きく異なったことが予
想される[2]。戦時期には動員されることを「家」を
離れ社会に出られるようになる「女性解放」であ
ると感じた既婚女性が存在した[3]。一方で経済的な
必要性のもとに，賃金労働をせざるを得ない階層
にあった既婚女性が存在した。既婚女性の労働を
分析することにより，労働実態に加え，特に子育
てを中心とした家庭生活の問題が照射される。前
者の家事の余暇を利用して奉仕活動的な目的で労
働を行った階層の女性たちと，後者の経済的理由
から労働した女性たちでは，子育ての様相は異な
った。
　そこで本稿では動員政策の法規範上は労働力の
対象とされなかった既婚女性のうちでも，経済的
な必要から賃金労働をせざるを得なかった既婚女
性労働者に焦点を当てたい。彼女たちが動員政策
の中でいかに位置づけられ，子育てにおいて，労
働現場において，いかなる問題を抱えていたのか，
その問題は戦時下でいかに扱われたのかについて

考察する。
　本稿ではまず動員政策において既婚女性がいか
に位置づけられていたのかについてみていく。次
に戦間期から戦時期にかけて女性労働がいかに変
容し，その中で既婚女性はいかなる労働に就いた
のかについて考察する。その上で母親である女性
労働者の子育ての環境について明らかにする。上
記の布施や堀の研究はどちらも戦時期の既婚女性
労働者像に迫る貴重な研究といえるが，未婚女性
労働者と比較したときに既婚女性労働者に特有で
あった保育の問題には触れていない。保育の問題
は母親である既婚女性労働者の階層性を色濃く反
映するものである。最後に女性労働者の労働現場
においては階層によって，また未婚・既婚の別に
よって，いかなる問題が生じ，その問題は戦時期
にいかに扱われたのかを明らかにしたい。
　なお本稿で既婚女性とするのは「昭和15年国勢
調査」の定義を参考に，届け出の如何にかかわら
ず調査時の実際の状態がパートナーを持つ状態に
あったもの（内縁関係も含む），またはパートナ
ーと離死別したものとする。

2　動員政策における既婚女性の位置づけ

　1939年以降，政府は労働力の枯渇から女性動員
政策を打ち出していく。政府による広報誌であっ
た『週報』[4]では，これまでに生活に余裕のないも
のは「産業戦線」に乗り出しており，今後動員す
るのは「生活に余裕のある層」だとしていた［情
報局，1943］。動員政策以前の段階において，経
済的必要性から労働をせざるを得ない下層の女
性たちは未婚，既婚を問わず賃労働に従事してい
た。政府がこの時期以降に行う動員政策の対象と
していたのは，それまで労働現場に出ていなかっ
た「生活に余裕のある層」の女性たちであった。
　しかしながらこの動員政策に際して政府が注力
したのは，「生活に余裕のある層」の中でも未婚
女性を労働力として引き出すことであった。1941
年の労務動員計画には男性の代替労働力として未
婚女性を動員することが初めて明示されたが，未
婚に限定された理由は，同年1月政府は「人口政

投稿論文　戦時動員政策と既婚女性労働者

表1　戦時期の女性動員政策の内容

年月日	動員政策	対象年齢	未婚女性	既婚女性	概要	関連事項
						1938年4月1日　国家総動員法
						1939年1月7日　国民職業能力申告令
						1939年7月4日　昭和14年度労務動員計画（以降昭和16年度まで策定）
1939年10月16日	労務動員計画実施ニ伴フ女子労務者ノ就職ニ関スル件				重工業における女性の適職について指導する。	
						1940年7月16日　昭和15年度労務動員計画
						1940年11月8日　勤労新体制確立要綱
						1940年11月23日　大日本産業報国会創立
1941年9月12日	昭和16年度労務動員計画				女子の動員の拡充強化を図る。	
1941年10月16日	国民職業能力申告令中改正に伴う青年国民登録の拡張				女子を新たに国民登録の要申告者に追加した。 16歳以上25歳未満の未婚女子を要申告者とした。	
1941年11月22日	国民勤労報国協力令	14歳〜25歳	○	×	勤労報国隊の編成 無報酬での勤労奉仕を行うこととなった。	
						1941年12月8日　労務調整令
1942年5月26日	昭和17年度国民動員実施計画策定ニ関スル件				前年度までの「労務動員計画」の名称を、「労務動員」から「国民動員」へと改めた。	
1943年1月20日	生産増強勤労緊急対策要綱				女子をもって代替し得る職場については、女子の使用標準率を定めて女子動員の強化を図った。	
						1943年3月18日　戦時行政特例法
1943年5月3日	昭和18年度国民動員実施計画策定ニ関スル件				女子で代替しうる職種に男子の就業を制限禁止する。 国民勤労報国隊の常設化と、動員対象の年齢拡張（女子12歳以上40歳未満）した。	
1943年6月15日	工場法戦時特例措置				工場法から産前・産後の休暇と哺育時間を除く母性保護規定が失われる。	
						1943年6月17日　労務調整令中改正
						1943年6月25日　学徒戦時動員体制確立要綱
1943年9月13日	女子勤労動員ノ促進ニ関スル件	14歳〜25歳	○	×	自主的に組織する女子勤労挺身隊 農村の女性労働力は食糧増産のため確保する。 「託児所ノ設置」に「特別ノ考慮ヲ払フコト」の記載有り。	
1944年1月18日	緊急国民勤労動員方策要綱				これより国民動員計画は四半期ごとに策定されることとなる。 しかし、戦争末期になると勤労動員の需給調整は至難な事態となり、昭和20年度の国民動員計画の策定は中止された。	
						1944年1月18日　緊急学徒勤労動員方策要綱
1944年3月18日	女子挺身隊制度強化方策要綱	12歳〜25歳（40歳）	○	×	強制参加を定める。 国民登録者の女子で「家庭ノ根軸タル者ヲ除キ」、身体の状況、家庭の事情を斟酌して選定する。 農業要員となる女子は選定しない。 結婚などやむを得ざる事由のある隊員には離隊を認める。 「未婚者」について、表現としては「独身者」が用いられており、厳密には配偶者と死離別した者も含まれる。 志願によって有配偶者や家庭の根軸者も隊員となることができる。	
1944年6月21日	女子挺身隊受入側措置要綱				「未亡人其ノ他ノ者」には、年齢、教養、人物等ヲ考慮して、将来寄宿舎における生活指導者に就かせるべく指導する。 「一般女子従業員、女子学徒等トノ均衡ヲ失セザルヤウ留意」する。	
						1944年8月8日　男子従業者ノ配置規正ニ関スル件
1944年8月23日	女子挺身勤労令		○	×	強制参加に法的根拠を与える。 対象は「国民登録者タル女子」としたが「志願ヲ為シタル場合ニ限リ隊員ト為ス」とされた。 1年間を超える場合は隊員の同意を必要とする。 「家庭生活ノ根軸タル者」は「志願ニ依ル場合ヲ除クノ外隊員ト為サザルモノ」とされた。	
						1944年8月23日　学徒勤労令
1944年11月10日	女子徴用実施並に女子挺身隊出動期間延長に関する件				女子現員徴用を開始する。	
1944年11月17日	労務調整令の改正				女子の雇入れの年齢範囲を「40歳未満」と引き上げた。	
						1945年2月18日　学校における授業の停止により、学徒の全面動員を実施する。
						1945年3月6日　国民勤労動員令

（注）　国民登録とは、国家総動員法第21条に基づき、労働力の質・量とその所在を明らかにするためのものであり、一般的な労働者に対しては「国民職業能力申告令」によって職業能力の登録が行われた。この「国民職業能力申告令」も、改正によって対象年齢範囲が広がっていったが、一貫して配偶者のある女子は適用除外者となった［法政大学大原社会問題研究所，1964］。

（出所）　以下の資料、文献、サイトより筆者が作成した。堀サチ子，1984，「十五年戦争下の女子労働」『歴史評論』（407）：14-29。法政大学大原社会問題研究所，1964，『太平洋戦争下の労働状態』東洋経済新報社。香野えみ子，1981，「太平洋戦争下の婦人労務動員について(1)」『宮城歴史科学研究』(16)：15-26。労働省，1961，『労働行政史　第1巻』労働法令協会。佐々木陽子，2001，『総力戦と女性兵士』青弓社。国立国会図書館（更新日：2013年3月12日）「昭和前半期閣議決定等収載資料及び本文」(http://rnavi. ndl.go.jp/politics/entry/post-30.php　2017年1月21日アクセス)。

策確立要綱」を策定しており，人口増産を目標として掲げていたためである。人口を増やすという目標を掲げる以上，既婚女性には子どもを産む母としての役割を担ってもらわなければならなかった［奥，2009］。

表1は1939年以降，矢継ぎ早に打ち出された女性動員政策の内容をまとめたものである。表からわかるように，既婚女性は法律や勅令等の法規範上は最後まで労働力の対象からははずされていた。従来の先行研究でも，動員政策において既婚女性が最後まで法規範の上では労働力の対象であると明記されなかったことは着目されてきた［堀，1991；早川，1993，30；佐々木，2001，38-39］。しかしながら法規範上，動員政策における労働力の対象とならなかった既婚女性というのは，あくまで「生活に余裕のある層」の既婚女性だと考えられる。経済的な理由から自ずと労働を行っていた既婚女性たちを，家庭に戻すという政策がとられたわけではない。1940年代前半における既婚女性有業者の推移がわかる統計がないため正確な数は不明だが，傍証として日中戦争を契機とする保育所の急増からは多くの既婚女性の就業がうかがわれる［鷲谷，1980］。この時期『写真週報』においても託児所の設置が要請されるようになり［奥，2009］，子どもを育てながら働く既婚女性が存在することを政府も認めていることがみてとれる。布施［1979b］が指摘するように，この時期に政府は生産力増強のために既婚女性の労働力の活用に注目していた。政府は動員政策がとられたとき既に賃労働をしていた既婚女性は，あえて一連の勅令や法律において明記せずとも働き続ける労働力として意識していたのである。

従来の研究において桜井［1987］は，戦時期において「国家からの要請として，婦人に二つの任務が課された」とした。ひとつは「生産増力にむけた全面的な勤労への参加，すなわち，『産業戦士』としての役割」であり，もうひとつは「戦力としての人的資源の確保，すなわち，『生めよふやせよ』の人口増殖に協力すること」であった［桜井，1987，64］。桜井の主張について状況をより正確に表現するのであれば，政府は未婚女性に

は労働の任務を，既婚女性には人口増大の任務をそれぞれ課したのである。しかし，実際には経済的事情からその両方を動員政策以前から担っていた既婚女性が存在した。この女性たちが真に「二つの任務」を課せられた女性たちであった。政府は経済的理由から賃労働をしていた女性たちは，労働条件への特別な配慮をしなくても働くものと期待していた。

3 女性労働の変化と既婚女性の労働

ここでは戦間期から戦時期にかけて女性労働がいかに変化し，その中で既婚女性はいかなる労働に就いていたのかについて考察する。まず1940年における女性有業者数を考察すると圧倒的多数が農業に従事しており，次いで工業，商業，公務・自由業，家事業と続いている（表2）。さらに配偶者別にみたとき，農業と商業では既婚女性が未婚女性を上回っていることがみてとれる。商業に多くの女性が従事したのは，当時の日本において小売業では家族経営が多数を占めており，農業と同じく家事・育児と経済的な利益を上げる活動とが近接していたためである。そのため家族が農村から都市に移動するにつれ，商業に従事することは女性が母または妻としての責任を果たしながら，世帯の収入に貢献する方法となっていった［トイバー，1964，124-126］。

既婚女性が農業と商業に次いで多く従事したのが工業である。日本資本主義において1931年以降の経済の構造変化は，直接には戦争の必要に基づいて生じたが，「産業構造の高度化，とくに重化学工業化」および「それに伴う人口構成・労働者構成の高度化」は，戦後の経済構造の基礎となるものであった［大石，1999，309-311］。第一次世界大戦の大戦景気をきっかけとして都市への人口集中がおこり，都市に居住する労働者家族の増大が起き，いわゆる満州事変の勃発はこの傾向に拍車をかけた。都市への人口移動と下層的世帯の増加により，都市生活者の家庭は女性を重化学工業の労働者として送り出す「給源」となった［広田，1961］。都市下層の妻の有業率は明治中期には約

投稿論文　戦時動員政策と既婚女性労働者

表2　産業，配偶別にみた女性有業者数（1940年）

	未　婚	既　婚	総　数
農　業	1,366,073	5,758,767	7,124,840
工　業	1,226,497	685,057	1,911,554
商　業	680,906	1,174,427	1,855,333
公務，自由業	399,447	278,977	678,424
家事業	562,831	102,467	665,298
交通業	118,801	30,846	149,647
鉱　業	26,360	40,377	66,737
水産業	14,067	51,958	66,025
其の他の産業	9,214	53,352	62,566
合　計	4,404,196	8,176,228	12,580,424

（注）　1：有業人口には，一時的に家族の家業を補助する者，学生や家庭の主婦な
　　　　　どで片手間に職業に従事するものなどは含まない。
　　　　2：有業人口には，前職の経験がなく，はじめて就業するために仕事を探し
　　　　　ていた者，つまり前職のない失業者を含まない。
　　　　3：有業人口は年齢の制限がなく，年少の有業者を含む。
　　　　4：配偶関係は，届け出の如何にかかわらず，調査時の実際の状態によるこ
　　　　　ととし，したがって内縁関係の場合でも有配偶に含まれる。
　　　　5：配偶関係は次の3種類に分けられるが，有配偶と死離別を併せて既婚と
　　　　　した。未婚…まだ結婚したことのないもの。有配偶…現に配偶者のあるも
　　　　　の。死離別…配偶者に死別または離別して現に独身のもの。
（出所）　総務省統計局「昭和15年国勢調査」より筆者作成。

8割ほどであったが，大正中期になると5割を下回り，大正末から昭和初期にかけては約2割5分となった。妻の有業率は急速に低下してきたが，昭和恐慌の影響下ではほぼ横這いに推移した。しかし，「被救護世帯」においては世帯主の「無業者」の比率が高かったことから，妻の有業率は51.2％と極めて高かった［中川，1985，311-314，350-351］。明治中期以降「家族としての世帯を形成すること自体が困難であった都市下層」は，「世帯を形成して都市に何とか定着できる生活の枠組みを獲得」し，「家族の機能」を強めていった。特に最下層における妻の有業率の高さは，都市下層が「『下層社会』としての完結性から脱出して，個々の世帯として都市社会の中にしっかりと組み込まれてい」く中での「家族としての世帯」の形成において，既婚女性の労働が重要な役割を果たした可能性を示唆していると考えられる［中川，1985，367］。このような労働力の供給側の事情があった一方で，1930年代に始まる重化学工業化により重工業の部門に労働力需要が生まれた。また産業の高度化からもたらされる管理部門や販売部門，会社の設立と拡張による事務部門の

役割も高まった［香野，1982］。これらのことを背景として都市出身の女性労働者が増えるとともに，彼女たちが単純労働や補助労働の分野に吸収されていく条件が築かれていった。

上記のような状況に動員計画が加わって，女性の就業構造の変化が引き起こされていった。工業は戦時期に不急産業から軍需産業へと転換され，重化学工業に労働力が集中していった。重化学工業に従事した女性労働者は先に述べた事情から，農村出身者が圧倒的多数を占めた繊維産業の場合とは対照的に農業を営む家庭の出身が少なく，都市生活者とみられる工業，商業，公務・自由業等の家庭の出身者が多かった［広田，1961］。

重化学工業を中心とした労働力は都市通勤工を主体とするものとなった。1928年に工場監督官補として登用された最初の女性である谷野せつは，1939年に「東京，神奈川の諸府県に於ける特定の機械工場」42工場に働く5680名の女性労働者の父兄の「生業関係」を調査した。それによれば父兄の生業が農業である女性労働者の割合は18％に過ぎず，機械工場の女性労働者は「大都市出身者の多数であること」を指摘している。厚生省労働局

が行った工場法適用工場における「寄宿女工数」の調査によれば、1938年時点で染織工場の「女工数に対する寄宿工の割合」は64.0%であるが、一方で機械工場では1.7%となっていた。これらのことから谷野は、機械工場における女性労働者の「特異性」として「都市出身の通勤女子が主体である」ことを指摘した［昭和研究会事務局，1940，6-9］。さらに重化学工業に従事していた女性は、繊維産業に比べ既婚者が多かった。農村出身の出稼労働を中心としていた「女子労働の型が、戦時経済過程のなかで大きく変貌して」いった［竹中，1968，306］。

また女性労働者の出身属性としては都市下層の無業女子のほか、夫が戦死傷した妻や遺家族があげられ、その就業の理由として最も多いのは生計上の理由によるものであった。これは戦時期、実質賃金の低下と家計支持者である青壮年男子の不在によって、家計は妻や母の内職や賃労働に支えられざるを得ない状況が生み出されていったためである。重化学工業は繊維産業に比して高賃金であったといえ、既婚女性がより多くの収入を得るためにこの労働に就いたと考えられる［布施，1979b；塩田，1984；堀，1991］。

さらに重化学工業も基本的には未婚女性が多くを占めたが、未婚女性に比べ既婚女性の就いた仕事の作業内容は重労働であり肉体的な負担が大きかった［塩田，1984］。厚生省労働局が機械工場の女性労働者の中で既婚女性が占める割合を調査しているが（調査女工数12万3426名，1939年8月末時点），「軽作業を主体とする器具工場，機械工場」ではその割合は低く、器具製造業で9.6%，機械製造業で13.3%である。しかし，「多少筋肉的労作を含む金属品工場や船舶車輌工場」で既婚女性の割合は増加し、金属品製造業では23.3%，船舶車輌製造業では20.6%を占めている。さらに「重筋的作業に属する金属製錬〔ママ〕工場」では、42.7%が既婚女性によって構成されていた［昭和研究会事務局，1940，7］。

以上にみてきたように戦時期には「女子労働の型」に変化が起きた。重化学工業には都市出身の女性が多く従事し、さらに繊維産業に比べ既婚女性が多かった。戦時下において家計は母や妻の労働に支えられる状況となり、既婚女性は自らの労働で収入を得るべく労働現場へと出て行った。既婚女性の就いた仕事は未婚女性に比べ重労働であり、肉体的な負担が大きかった。

4　既婚女性労働者の階層と子育て

さて上記では既婚女性がいかなる労働に従事したのかについてみてきたが、ここでは母親である女性労働者の子育ての環境について明らかにする。

乳幼児を一定時間預かる保育所のような施設の始まりは、明治期における子守学校であった。その後、日本資本主義の基盤の形成のなかで女子労働力不足への対策として、子持ちの女性労働者が退職するのを引き止めるための「工場附設託児所」がつくられるようになる。しかし、機械の改良や合理化によって紡績工場などでは女性熟練労働者が不要になり、未婚女性が女性労働者の多くを占めるようになったことから職場託児所は閉鎖されていった［橋本，1992，115-117；2006，34-35］。

一方で都市の下層社会の子どもたちを対象とする民間保育所が、篤志家、慈善事業家によって全国に広がった。また公的保育施設は「細民事業」、「隣保事業」として昭和恐慌以降の失業と貧困の時代に数を増していった［塩崎，2004；橋本，2006，35-40］。子どもが増えていくことが働き手の増えることにつながった農村とは異なり、都市では子どもが増えるごとに支出もかさんだ。また農村とは異なって子どもを育てる物理的な空間も限られていた［トイバー，1964，178］。そのため都市の労働者にとって、労働を続けるために子どもを預けることのできる保育施設は欠かせないものであった。

戦前の保育施設は上記のような過程をたどるが、図1は1940年9月から1942年3月にかけて行われた『本邦保育施設に関する調査』にみる、児童の家庭に関する入所条件である。家庭に関する入所条件をみると、生活層について幼稚園では華族、中流以上、よい環境のものという条件を設けてい

投稿論文　戦時動員政策と既婚女性労働者

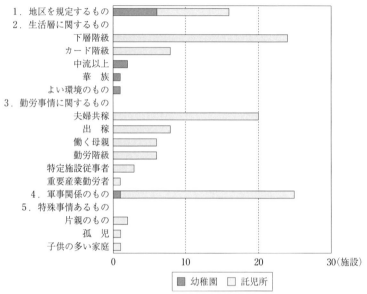

図1　家庭に関する入所条件

（注）1：この調査結果は，第2回調査票（「保育内容」）によるもので，総数386施設の回答から得られたものである。
2：「カード階級」とは，救貧対策において，貧困層を方面委員が調査カードに記録したことから，被救済者をこのように呼ぶようになった［塩崎，2004］。
（出所）中央社会事業協会社会事業研究所・愛育会愛育研究所，1943，『本邦保育施設に関する調査』：200-203より筆者作成。

る一方で，託児所では「下層階級」，「カード階級」という条件を設けていることがわかる。また勤労事情については，幼稚園には勤労事情について条件を設けるものはない一方で，託児所では夫婦共稼ぎであることを条件にあげるものが最も多く，次いで出稼ぎ，母親が働いていることとなっている。『本邦保育施設に関する調査』では，3歳未満児を預かる保育施設に在籍する児童の母親の職業についても調査している。最も多いものは女工で30人，次いで雑役婦・日雇と内職がそれぞれ20人，商業が18人，行商・屑買いが12人と続き，ほかに仕立屋5人，炊事・洗濯婦4人，家政婦・女中3人，結髪1人などとなっている。さらに乳幼児が保育施設に託される理由としては，両親がともに働いている，片親である，また家業多忙のためなどとなっている［中央社会事業協会社会事業研究所・愛育会愛育研究所，1943，367-370］。これらのことから幼い子どもを保育施設に預けて働いた既婚女性は下層の女性であったことがみて

とれ，従事した仕事が片手間には育児をすることのできないような労働であったことが推測される。

しかしながら保育施設の需要に対して，供給は不十分であったものと考えられる。上記調査では3歳未満児を預かる施設において，調査時点直前の1箇月間に受入れを断ったことのある施設があったことが示されている。3歳未満児については「母が就労する場合に最も手足纏」となり，「3歳未満児託児所設置の諸方策実現のための保育制度の根本的刷新の必要」があるとされた［中央社会事業協会社会事業研究所・愛育会愛育研究所，1943，368-369，580-585］。

上記にみたように政府は既婚女性の労働力の活用を目論んでいたため，子育てをする既婚女性には保育所が必要であることを認識していた。保育所は1938年に社会事業法による適用事業とされ，国庫補助の道が開かれるようになった。しかし，「政府は戦時下における保育所の重要性を強調しながら，これに対して積極的に予算措置を講ずる

ことなく，政府は地方自治体に，地方自治体は民間団体や住民組織にやらせようと」した［鷲谷，1980，23-24］。政府は保育所を急増させたが，その運営を担保するような予算の確保はなされていなかった。

女性を工場に動員するために戦時託児所が奨励され，1944年には幼稚園，国民学校，女学校，寺院の一部を借りて戦時託児所が設置された［塩崎，2004；橋本，2006，35-40］。労働者の働く現場にも企業内託児所が設置されるようになった。しかし，保育施設の急増に保母の数は追いつかず，またスペースは確保されたとしても子育てに適した保育環境は整えられなかった。例として，工場託児所は作業場や女子寄宿舎などを共用するものや［本多，1943］，「特別な施設はなく面接室の畳敷を授乳所にあてゝゐる」［安藤・藤井，1944，68］というものであった。警視庁労生課の池田きみ枝による託児所の調査では「先づ第一に挙げるべき問題は工場託児所の設備の不完全な事」と指摘され，さらに保母の不足から「保育問題に全然無関心な教養の無い一工員に依つて」保育が行われている状況も問題とされた［池田，1943，214-215］。

以上のように，戦時期において子どもを保育施設に預けて働かなければならなかった女性は下層の女性たちであり，保育の問題は既婚女性労働者の階層性を色濃く反映した。政府は既婚女性の労働力を活用するために保育所を急増させたが，その運営を担保するような予算の確保はなされなかった。政府は1938年に厚生省を創設し，戦時人口政策を遂行すべく女性が子どもを産むことを奨励した［玉井・杉田，2016，189-190］。しかし，下層の母親たちは自ずと労働するだろうと期待した政府は，子育てをしながら働く母親への配慮は十分には行わなかった。従来戦時期の保育についての研究は鷲谷［1980］のように社会福祉の観点から進められてきたと考えられるが，戦時期の保育状況は母親である労働者の労働環境の問題にも光を当てることができる。布施や堀による先行研究で指摘されなかった保育の問題は，戦時期の既婚女性の生殖にまつわる困難を，人口政策という視点からだけでなく，労働との両立という観点から

再検討することに寄与するものである。

5　女性労働者の中に生まれた軋轢

さて労働現場において既婚女性たちにはいかなる問題があったのか。経済的に豊かで働く必要のない階層に属する未婚女性を動員するためにとられた動員政策としては勤労報国隊や女子挺身隊の編成があった。しかし，これらには父母の反対が強く結成は円滑には行われなかった[11]。それは農村，都市を問わず，中流以上の階層では女子は女学校卒業後，家居し，裁縫，料理などを習い結婚するのが「良家の娘の条件」という観念を持つ者も多かったためである。その場合，職業を持つこと自体，縁遠くなると倦厭されたが，まして工場労働は卑賤視され嫌がられた［板垣，2005］。そのような現状に際し政府の企画院による「国民動員計画問答」では「今までは職場に働くことを嫌ひもし，また何んだか職業婦人になることを卑下した気風があつた」が，「さういふ社会風潮を打破」するように，「中流以上の家庭にかういふ気分を大いに培つて」もらいたいとした［情報局，1943］。政府が主導して働くことを蔑視する観念を払拭しようと努めたのである。

そのような時代であったため，本来は労働をする必要のない経済的に豊かな家庭の女子たちを動員する勤労報国隊や女子挺身隊の結成には多くの配慮がなされていた。会社側の不安もひとしおで，凸版印刷の村瀬敬三は勤労報国隊について，地方の女子部隊は「大体19から21，2歳位のお嬢さんで，中には百萬長者の息女もあれば，市長さんの娘さんもゐる」とし，「そんな人達の作業指導，生活指導など，考へまはせばまはすほど，果たしてうまく行くかどうか，非常に心配であつた」と述べている［村瀬，1944，101-102］。

ところで，勤労報国隊や女子挺身隊ではなく動員政策が行われる以前から労働していた女性たちは当時「一般女子工員」，「常用工員」などと呼ばれていた。この女性労働者たちと，勤労報国隊や女子挺身隊などの女性たちとの扱われ方の違いは著しかった。警視庁が発表した「女子勤労挺身隊

に関する要綱」では，女子挺身隊には「厳粛なる入所式を行」うことが重要視され，この要綱の解説でも入所式には「社長以下幹部職員出席して隊員の士気昂揚に力められたい」としている。また一般女子工員との均衡を欠いたとしても勤労挺身隊の勤労時間には「大局的見地に立ち，寛大な親心を以て臨んで貰ひたい」とした［『労務時報』1944年2月3日］。ある飛行機工場では挺身隊の家庭状況について「中流以上が大部分を占めてゐる」としているが，その働きぶりについて「一般女子工員に比して体格及技能に於て遥かに優秀であり，作業に対する熱意に於ても勝れ」ており，一般女子工員よりも作業能率が高いと評価している［『労務時報』1944年1月27日］。これには出身階層の違いにともなう学歴の差も影響しているといえるが，一般女子工員に比して，報国隊や挺身隊が職場において「とかく特別に待遇」され［『朝日新聞』1944年6月8日］，「勤労報国精神を昂揚せしむる」ように配慮されていたことによるものでもあるだろう［『労務時報』1944年2月3日］。

しかしながら職場では，挺身隊と一般女子工員との軋轢も生じた。それはまず上記のような意図で，待遇や作業に対して会社側が差を設けたことから生まれた摩擦であった。さらに挺身隊には健康や家庭の事情で欠勤する者も相当にあり，一般女子工員の中には隊員に対して疑義を持ち，反感を抱く者もいた。また挺身隊員の中には一種の奉仕をしているという自負を隠し切れない者がおり，一般女子工員は「都合によつては身を退くことの出来る」挺身隊員を「お嬢さんの暇つぶしとして冷たい目で」みるという実態があったのである［『大阪府及兵庫県下女子勤労挺身隊管理状況調査』1944年；『朝日新聞』1944年6月8日［12]。この時期，女子の賃金は男子の賃金にやや近づく傾向にあったが［香野，1982］，労働を奉仕と同義語化させた皇国勤労観のもとで賃金の上昇は抑制されたと思われる［佐々木，2001，45-46］。さらに挺身隊の女性自身にも，国家のために奉仕労働をしている自分たちは，社会的関心を示さず金銭のために働く「女工」とは異なるという階層意識を

持っている場合もあり［板垣，2005］，ゆえに女性の低賃金が維持される側面もあったと考えられる。

そのような現状から，警視庁も挺身隊と一般女子工員との摩擦を軽減するために通牒を発するようになる。警視庁はさらに挺身隊に対しての特殊な取扱いを廃し，「一般女子従業員に対すると同様たらしめ」，「協同女子勤労体制」を確立するようにと注意するようになる［『労務時報』1944年7月27日］。このように立場の異なる女性たちの軋轢を解消し円滑な業務が行われるために，警視庁の「女子勤労管理指導要綱」では，賃金について挺身隊に「月給制」を導入した場合には，一般女子工員にも同様に実施して差別感を一掃するように，また工場給食，物資の配給，作業服についても両者を同様に取り扱うよう指導した［『朝日新聞』1944年7月12日］。また親睦会や座談会が開かれたり，一般女子工員の呼び名を「現員挺身隊」と呼んだりするなど，労働現場ではさまざまな方策がとられた［『大阪府及兵庫県下女子勤労挺身隊管理状況調査』1944年］。1944年の『女子挺身隊受入側措置要綱』では挺身隊への配慮は引き続き行いながらも，特に「就業時間，休憩及休日」と「給与及扶助等」について定めた「従業条件」の項目において，「一般女子従業員」との「均衡ヲ失セザルヤウ留意」するように求めた。このような政府の方策により，挺身隊の女性たちと一般女子工員との待遇の差が縮まる可能性があった。

以上のように経済的に豊かな階層に属する未婚女性を動員するために，政府は報国隊や挺身隊として労働現場に出た女性たちに特別な配慮をした。しかし，そのために挺身隊と一般女子工員との間には摩擦が生まれ，政府は，今度は挺身隊の女性たちと一般女子工員たちとの差を一掃しようと試みた。挺身隊と一般女子工員との待遇の差の是正を行おうとする動きがあったことにより，動員政策以前から賃労働をしてきた労働者に労働環境の改善がみられた可能性がある。特に，挺身隊は基本的に未婚女性であったため，挺身隊と一般女子工員の待遇の差の是正がなされると，未婚女性同

士の労働条件は均衡する場合もあったと考えられる。しかし，出産や育児など既婚女性に特有な問題に対する保護は等閑視されたままであった。前述した1944年に発表された『女子挺身隊受入側措置要綱』では上記にみたような挺身隊と一般女子工員の待遇の差の是正が盛り込まれ，受入れ側の留意点がまとめられた。しかし，出産や育児についての問題はこのタイミングを契機とする改善もなされず，既婚女性には未婚女性にはない労働生活の困難があったと考えられる。

その一例として，妊娠，出産期の既婚女性に必要な方策について述べれば，1943年に戦時行政特例法が制定され工場法戦時特例措置がとられることとなった。ここで工場法における女性労働者保護規定であった就業時間制限，深夜業禁止，休日・休憩時間を，厚生大臣の指定する工場には適用しないこととなった。また危険有害業務についても厚生大臣の定めた業務には就業させることを許可した。この時点で女性労働者保護は産前・産後の休暇と哺育時間のみになる［白石，1980；堀，1984；高橋，2008］。しかし実際のところはこれらの保護規定も不十分であった［谷野，1939］。

「二つの任務」を担うこととなった下層の既婚女性の労働実態を，動員政策以前から女性労働研究に関わった研究者や官僚，産業報国会女性指導者などが問題にし，その改善の必要性を指摘した。例えば工場監督官補であり産業報国会の女性指導者でもあった谷野は，「産前産後の休養」が十分に利用されていないのは，休養中に平常通りの収入が得られないため，また欠勤することによって職場に迷惑をかけまいと仕事に就くものがいるためだとした。また哺育時間も収入減への懸念や授乳施設の不備，職場への遠慮から十分に機能していないとしている［谷野，1943］。しかし，政府はそれらの指摘を相手にすることはなかった。経済的な必要性によって自ずと労働現場に出てくる既婚女性に対し，政府は方策を講じて配慮する必要はなく，出産や育児など既婚女性労働者に特有な問題への配慮はみられなかった。

6　おわりに

以上にみてきたように，戦時期に政府は経済的理由によって賃労働をしていた女性たちは，あえて一連の法律や勅令において明記せずとも働く労働力として意識していた。政府は下層の既婚女性に，人口増大と労働力の提供という「二つの任務」を課したのである。幼い子どもを保育施設に預け賃金労働をした女性は，下層の既婚女性であった。保育の必要性の高まりから政府は保育施設を急増させたが，その運営を担保するような予算の確保はなされなかった。

戦局が悪化する中で，本来は働く必要のない階層の未婚女性を動員するに当たっては，政府が主導し特別な配慮がなされた。しかし，そのために職場において女子挺身隊と一般女子工員との軋轢が生じるようになる。軋轢を解消するため待遇の差の是正が行われると，未婚女性同士の労働条件は均衡する場合もあったと考えられる。しかし，経済的な必要性から賃金労働をせざるを得ない既婚女性たちには特別な配慮をしなくても働くものと期待した政府は，彼女たちに特有な労働環境における問題の改善を行うことはなかった。既婚女性の労働問題を指摘する研究者や指導者はいても，政府は相手にせず，出産や育児など既婚女性労働者に特有な問題への配慮はみられなかった。

戦時期においては人口増産という視点から子どもの数を増やすことが至上の目標となり，政府は女性にとかく「産ませよう」とした。しかし，生まれた子どもを「育てる」という視点は欠如していたといっても過言ではなかった。既婚女性労働者が子育てをしながら，いかに労働を続けられるようにするか，という社会政策的視点からの配慮はなかったのである。今日の女性の就業継続に関わる課題は今に始まったことではない。国家の存亡をかけていた戦時期の既婚女性の労働実態の解明は，現代日本における女性の就業継続の課題を浮かび上がらせる。

注

(1) 論考の中で部分的に戦時期の既婚女性労働者について分析されている研究としては，田辺［1967；1989］，香野［1981；1982］，塩田［1984；1986；2000］，早川［1991；1993］，板垣［2005］，奥［2009］などがあげられる。

(2) 板垣［2005］は戦時下における女性の活動の，階層，地位，世代による差異を指摘している。

(3) 加納［1987］は戦争協力を行った国防婦人会への女性の参加について「これまで家にだけ閉ざされていた女たちにとっては，一つの〈解放〉であった」と述べている［加納，1987，70-72］。また板垣［2005］は「娘が職業に就くことを認めない親や，妻が内職をしたり外出したりすることを嫌がる夫の拘束から，戦争が娘や妻を解き放った」と分析している［板垣，2005，170］。

(4) 『週報』は政府による国策広報を目的とした雑誌であり1936年11月に創刊された。内容は，「法令，法案の解説」や「各種政策の解説」などであった。時局が悪化する中でより国民の理解を容易にし国策の広報宣伝効果を高めるために，写真を主体とした『写真週報』が1938年2月に創刊された［大蔵省印刷局編，1936；清水，2008］。

(5) 戦前の保育所は常設保育所と農村の季節保育所に分けられる。常設保育所は1937年には885箇所に過ぎなかったが，1938年には一挙に1495箇所となり，その後第二次世界大戦の始まった1941年には1718箇所，1944年には2184箇所と戦時期を通して著増した。また季節保育所も1937年に1万1447箇所であったものが，1938年には1万8204箇所となり1941年に2万8357箇所，1944年に5万320箇所と激増した。なお鷲谷によれば政府は保育所の「全体の数は正確に把握していなかった。したがって，政府統計そのものがあいまいで，戦時中の常設保育所の実数は今もって明らかでない」という［鷲谷，1980］。

(6) 『女子労働に関する報告』は当初，谷野が昭和研究会労働問題研究会委員として研究会に提出したものであった。「労働実情が殆ど明らかにされる」ことがなかった当時，貴重な調査資料を官民に広めるため昭和研究会事務局が刊行するに至った［昭和研究会事務局，1940，例言］。

(7) 公立保育がまがりなりにも行われるようになるが，昭和恐慌による失業と貧困の時代に労働者は自らの手で婦人の労働権と乳幼児の生存権を同時に保障する，無産者託児所の創設に乗り出していく。しかし戦時体制下の弾圧により，治安維持法で関係者の検挙が続き閉鎖されていくこととなった［塩崎，

2004；橋本，2006，37-40］。

(8) この調査は中央社会事業協会社会事業研究所と恩賜財団愛育会愛育研究所によってなされた，第二次世界大戦当時の保育施設の実態を知ることのできる唯一の資料ともいうべきものである［鷲谷，1980］。

(9) 『本邦保育施設に関する調査』の第2回調査票（「三歳未満児保育施設」）は，124の調査票を送付し49施設の回答を得た（回答率39.5%）。調査票のうち母親の職業について尋ねた項目の質問文は「在籍児童の家庭の母の職業名（母のない子供は父又は世帯主）を具体的に列挙して下さい」となっており，職業名と人数を記載させるようになっている［中央社会事業協会社会事業研究所・愛育会愛育研究所，1943，12，調査票］。

(10) 保母の地位が非常に低かったことも指摘されている［池田，1943］。戦時社会政策の研究の中では工場における授乳室や託児所についても分析がなされ，古沢［1943］は工場託児所の「現在の急務は，職員の養成，地位・待遇の改善である」と指摘した［古沢，1943，155-164］。

(11) 勤労報国隊や女子挺身隊へは既婚女性も志願すれば入隊できることとなっていたため，勤労報国隊員や女子挺身隊員として労働に従事した既婚女性も一定程度いたと考えられる［堀，1991］。

(12) 女性には挺身隊に自ら志願しなければ「引張られる」という警告がなされた。しかしながら「上層階級の娘たちは，多くの場合，彼女らの父や親戚の会社に女子事務員として巧みに雇われ，強制労働を免れることができた」という実態もあった［コーヘン，1951，75-76］。

引用文献

安藤政吉・藤井峰子，1944，「某化学工場に於ける賃金並に生活事情調査報告（その4）——女子工員生活事情調査報告附帯調査」『労働科学』21（3・4）：62-70。

『朝日新聞』1944年6月8日（鈴木裕子編，1994，『日本女性運動資料集成　第6巻　生活・労働Ⅲ　十五年戦争と女性労働者・無産婦人運動』不二出版，621-622）。

『朝日新聞』1944年7月12日（鈴木編，1994，前掲書，623-624）。

中央社会事業協会社会事業研究所・愛育会愛育研究所，1943，『本邦保育施設に関する調査』。

コーヘン，J. B.／大内兵衛訳，1951，『戦時戦後の日本経済　下巻』岩波書店。

古沢嘉夫，1943，『婦人労務者保護』東洋書館。

投稿論文　戦時動員政策と既婚女性労働者

布施晶子，1979a，「戦前の労働者家族の状態（上）
　　──既婚の婦人の就業を中心に」『歴史評論』
　　(347)：84-97。

───，1979b，「戦前の労働者家族の状態（下）
　　──既婚の婦人の就業を中心に」『歴史評論』
　　(348)：78-91。

橋本宏子，1992，『女性労働と保育──母と子の同時
　　保障のために』ドメス出版。

───，2006，『戦後保育所づくりの運動史──「ポ
　　ストの数ほど保育所を」の時代』ひとなる書房。

早川紀代，1991，「戦時期の母性論」東京歴史科学研
　　究会婦人運動史部会編『女と戦争　戦争は女の生活
　　をどう変えたか』昭和出版，245-274。

───，1993，『戦時下の女たち──日本・ドイツ・
　　イギリス』岩波書店。

広田寿子，1961，「統計からみたわが国女子雇用の構
　　造」『社会政策学会年報　第9集　婦人労働』：28-
　　69。

本多松平，1943，「男子就業禁止と女子代替」『社会政
　　策時報』(279)：43-56（協調会，1979，『社会政策
　　時報（合本12）』原書房）。

堀サチ子，1984，「十五年戦争下の女子労働」『歴史評
　　論』(407)：14-29。

───，1991，「十五年戦争における女子労働政策と
　　既婚女子労働者」東京歴史科学研究会婦人運動史部
　　会編『女と戦争　戦争は女の生活をどう変えたか』
　　昭和出版，133-152。

池田きみ枝，1943，「工場に於ける女子勤労要員と託
　　児所の調査」『児童研究』41⑽：210-216。

入山洋子，2003，「総動員体制下における『勤労奉
　　仕』」『洛北史学』(5)：77-103。

板垣邦子，2005，「農村」早川紀代編『戦争・暴力と
　　女性2　軍国の女たち』吉川弘文館，144-172。

情報局，1943，『週報』(346)：27-28。

加納実紀代，1987，『女たちの〈銃後〉』筑摩書房。

香野えみ子，1981，「太平洋戦争下の婦人労務動員に
　　ついて⑴」『宮城歴史科学研究』⒃：15-26。

───，1982，「太平洋戦争下の婦人労務動員につい
　　て⑵」『宮城歴史科学研究』(17・18合併)：15-28。

北川信編，1985，『婦人工場監督官の記録　谷野せつ
　　論文集（下）』ドメス出版。

村瀬敬三，1944，「勤労報国隊管理の実際」工場管理
　　研究所編『勤労報国隊と女子挺身隊』三和書房，88
　　-112。

中川清，1985，『日本の都市下層』勁草書房。

奥健太郎，2009，「戦時下日本の労務動員と政府宣伝
　　──『写真週報』に描かれた女性労働」『法学研究』

慶應義塾大学法学研究会82(2)：329-356。

大石嘉一郎，1999，『日本資本主義史論』東京大学出
　　版会。

大蔵省印刷局編，1936，「『雑報』から『週報』へ」
　　『官報』(2931)：（雑報）1。

『大阪府及兵庫県下女子勤労挺身隊管理状況調査』
　　1944年（鈴木編，1994，前掲書，734-744）。

齊藤勉，1997，『新聞にみる　東京都女子挺身隊の記
　　録』のんぶる舎。

桜井絹江，1987，『母性保護運動史』ドメス出版。

佐々木陽子，2001，『総力戦と女性兵士』青弓社。

佐藤千登勢，2003，『軍需産業と女性労働──第二次
　　世界大戦下の日米比較』彩流社。

清水唯一朗，2008，「国策グラフ『写真週報』の沿革
　　と概要」玉井清編『戦時日本の国民意識──国策グ
　　ラフ誌『写真週報』とその時代』慶應義塾大学出版
　　会，1-48。

『労務時報』(253)，1944年1月27日（鈴木編，1994，
　　前掲書，639-647）。

『労務時報』(254)，1944年2月3日（鈴木編，1994，
　　前掲書，647-652）。

『労務時報』(279)，1944年7月27日（鈴木編，1994，
　　前掲書，653-660）。

塩田咲子，1984，「戦時期日本の女子労働について」
　　『高崎経済大学論集』高崎経済大学27(1)：109-135。

───，1986，「戦時期の女子労務管理──女子保護
　　の背景」『婦人労働』⑾：84-91。

───，2000，『日本の社会政策とジェンダー──男
　　女平等の経済基盤』日本評論社。

塩崎美穂，2004，「『公立託児所』成立期再考──近代
　　日本における公的保育思想」『保育学研究』42(2)：
　　71-79。

白石玲子，1980，「戦時体制下における母性保護法制
　　の動向」『阪大法学』大阪大学大学院法学研究科
　　(114)：29-62。

昭和研究会事務局，1940，『女子労働に関する報告』
　　昭和研究会。

総務省統計局「昭和15年国勢調査」。

高橋保，2008，「戦時下の女性労働政策（2・完）」
　　『創価法学』創価大学法学会37 (2/3)：1-17。

竹中恵美子，1968，「恐慌と戦争下における労働市場
　　の変貌」狭間源三編集代表『講座　日本資本主義発
　　達史論　Ⅲ恐慌から戦争へ』日本評論社，271-331。

玉井金五・杉田菜穂，2016，『日本における社会改良
　　主義の近現代像──生存への希求』法律文化社。

田辺照子，1967，「戦時中の女子労務管理」『労務研
　　究』20(3)：2-5。

───，1989，「第二次大戦と婦人労働」『明治大学社会科学研究所紀要』明治大学社会科学研究所27(2)：231-242。

谷野せつ，1939，「事変下に於ける工場婦人の労務事情と其の保護方策──特に乳幼児保護の基底としての婦人労務者保護に就いて」『社会事業』23(7)：17-25（赤松良子，2002，『戦前婦人労働論文資料集成 第1巻 一般』クレス出版，813-821）。

───，1943「女子労務の問題」『産業福利』（北川編，1985，前掲書，197-204）。

トイバー，アイリーン・B.／毎日新聞社人口問題調査会「日本の人口」翻訳委員会訳，1964，『日本の人口』毎日新聞社人口問題調査会。

鷲谷善教，1980，「戦時下における母子対策と保育政策」『日本社会事業大学研究紀要　社会事業の諸問題』日本社会事業大学26集：1-41。

(2017年2月28日受理／2017年7月26日掲載決定)

（ほりかわ　ゆうり：中央大学）

書評

BOOK
REVIEWS

山田壮志郎
『無料低額宿泊所の研究：貧困ビジネスから社会福祉事業へ』
明石書店，2016年

岩永　理恵

1．はじめに

　本書は，近年たびたび話題にのぼるが「地味でマイナーな世界」(iv)[1] という無料低額宿泊所の歴史と政策動向をまとめ，その現状について多角的な調査に基づき論じたものである。無料低額宿泊所（以下，無低と略す場合がある）について調査に基づき包括的に論じた類書はなく，問題が起こるたびに各所で論じられてきた点がまとめられていて，今後，無低問題に関心のある方にとって必読の書であろう。

　とはいえ，本書を読むべきは無低に関心のある方のみではないことを強調したい。無低をめぐる問題とその分析からは，社会政策，社会福祉の展開と現状を考察する示唆が得られ，「地味でマイナー世界」に留めてはいけないと考える。本稿では，この観点から評者の解釈を論じ，本書の評価を述べてみたい。その準備として第2節では簡単に本書の概要を述べ，第3節で本書の意義，第4節で論点を提示する。

2．本書の概要

　著者は，ホームレス支援を研究されてきて，「2000年代に入ってホームレスへの生活保護の適用が進んだこと」は評価する一方，「ホームレスへの生活保護開始件数の60％」は無低で，「一般住宅での開始は4％に過ぎない」(iii) ことを問題と感じた。無低に依存しないホームレス支援の枠組みを作ることが研究動機である。

　これが前提にあって，本書のテーマは，「社会福祉事業であるはずの無料低額宿泊所の中から，なぜ『貧困ビジネス』と呼ばれるような，社会福祉法の理念と乖離した施設が現れるのか」(3)，その背景を検討し，解決策を見出すことにある。現状では，利用者，福祉事務所，事業所のそれぞれが無低を必要とする状況にあり，そうでない状態をいかに作っていくかを本書の課題とする。

　なお，本書が研究対象とする無料低額宿泊所とは，社会福祉法第2条第8項の【生計困難者のために，無料又は低額な料金で，簡易住宅を貸し付け，又は宿泊所その他の施設を利用させる事業】の第2種社会福祉事業だが，同法によらない無届施設も分析対象である。ただし，「現存の無料低額宿泊所は，法解釈上は第1種社会福祉事業」(20)，つまり同法第2条第2項第1号の第1種社会福祉事業の宿泊所に該当するとする。

　第1章は「無料低額宿泊所の歴史的展開」とし，明治・大正期から戦後までの展開を素描する。「産業革命期に現れた都市貧困層の居住ニーズに対応するため篤志家による慈善事業として明治期に誕生した宿泊所」から，大正期には経済保護事業の一環に位置づけられた。宿泊所は社会事業法に位置づけられ，戦後の新たな社会事業法においてもその位置は変わらない。「宿泊所を含む社会福祉事業には，それを利用する人々の人権を擁護し生活問題を解消することが使命として与えられ，それを公的に担保するものとして法的な規制と監督の下に置かれている」(54) とする。

　第2章は「無料低額宿泊所をめぐる政策動向」として，無低をめぐる訴訟，国のガイドラインと地方自治体による条例制定，住宅扶助基準改定とガイドライン改定の要点をまとめている。2000年代の無低対策の政策動向は「規制ルート」（無低運営への規制，処分権限の強化），「補助金ルート」（無低で行われているケアの対価支払い），「転宅ルート」（一般アパートへの転居）の三つが

あると整理する。

第3章は，行政文書開示請求により入手した集計結果をもとに，厚生労働省が実施した全国の無料低額宿泊所の調査結果を紹介し，無低の実態を明らかにしている。第4章から第7章は，著者が中心となって実施してきた調査結果の報告が主である。第4章は「無低入所者ないし元入所者から直接聞き取りを行った調査」（121），第5章は「無料低額宿泊所の利用状況に関して全国の福祉事務所を対象に実施した調査」（149），第6章は，大都市の医療機関の医療ソーシャルワーカーを対象に実施したホームレス患者の受け入れ状況に関する調査，第7章は，居宅生活移行支援事業の実施状況について取り上げている。

終章は「総括と提言」として，本書が明らかにしたことをまとめ，第2章に述べた「規制ルート」「補助金ルート」「転宅ルート」の区分に依拠した提言を述べている。そのうえで，「最後に，生活困窮者の居住場所確保のための施策を強化することが最も根本的な課題であることを指摘」する（219）。具体的には，①生活困窮者の居住場所を公的に確保すること，②生活保護法に基づく施設の量を増やし質的水準も向上させること，③生活困窮者自立支援法に基づく一時生活支援事業を充実させること，である。

3．本書の意義

本書の最大の意義は，第3章以降に述べられている独自の調査に基づく実態の解明にある。日本の行政文書保存及び公開状況の貧弱さは，評者も痛感しており，情報開示請求によって無低に関する資料を入手し，それらを分析し公表する意義は大きい。政策動向を丁寧にたどり，その展開を整理しておくことは重要な仕事と考える。

また，無低に関する情報は多いようで少なく，そもそも無低入所者の声を聴ける機会は少ない。その意味で，限られた対象とはいえ，（元）入所者への直接聞き取りの成果は貴重である。現在宿泊所に入所する回答者（42名）のうち30名（73.2

％）が一般住宅へ「すぐに転居したい」と答えたことを重視すべきである（137）。

無低の利用について，全国の福祉事務所に調査した結果も興味深い。本調査では，管内に無低のある福祉事務所が，無低を活用して「非常に効果的」「まあまあ効果的」と答えた割合の最も高い選択肢は「ホームレスの居住場所の確保」（計88.6％）である（159）。ホームレス状態にある者が無低入所とセットで生活保護受給に至る，という運用は，法に照らして当然とはいえないが，福祉事務所が無低を選好する事実を確認できる。

厚生労働省がホームレスに対する生活保護の適用について発出した通知（「ホームレスに対する生活保護の適用について（社援保発第0731001号）」2003年7月）では，「直ちに居宅生活を送ることが困難な者について」は，保護施設，無低，養護老人ホームや各種障害者福祉施設等などへの入所を認めている。ホームレス状態の者が生活保護を受給する際，無低が各種施設と併記されていることから推測でき，まことしやかな理由として語られるのは，一般住宅での生活が難しい，という点である。

これと関わって，第7章の無低からの居宅生活への移行が進まない要因の分析が興味深い。「しばしば居宅移行が進まない要因として指摘される，住宅扶助基準内の住宅不足，不動産業者や家主の消極性，障害や要介護状態により居宅生活が困難な人の多さを選択する自治体は少なかった」という（198）。居宅生活移行を困難にする要因として「金銭管理に問題のある人が多いこと」が重視されているという結果であった。

これは福祉事務所が「被保護者が最低生活費で首尾よく生活できるか」を注視しており，それは最低生活保障という生活保護が掲げる目的の実現ゆえと解釈できる。しかし，無低に入所すれば，自身の裁量で家計管理する幅は狭まり，居宅移行を準備する機会にはならないのではないか。無低入所によって，むしろ家計の自由を奪われ制限される場合が生じることを許容してしまうことが問

題であろう。

4．論 点

評者は，本書の問題意識や結論について共感している。それゆえに，論じておきたい点が二つある。

一つは，無料低額宿泊所の概念規定は，社会福祉法第2条第8項，としながら，それが一貫していない点である。法に定めのない宿泊所も分析対象に含め，逆に，データがあっても法に定めのない宿泊所は分析対象に入れないこともある（102）。たとえば，訴訟の一例として「本件は，届出された無料低額宿泊所に関する訴訟ではないものの，ホームレスに居住場所を提供して生活保護を受給させ，生活保護費から一定の金員を徴収するという意味では多くの無料低額宿泊所と同様である」（62）と指摘する。

本書が分析対象とする【無料低額宿泊所】の範囲は，ホームレス（安定した居住のない者）に居住場所を提供して生活保護を受給，生活保護費から一定の金員を徴収される者が多数を占めている，という実態から決定しているように読める。では，なぜ社会福祉法の規定を引用するのか。評者は，著者が【無料低額宿泊所】が社会福祉法の規定に則って運用されるべき，という前提を置いているからだと考える。

しかし，法の規定があってもそれが実現しないのであれば，その実現されなさを強調するだけではなく，それがなぜなのか，言い換えれば（本書でも随所で述べられているのだが）なぜ生活保護を受給して無低に入り劣悪な居住環境で暮らさなければならないのかを論じなければならない。本書の議論を，いろいろな理由で「自力」で居室・居所を確保できない人の問題，「生活困窮者の居住場所」をめぐる議論に位置づけて展開すべきと考える。

そうすると，本書の射程は広がる。もちろん著者も，「最後に，生活困窮者の居住場所確保のための施策を強化することが最も根本的な課題」（219）であることを認識されているが，本書の分析対象との関係の説明が必要と考える。評者の解釈では，居住場所を確保できない生活困窮者の一群，最近の日本におけるホームレス問題，主に中高年の男性，という想定があるように思われる。その理由の一つは，「無料低額宿泊所が一時的な居住場所である」（205）ことを強調することにある。もちろん，この前提は重要だが「たまゆら」事件で犠牲になった高齢者は，終の住処として無低入所していたのではと推測する。

このことと関わって二点目に取り上げたいことは，無低は施設なのか居宅なのか，という点である。本書の結論部分のように，無低の規制強化を論じる際には，生活保護の居宅保護の原則を念頭に論じられ，生活サービスのための費用の確保の観点からは，サービス提供を伴う施設であることを強調しているように読める。付言しておけば，(2)生活保護の運用上では，無低入所は居宅扱いであり，住宅扶助が給付されている。

無低は施設か居宅か，を論じようとすると，まずは施設とは何か，が問題になろう。施設の定義は意外に難しい。小笠原［1999a］は，「社会福祉施設は歴史的概念」としたうえで，「機能的には自立困難な人びとへの専門的な福祉サービス提供の福祉活動を実施する場」とする（定義A）。ただし，「福祉の措置」として施設サービスを実施する施設の種類は，福祉六法に定められ（定義B），そこに定めのない共同保育所や作業所などは，どんなに多くの人が利用しても，「法に定められた『福祉の措置』としての福祉サービスとは認められていない」［小笠原，1999b］。

無低は，定義Aによれば施設だが，定義Bの「福祉の措置」による施設とはいえない。この無低の位置が，2000年代の介護保険導入後，社会福祉基礎構造改革の後に取り組むべき，重要な課題を示唆している。定義Aに当てはまる福祉施設の数は，公式の調査ではなかなか捕捉されないが，定義Bによる施設より多いであろう。定義Bの施設が，「特権的」にみえる状態ですらあるかも

しれない。

とはいえ，定義Bの施設が「特権的」であり理想的かといえば，そうでもない。本書が批判する，厚労省のガイドラインで居室床面積1人当たり3.3 m^2（92）は，救護施設の居室基準であり，救護施設の居住水準が高いとはいえない。では，施設を充実していけばよいのか。このような定義Bの施設，敷衍すれば，社会福祉六法に基づく施設・サービスの在り方を，2000年代以降の福祉サービスの地域福祉志向[3]とそれ以前の歴史を踏まえ論じる必要があると考える。

無低をめぐる問題と分析を踏まえて議論すべきは，いろいろな理由で「自力」で居室・居所を確保できない人の問題であり，「福祉の措置」によらない施設が作られ，そこに入らざるを得ない人を生み出す社会保障制度体系であると考える。無低，そこに入所する多数の生活保護受給者の実態を受けとめ，救済策として「生活保護しかなかった」[岩永，2013]ことを直視することから議論を組み立てる必要がある。本書による研究を「地味でマイナー世界」に留めてはいけない。

注

(1) 本稿における「　」は，すべて『無料低額宿泊所の研究　貧困ビジネスから社会福祉事業へ』からの引用で，（　）はページ数であることを示す。

(2) 評者は，実際には無低の（元）入所らの発言にみられるように「寮」というのがいい得て妙だとも思う。

(3) そもそも，地域福祉志向，地域福祉の意味するところを検討する必要もある。

参考文献

岩永理恵，2013，「生活保護しかなかった──貧困の社会問題化と生活保護をめぐる葛藤」副田義也編著『闘争性の福祉社会学──ドラマトゥルギーとして』東京大学出版会。

小笠原裕次，1999a，「序章　社会福祉施設の体系・制度の再編と今日の課題」小笠原裕次・福島一雄・小國英夫編著『これからの社会福祉⑦　社会福祉施設』有斐閣。

小笠原裕次，1999b，「2章　社会福祉施設の法制度と措置制度」小笠原裕次・福島一雄・小國英夫編著『これからの社会福祉⑦　社会福祉施設』有斐閣。

（いわなが　りえ：日本女子大学）

矢野亮著
『しかし，誰が，どのように，分配してきたのか：同和政策・地域有力者・都市大阪』
洛北出版，2016年

大西　祥恵

1．はじめに

本書の目的は，都市下層，とりわけ大阪における都市型の被差別部落（以下，部落）の人びとが，どのような生存保障システムのなかで，いかに生存を維持してきたのかを述べ，この地域において駆動してきた政治的・社会的な排除─包摂の歴史がどのように変化してきたのかを明らかにすることである（p. 15）。具体的には大阪の都市型部落である住吉に焦点をあて，この地域における磁場を描くことによって，「地域なるもの」の輪郭を浮かびあがらせる形をとる。取りあげる時期は大正期から1970年代となっており，その理由は自治体行政と社会政策が本格的に開始される時代から経済成長のピーク期にあたるためとされていた。

2．本書の内容

まず，序章「本書で述べていくこと」では，「本書が明らかにしたい点」が3点ほど示されていた。それによると，本書では①国や行政は，部落への資源の分配をどのようにして行ってきたのかを解明し，②分配問題を解決するにあたっての媒介者（メディエーター）は誰だったのかを明ら

かにするためにアソシエーション（町内会や部落会，隣組組織などの組織）について考察し，③戦後日本社会における同和対策事業をめぐる「穢多頭＝弾左衛門の仕組み」がどのように継承され，いかに変奏されていったのかについて描き出すとのことであった。

第1章「生存保障システムの変遷」では，前近代から近代にかけての，人びとの生存を可能にした分配の仕組み（生存保障システム）を概観している。具体的には，大阪住吉における支配の歴史がどのように変奏されつつ継承されていったのかが描かれていた。すなわち，それらは「穢多頭→衛生組合長→方面（＝地域）委員→融和ボス→同和ボス」というような歴史をたどったのであった。

第2章「ローカルな生存保障」では，大正期から昭和初期の大阪住吉の生存保障システムを確認していき，多産多死，乳幼児死亡率の高さ，生産年齢人口の不足，老齢人口の増加など，部落の人びとの自治組織だけではなどうにもならない事態がながらく続いたことが明らかにされた。そして，その結果として，大阪住吉の人びとが社会事業，部落改善事業など，つねに外部の資源や人びとに頼らざるを得なかったことが示されている。

第3章「乳幼児死亡率の低減」では，それまで高かった乳幼児死亡率が低下した主な要因として，融和政策と融和運動の展開，人びとによるその組織化があったことが描かれている。その背景には，大阪特有の貸付制度をつうじて生存を維持しようとする地域の人びとの困窮した生活状態があったことや，融和事業にかかわるさまざまなアソシエーションが，地域の人びとの生存にかかわる分配システムを担っていた実態があることが明らかとなった。

第4章「再分配システムの転換」では，1960年代前半，大阪住吉において町内会と部落解放同盟住吉支部との間で起こった生存にかかわる諸資源をめぐる対立を描くことによって，地域の人びとの生存にかかわる社会資源の分配方式が新たにどのような局面を迎えたかについて述べられている。

第5章「再分配をめぐる闘争」では，「天野市議糾弾闘争」（「天野事件」）を受けて，新たな社会資源の分配方式が大阪住吉に定着していく過程が描かれている。天野市議が居合わせた会議の席上の生活保護受給世帯に対する差別的な発言を黙認したことに対する糾弾闘争が取り組まれたのは，1969年のことであった。この闘争を通じて天野市議は民生委員と町会長の役職を追われることになる。また，その一連の流れのなかで，生活保護申請と同和対策事業の窓口が隣保館に設置されることとなった。そして，これは同和対策事業を含む新たな社会資源の分配方式（「大阪市→市同促協→部落解放同盟→住民」）が大阪住吉において長期にわたって定着してくことにつながったのである。

第6章「再分配システムの果てに」では，1970年代に大阪住吉で取り組まれたまちづくり「住吉計画」が取りあげられている。この「住吉計画」は，地域を経済的に活性化させる資源投下であったが，本章ではこのまちづくりの実践によって何がもたらされ，何が問われなくなったのか，そしてこれらを可能にした戦後日本型社会保障・分配システムにおける部落問題へのアプローチとはいかなるものであったのかを中心に考察が加えられている。そして，「住吉計画」のようなまちづくりによって問われなくなったものとして，戦前より続いてきた排除と支配の歴史が指摘されていた。本章では，戦後日本型・社会保障システムの実態を，地域を経済的に活性化させるための資源投下によるまちづくりであったと位置付け，それらは「ほんとうに支援を必要とする人」に資源がゆき届きにくい社会政策であったと結論付けている。

終章「支援を必要とする人のために」では，本書におけるこれまでの議論を整理したうえで，今後の課題が提示されている。

3．本書の意義と論点

本書の意義と論点を，順に論じていきたい。
まず，本書の意義としては，次の4点が挙げら

れる。

　第1は，社会政策研究における意義である。これまで，社会政策研究において部落を対象とするものはなかったわけではない。岩田正美は，Pete Alcock によるターゲット型施策を紹介しつつ，部落に対する同和対策事業や寄せ場における対策をそうした施策に位置付けて検討している［岩田，2004］。このターゲット型施策とは，例えば都市貧困層の集住地域に対して空間的にターゲットを定めるなどして，そこに資源を集中的に投入するという形で実施される。対象となるのは空間的な地域にとどまらず，特定の事象やグループにまで広げられるものであった。また，大阪府和泉地区の事例を取りあげた拙稿では，地域の就業構造が戦後どのように変化していったのかを実証的に明らかにするなかで，同和対策事業がそれにどのような影響を与えたのかについての言及がなされている［大西，2006］。しかし，本書のように，社会政策を部落における資源分配の角度から焦点をあて，ローカル・ポリティクスなどにまで掘りさげての検討が加えられた研究成果はこれまでほとんどなかったといってよいだろう。

　第2は，部落問題研究における意義である。これまでの部落問題研究においては，研究対象とする時期を戦前（戦中を含む）とする研究者は戦前（戦中を含む）を中心に，戦後とする研究者は戦後を中心に研究を進め，それら研究者の研究分野も異なる傾向にあった。すなわち，戦前の研究を行うのは部落史といわれる分野を専門とする日本史分野の研究者が多く，融和事業をはじめとする戦前の社会政策についても日本史分野からのアプローチが圧倒的多数を占めていた［秋定，2006；藤野，1984］。また，戦後の研究については，そもそも社会政策として同和対策事業を捉える研究そのものが数少なかったわけであるが，枠組みをやや広げて論じるとすれば，社会学，労働経済，社会政策の研究者が研究を担うことが多かった。そうしたこれまでの状況に対して，本書においては，大阪住吉という具体的な地域に焦点をあてる

ことによって，戦前と戦後の部落に対する社会政策の連続性や関係性が詳細に明らかにされた点は，高く評価されるだろう。

　第3は，膨大な関連資料を読み込んだうえで，大阪住吉というローカルな実態と，部落を取り巻く国家的な動向などについて明らかにしたことである。

　最後は，「天野事件」の分析にかかわってであるが，地域に埋もれていたであろう紙媒体の資料を収集したうえで丁寧に読み込み，分析を加えて，この事件の内実やその後の地域に対する影響を詳細に解明した点で，すぐれた研究成果となっているといえよう。

　次に，本書の論点としては，次の3点が挙げられる。

　第1は，本書において重要なキーワードとなっている「生存保障システム」についてである。本書のなかでは，この「生存保障システム」の定義が明解に語られていたわけではない。しかし，このキーワードにしたがって大阪住吉に暮らす人びとに対する社会政策が分析されていることを考えると，この「生存保障システム」の内実を本書のなかで詳細に示すことができれば，著者が明らかにした知見がより一層明確なものとなったと思われる。

　第2は，人びとの生存を可能にした分配のシステムとして，地域における支配の歴史が描かれている点に関連してである。本書では大阪住吉における支配の歴史がどのように変奏されつつ継承されていったのかを，「穢多頭→衛生組合長→方面（＝地域）委員→融和ボス→同和ボス」という流れによって示そうとしている。しかし，部落と一言でいってもその規模，実態，歴史などは多岐にわたっている。そのなかで，本書において取りあげられた大阪住吉の位置付けがはっきりとなされていないため，この事例から明らかになった点が大阪住吉にのみいえることなのか，それとも他の部落においてもいえることなのかについての点が不明瞭となっているといわざるを得ない。例えば，

大阪住吉のように融和事業の対象となった部落は大阪府内においても他に存在しているし，戦後の大阪住吉において取り入れられていた同促協方式は，同和対策事業の対象となった大阪府内のすべての部落においても取り入れられていた。したがって，それらの部落において，本書で明らかにされた知見が見出し得るのか得ないのかという点は，一つの論点になってくると思われる。

第3は，戦後の同和対策事業の実施状況が，戦前からあった「分配問題」を復活させたと第4章にて述べられている点についてである。そうした点について論じるにあたって，戦後においても戦前と同様の「分配問題」が発生したことには必然性があるのか，それとも社会政策を行う際に別の実施方法が存在したにもかかわらず，それを選択せずに「分配問題」を発生させるに至ったのかは，戦前と戦後の部落に対する社会政策の連続性や関係性を考えるうえで，大きな論点であると思われる。

以上，本書の意義と論点を述べてきたが，いくつかの課題があったとしても本書が発刊された意味は大きいと思われる。日本社会において最大のマイノリティである部落の人びとや部落に対する社会政策はどのようなものであったのか，またそこから明らかになったことは，今後の社会政策研究にどのように活かされるのか，これからも問い続けられていくべき重大な課題といえよう。

参考文献
秋定嘉和，2006，『近代日本の水平運動と融和運動』解放出版社。
Alcock, Pete, 2006, *Understanding Poverty Third Edition,* Palgrabe Macmillan.
藤野豊，1984，『同和政策の歴史』解放出版社。
岩田正美，2004，「新しい貧困と『社会的排除』への施策」三浦文雄監修・宇山勝儀・小林良二編著『新しい社会福祉の焦点』光生館。
金井宏司，1991，『同和行政——戦後の軌跡』解放出版社。
大西祥惠，2006，「マイノリティの労働市場参入に関

する一考察——大阪府和泉地区を事例として」大阪市立大学経済学会『経済学雑誌』106(4)，3月。
大西祥惠，2016，「ターゲット型施策に関する一考察——地方自治体による無料職業紹介事業を事例として」国学院大学『國學院経済学』65(2)，12月。

（おおにし　よしえ：國學院大学）

本田一成著
『チェーンストアの労使関係：日本最大の労働組合を築いたZモデルの探求』
中央経済社，2017年

白井　邦彦

1．本書の構成と概要

本書は「混乱の労使関係」「同床の労使関係」「左右の労使関係」「分断の労使関係」「変転の労使関係」の5つの視点に基づき，主として従来「不明とされてきたチェーンストア労組の結成と初期活動について詳細に記述し，企業別組合と産業別組合の双方に対して上記の視点（5つの視点……評者注）に基づく労使関係の事例分析」（p16）をおこなったものである。本書の構成とその概要は以下のとおりである。

本書の構成（目次）
序章　チェーンストアの労使関係を考察するために
第Ⅰ部　流通産別構想の蹉跌と「ゼンセン以前」
　第1章　流通産別構想の生成と並存
　第2章　先駆的なチェーンストア労組
　第3章　「ゼンセン」の組織化戦略と流通部会の結成
第Ⅱ部　「ゼンセン」のチェーンストア組織化

第4章　流通部会「成立メンバー」のチェーンストア労組
第5章　イトーヨーカドー労働組合
第6章　全ダイエー労働組合
第7章　流通産別の実現──UA ゼンセン結成への道程
終章　「Z 点超え」と労働組合

　以上の本書の概要については筆者が序章9，および終章で要領よく行っている。それに基づき簡単に概要を述べてみることにしよう。
　第1章では当時「新興のチェーンストア業界において組織化を進める一般同盟，商業労連，全国チェーン労協，全繊同盟の動向を概観」(p. 17，ページは本書のもの，以下同) し，第2章では「ゼンセン以前」の先駆的労組として「東光ストア労組，渕栄労組，全西友労組，全ユニー労組，丸井労組の「結成と初期活動の事例分析」(pp. 17-18) をおこなっている。そして第3章では，「ゼンセンの行動にある組織特性を史実に基づいて明らかにし，チェーンストア組織化に乗り出した（ゼンセン）流通部会の結成にいたる道程を解明」(p. 18) している。以上が第I部である。
　第3章を受けての第II部では，まず第4章で，ゼンセン流通部会の設立メンバーの労組である，長崎屋労組（全繊流通部会加盟1号労組），ジャスコ労組の分析を，第5章ではイトーヨーカドー労組，第6章では全ダイエー労組の初期活動の事例研究をそれぞれおこなっている。そして第7章では，「1970年代までのゼンセン同盟の組織化の分析を1980年代以降へ延伸させて概観するとともに，事実上の流通産別構想の実現に至るまでの部会再編と産別合同を取り上げ，ゼンセン同盟がチェーンストア組織化と流通部会がゼンセンをどのように変転させてきたか」(p. 18) について分析している。最後の終章では，「Z モデルの成型を試みながら，チェーンストア労働組合と労使関係について結論」(p. 18) を述べている。以上が本書の概要である。

２．本書を読む視点とそれと関連した4つの論点
　本書からは評者は，全繊流通部会から UA ゼンセンにいたる過程を含む多くを学ばしていただくばかりであり，とても本書を評するという能力を有するものではないことは十分自覚している。それを前提として，本書を評するというより，より深く本書を理解させていただくため，という形で本書の書評をおこないたいと思う。
　本書の書評をおこなうにあたっての評者が取った視点は以下のようなものである。
　労働組合は「労働者が主体となって自主的に労働条件の維持改善その他労働者の経済的地位の向上を図ることを主たる目的として組織された団体」（労働組合法第2条）であり，それを目的とするものである。それゆえその目的に照らして組合自体やその活動，組織拡大も評価する，という視点である。組合の組織拡大や，争議・紛争はあくまでもその目的のための手段であり，たとえ組織拡大がなされても，また激しい争議や紛争がおこなわれたとしても，労組本来の上記目的が達せられなければ，組合としての意義は薄い，と考える。ただし「組織拡大」は「争議や紛争」とは異なり，組合の本来の目的を達成するための不可欠な手段でもある，という点は強調しておきたいと思う。
　こうした視点に基づき，本書を理解し深く学ぶにあたって考えるべき論点として，以下の4つの点を提示したいと思う。
　①全繊→ゼンセン→ UI ゼンセン→ UA ゼンセン，という過程で，上記労働組合の目的に沿って，何が達成され，何が達成されなかったか？　それはなぜか？
　②ゼンセン運動の特質である「大産別主義」「内部統制」は，Z 点である83年 SSUA 結成後，前者の更なる強化，後者の後退，となっていったと本書からは読める。その結果がゼンセンの組織特性に及ぼした具体的影響は何か，それにより，組合機能のさらなる強化はなされたか？　なされたとすれば，「大産別主義・内部統制」のバラン

スの変化とどのような関係があるのか？

③全繊が同盟憲章「同盟の組織的な役割と任務」5，6と矛盾すると思われる流通部会結成に踏み切った背景と，それによる同盟内他組織との関係はどうであったか？

④③とも関係するが，全ダイエー労組の一般同盟からゼンセンへ，というように，同一ナショナルセンター内でも，他組織から組織を引き抜く，と見られかねない行動もおこなわれた。ゼンセンがあえてそうしたことも避けなかったのはなぜであろうか？

そして以上をふまえて大きなテーマとして，「『労働条件の維持改善』という労働組合の本来の目的に照らして考えたとき，『ゼンセン』はどのように評価され位置づけられるか？」ということである。

3．4つの論点に関する評者の私見

上記論点①②に関していえば，少なくとも現状において UA ゼンセンは労働組合の本来の目的を果たすための不可欠の手段である「組織拡大」については突出した成果を挙げていることは確かである一方，それによって労組本来の目的である「労働条件の維持改善」がどの程度獲得されたか，という点に関してはどうしても成果がわかりにくいのではないか，というのが評者の私見である。ゼンセン流通部会設立当時の70年代前半には，各労組とも「労働条件の改善」について大きな成果を挙げてきたが，UA ゼンセンへと至る過程でその点が弱まっていってはいないか，とも考える。確かにとりわけ90年代以降，労働条件を引き上げていくということは難しい課題となっている。そして労働組合の本来のもう1つ重要な機能である「労働条件の維持」という面に関しては，「労働条件の改善」に比べて組合の機能の結果であるとしても，その成果が見えにくい，ということも事実である。それらの点を考慮しても，やはり評者は上記のように考えざるをえない。

ただこの点は評者の事実認識不足の可能性も高

い。できれば組合が労働条件を維持した成果，特に使用者サイドから重大な労働条件引き下げを提案されながら，それに確かな歯止めをかけた事例，などを紹介していただけたらよかったと思う。

③④については実は本書において特に理解しがたかった諸点である。とりわけ同盟内での同盟憲章の存在と，当時全繊が流通部会をたちあげチェーンストアの組織化に乗り出していったことの関係はわかりにくい点がある。

同盟憲章の「同盟の組織的な役割と任務」では，「5．未組織労働者の組織化について有効な措置を講じ，未加盟組合の加盟を促進し，これを産業別に整理統合することによって，産業別組織を中心とする強固な団結と広大な組織を同盟のもとに実現すること」「6．産業構造上，全国組織への糾合が困難な労働組合のために，地域的な結合組織の強化と，その全国的な連携を促進すること」と書かれている。

この原則からすれば，同盟内の全繊が流通部会を設けチェーンストアの組織化に積極的に乗り出していったこと，70年11月全日本労働総同盟・流通労働組合共闘会議（同盟流通）がいったん形成されながら，73年4月，全繊からの動議によって崩壊したこと（p. 48）は，非常に理解しがたいことである。中でも特に疑問に思うのは，同盟商業労組協議会による，複数組合連名で同盟滝田会長あてに出された，流通産別構想に基づく組織の一本化の申し入れである「チェーンストア労働組合の加盟産別一本化に関する意見および要望書」（69年10月25日付け）の文書は，上記同盟憲章「同盟の組織的な役割と任務」の5，6の原則に沿ったものであったにもかかわらず，それへの滝田会長返信である「チェーンストア関係産別一本化に関して」は70年2月2日付けと遅れ，内容も「回答遅れの謝罪と，検討中」ということにすぎなかった，という点である。

滝田氏は当時全繊の会長でもあったわけで，同盟会長として同盟憲章「同盟の組織的な役割と任務」5，6の原則の遵守と全繊会長として自組織

拡大との板ばさみ，であったとは思う。しかしそれにしても同盟会長として，全繊によるチェーンストア組織拡大を結果として優先していった点とその背景・経緯，などが非常にわかりにくく感じる。その点実際どうであったのであろうか。

また似た性格の事例とも言える，④の全ダイエー労組の一般同盟からゼンセンへの移籍についても，実際は引き抜きのように見える。同一ナショナルセンター内でのこうしたことは異例だし，組織内に対立を後々まで残してしまう可能性がある。ゼンセンが同一ナショナルセンター内の他組織との軋轢をも恐れず，組織拡大をおこなう論理は何か，「力と政策」，「大産別主義と内部統制」ということと関係があるか，「組織拡大それ自体にかなり比重をおく（組織拡大それ自体が目的化してしまってはいないか）」というゼンセンの体質を端的に示す事例ではないか，とそれらの点に興味と疑問を感じた次第である。

4．おわりに

以上の論点，疑問点とそれらについての私見はあくまで大きな意義のある本書を評者が学ぶうえでさらに深く理解するために示したものにすぎない。また評者の私見などはあくまで，筆者に比べればゼンセンの内部事情にまったく通じておらず外から表面的に見て感想を述べたものにすぎないものである。それらよって本書の価値が決して貶められるものではない，ということは最後に強く強調しておきたい。

（しらい　くにひこ：青山学院大学）

金成垣著
『福祉国家の日韓比較：「後
発国」における雇用保障・
社会保障』
明石書店，2016年

李　　蓮花

1．はじめに

1990年代半ば以降福祉レジーム論の風靡とアジア通貨危機をきっかけに本格的にスタートした東アジア福祉国家研究も，20年近い発展を経て成熟期に入ってきた。主な問題関心は東アジア福祉国家（または福祉レジーム）の特徴は何かという全体的なテーマからしだいに個別的なテーマにシフトし，なかでも急速な少子化・高齢化に触発された家族政策や高齢者福祉の研究がメインになってきた。そんななか，本書は改めて福祉国家の国際比較のなかで日本と韓国をどう位置付けるかという問題に正面から取り組み，さらに，福祉国家の国際比較のための比較方法論を理論的に追究しようとした意欲的なものである。それでは，本書はいままでの比較福祉国家研究にどのような新しい知見を加えたのだろうか。ここでは比較方法論を中心に本書の意義と課題を検討してみたい。

2．本書の主な内容

冒頭で著者は本書の研究目的を次のように設定している。「後発国としての日韓の類似と相違およびその要因を分析し，それによって，『後発国』の多様性を捉える時間軸の比較視点が，日韓のみならず西欧の『先発国』を含む福祉国家の国際比較分析のために欠かせない視点であることを明らかにする。これを通じて，従来の比較福祉国家研究とは異なる新しいアプローチの可能性を探ることが本書の最終的な目的である」（3頁）。各章の

内容は次の通りである。

　　序章　比較福祉国家研究のなかの日本と韓国
　　1章　福祉国家の研究の2つの潮流
　　2章　日韓比較分析の新しい視点
　　3章　時間軸の比較視点でみた日本の福祉国家
　　4章　日本との比較でみた韓国の福祉国家
　　5章　日韓における失業・貧困対策
　　終章　日韓比較を超えて
　　付章1　韓国における雇用保障政策──「21世
　　　　　紀型完全雇用政策」
　　付章2　福祉国家化以降の韓国社会──「過酷
　　　　　な現在・不安な将来」

　序章から2章までは，福祉国家とりわけ日本と
韓国の福祉国家に関する先行研究を踏まえつつ，
本書の問題意識と研究枠組みを明らかにしている。
序章では，福祉国家の多様性に注目した福祉レジ
ーム論が，日本をはじめ東アジアの分析にとって
一時的には「希望のメッセージ」となったものの，
しだいに「座りの悪さ」が自覚され，企業や家族
による福祉，公共事業など「代替関係」が強調さ
れたことを指摘する。それにより，福祉国家の多
様性や日本・東アジアの特殊性は浮き彫りになっ
たが，一方で，そのような構造が形成された歴史
的経路や因果関係が捨象されてしまい，また，他
の福祉国家への汎用性が限られていることから，
東アジアの国際比較的な位置付けを的確に捉える
ことはできなかった（16頁）。そこで著者が提案
するのが本書のキーワードでもある「時間軸」の
視点である。これは，日本の福祉国家研究に対す
る著者のオリジナルな整理──「横」の国際比較
（類型論）と「縦」の歴史比較（段階論）──の
なかでは後者に近いが，単純な発展段階論ではな
く類型論的な分析視点も内包している。つまり，
日本や韓国を「後発国」として一括りすることを
批判し，時間差による違い──「先発国のなかの
後発国」である日本，「後発国のなかの先発国」
である韓国の間の質的差異──も認識しているの

である。
　2章では，本書のもう1つの特徴として，福祉
国家の特徴を考える際に雇用保障と社会保障を総
合的に捉える必要性を提起した。いままでの福祉
国家研究は社会保障支出の変化や制度の導入など
に重点が置かれているが，著者によると，資本主
義社会において社会保障はあくまで副軸で，主軸
は雇用保障である（57頁）。さらに，社会保障の
あり方は雇用保障のあり方に大きく左右されてい
るため，両者をトータルで捉えなければならない。
　3章から5章は，上述の2つの研究視点に基づ
き，日本と韓国の福祉国家成立時の状況を実証分
析している。対象時期は，日本が終戦直後から
1960年代初頭，韓国が1990年代末から2000年代初
めである。2つの章の論点をごく簡単にまとめる
と次の通りである。1950年代の日本は農業社会か
ら工業社会への移行期で，広範な前近代産業およ
び競争力の弱い自営業や中小企業を抱えていた。
そこで，完全雇用政策と中小企業・自営業保護政
策からなる「全部就業政策」が採られ，その上に
職域保険と地域保険を組み合わせた「混合型社会
保険」が作られた。それに対し，工業社会から脱
工業社会への移行期に福祉国家化を経験した韓国
では，「全部就業政策」ではなく「全部雇用政策」
が採られ，社会保障制度も職域型の性格の強い
「単一型社会保険」が作られたのである。包括的
な公的扶助制度が社会保険から落ちる人をカバー
する「二層体制」は日韓とも同じである。
　終章では，資本主義のどの発展段階で福祉国家
への移行が起きたかによって雇用保障と社会保障
のあり方が決まるという本書の発見を日韓以外に
適用し，エスピン－アンデルセンの3つの福祉レ
ジームに対する新たな解釈を試みた。先行研究で
はしばしば階級連合の相違によって福祉国家の多
様性が説明されるが，著者は，階級連合の背後に
は産業構造の違いがあるのではないかと指摘する。
表1は，3つのレジームに対する終章の解釈をま
とめたものである。
　なお，2つの付章では「後発福祉国家」韓国が

表1　3つのレジームの再解釈

	社会民主主義レジーム	保守主義レジーム	自由主義レジーム
代表国	スウェーデン	ドイツ	イギリス
制度の特徴	普遍主義的な社会保障制度	労働市場での地位を反映した分立型社会保険	市場中心的，最小限の脱商品化
就業構造	農民が多数	労働者が中心	新中間層の台頭
資本主義の発展段階	農業社会から工業社会へ	工業社会	サービス化の開始

（出所）　終章に基づき筆者作成。

直面している雇用や格差拡大等の困難，およびそれへの対応を分析している。

3．本書の意義と課題

　本書は著者の2冊目の単著であり，冒頭で紹介した問題意識は2008年の前著『後発福祉国家論——比較のなかの韓国と東アジア』で示されたものである。その意味で，本書は前著の延長線上にあるもの，あるいは前著で残した「宿題」への答えと言える。20世紀末の韓国の福祉国家化を「後発福祉国家」という視点から詳細に検証した前著に比べると，本書は政策的，実践的な分析よりも歴史的，理論的分析に重点が置かれ，福祉国家の国際比較における新しい方法論の模索を中心課題とした。以下では，この点を中心に本書の意義と課題を考察したい。

　国際比較のなかで日本や韓国など東アジアを理解するためには単なる横の比較，あるいはその特異性の強調だけでなく，時間軸や発展段階を考慮した動態的な比較が不可欠であるということは，ここ20年間の比較研究の合意事項とも言える。ただし，時間軸とは具体的に何を意味するのか（世界範囲の資本主義の発展段階なのか，国内の産業構造なのか，あるいは人口などを含む社会変化なのか），どのように操作すれば東アジアだけでなく先発の福祉国家にも適用可能になるのかなどについて，明確な答えを提示した研究はきわめて少ない[1]。本書の最大の意義はこのような大きな問題に果敢に取り組み，著者なりの答えを提示したことであろう。つまり，資本主義の発展段階，具体

的には就業構造の違いを背景に，それぞれの国でどのような雇用保障と社会保障の組み合わせが行われたのかが，福祉国家のあり方を特徴付ける決定要因であると著者は主張する。それにより，なぜ日本の社会保障制度は混合型で韓国は一元的なのかを説明できるだけでなく，既存の3つの福祉レジームにおいてなぜそれぞれ違う階級連合が生まれたかも説明できる。この解釈は論理的かつ説得的である。

　一方で，福祉国家の多様性を産業の発展段階に還元し単純化することは，理論的には単純明快であるが，経済がすべてを決定するという「経済決定論」または「一元論」に陥る危険性も孕んでいる。1990年代以降，福祉国家研究では，資本主義の多様性論から新制度論，フェミニスト福祉国家論など数多くの研究成果が蓄積され，多様な角度から福祉国家の多様性を紐解こうとした。残念ながら，本書では，福祉レジーム論以降のそれらの研究蓄積に対する整理または批判的検討が少ない。そのため，本書の方法論および結論を今日の比較福祉国家研究のなかでどのように位置付ければいいのか明らかではない。

　福祉国家の成立と変容の根底に経済的要因があることは誰も否定できない事実である。ただし，経済的要因がそのまま福祉国家のあり方を決定するのではなく，両者の間にはきわめて複雑かつ多様な媒介項が存在することをいままでの多くの先行研究は明らかにした（例えば，制度遺制，政治システム，労使関係，人口構造，国際的な政策動向など）。本書の産業発展段階論に立つと，同じ

ような発展段階で福祉国家化した国は同じような
福祉国家システム（またはレジーム）となる可能
性が高い。もしそうだとすれば，工業化の初期に
福祉国家化したスウェーデンと日本，脱工業化段
階に福祉国家化したイギリスと韓国の違いはまた
どのように説明すべきであろうか。鎮目が指摘す
るように，本書では福祉国家の成立条件の1つで
ある就業構造と政策的結果が取り上げられ，その
過程はほぼブラックボックス化された［鎮目，
2017］。これほど骨太な理論を提起し，東アジア
だけでなく欧米の先発福祉国家もカバーすること
が目的であれば，東アジアと欧米の福祉国家の形
成過程について，（就業構造だけでなく）それぞ
れの具体的事例に沿ったもっと綿密な実証・歴史
研究が必要ではないかと思われる。

なお，本書では，1950～60年代の日本では「全
部就業」，21世紀初めの韓国では「全部雇用」政
策が採られたとするが，その場合の「全部就業」
と「全部雇用」は政策の目標なのかそれとも雇用
の実態なのか明らかではない。自営業が就業人口
の大きな比重を占める韓国の雇用構造を考えると，
韓国こそ「全部雇用」ではなく「全部就業」に近
いのではないかと思われる。さらに，欧米の福祉
国家形成期には（日本のような）生産性の低い産
業部門の保護政策が採られていなかったのか，日
韓の雇用保障政策との決定的な違いは何かについ
て，もう少し説明が必要であると思われる。

上述のように，本書における分析の細部に関し
てはいくつかの疑問が残るものの，就業構造と雇
用保障への注目，新しい比較方法論への挑戦とい
う研究目的と研究姿勢が，多くの福祉国家研究者
を刺激しているに違いない。21世紀に入り東アジ
アの福祉国家は目まぐるしく変化している。今後
の課題として挙げていた変化についても著者なら
ではの骨太の分析を期待したい。

注

⑴ 武川（2007：8章）における「新しい3つの世
界」論は数少ない試みの1つである。

参考文献

株本千鶴，2017，「書評 金成垣著『福祉国家の日韓
比較――「後発国」における雇用保障・社会保障』」
『社会福祉学』58⑴：170-172。

金成垣，2008，『後発福祉国家論――比較のなかの韓
国と東アジア』東京大学出版会。

李蓮花，2013，「東アジア社会政策の比較方法論と課
題――日中韓を中心に」社会政策学会『社会政策』
5⑵：34-45。

鎮目真人，2017，「書評 金成垣著『福祉国家の日韓
比較――「後発国」における雇用保障・社会保障』」
『福祉社会学研究』14：193-197。

武川正吾，2007，『連帯と承認――グローバル化と個
人化のなかの福祉国家』東京大学出版会。

（り れんか：東京経済大学）

SUMMARY

Introduction to the Special Issue

Mayumi OHSHIO
Koichi HIRAOKA

The present issue of Social Policy and Labor Studies features four papers that are based on presentations at the plenary session of the JASPS 134th Biannual Conference in 2017 entitled "Reconsideration of the Marketization of Welfare." This introduction aims to describe the background and the intention of the plenary session, to introduce major points that were presented in the four papers of the Special Issue, and to discuss major issues for policy development and social policy studies that were raised by the presentations and discussions in this plenary session. The challenges facing social welfare policy in Japan examined here include unequal access to care services, worsening working conditions of care workers, and other related problems caused by the marketization of welfare. This introduction also examines challenges for social policy studies, including an analysis on the diversified and changing contexts of the third or nonprofit sector, the emergence of the "culture of the welfare market," and changes in welfare and care labor in the context of the marketization of welfare.

Key words : marketization of welfare, welfare and care labor, the third sector

The Evolution of Japan's Elderly Welfare Policies and "Welfare Marketization": The Fundamental Problems of the Long Term Care Insurance (LTCI) System.

Utae MORI

The aim of this paper is to revisit-through the perspective of 'welfare marketization'-the evolution of Japan's welfare policies for the elderly, and to present the Long Term Care Insurance (LTCI) system's current situation and fundamental problems. The findings of the paper are four-fold. Firstly, the 'welfare marketization' of Japan's welfare policies for the elderly were undertaken in two phases: through the emergence of the 'silver business' sector and the implementation of contracting-out to private care providers under the means-tested system from the mid-1980s, and the introduction of the LTCI system from 2000. Secondly, due to the introduction of the LTCI system, 'welfare marketization' is expanding through private organisations to provide not only LTCI services but also to deliver care planning, conduct visiting assessments, and to provide other core care services, such as 'advice and guidance consultancy', which were once the responsibility of local authorities. Thirdly, under the LTCI system, service users' livelihood security is no longer guaranteed as a public responsibility. Fourthly, the 2014 LTCI reforms call for the deployment of community resources and private organisations and for social participation by older people, posing the potential danger of a return to the 'Japanese-style welfare society' discourse.

Key words : the Long Term Care Insurance System, welfare marketization and the comprehensive community care system

SUMMARY

Marketization of Childcare Policies and the Reality of Childcare Labor

Toshiaki SHIMIZU

The new system of child and child-rearing support was launched in 2015 with a view to enhancing the quality and increasing the supply of early childhood education, childcare, and child and child-rearing support services in communities. However, the new system has not eliminated the shortage of quality childcare slots. In addition, many day nurseries have had difficulty securing qualified staff.

The true aim of this reform may be regarded as eliminating the clause in the Child Welfare Act that stipulates that the local government bears responsibility for providing childcare services, and as introducing a new scheme based on direct contracts between day nurseries and service users, thereby rolling back the state's responsibility for childcare and creating a market for childcare services by facilitating the market entry of for-profit providers of childcare.

While surveying the problems caused by the reform program, this paper focuses specifically on several resulting problems, including shortages of childcare workers. In addition, this paper elucidates the working conditions of childcare staff, based on the survey conducted by the National Union of Welfare and Childcare Workers, examines the government measures for securing nursery staff, and makes several proposals for addressing staff shortages.

Key words : marketization of childcare, childcare labor, the new system of child and child-rearing support

Welfare State Restructuring and Marketization of Care: An Assessment of British Childcare Policy from Gender Perspective

Nobuko HARA

At the end of the twentieth century, in particular from the 1980s, it became clear that modern welfare states were seeking to utilize the contract mechanism in the major social security services. Though the concept of contract has been fundamental to the functioning of Western states since the eighteenth century, the mechanism of contract has also been considered an appropriate means of providing social security under the modern welfare state governments. This "contractualization" is inevitably premised on the assumption of individualization and is connected to the introduction of the "quasi-market" into social security programs such as social care. In 1998, New Labour published its National Childcare Strategy, marking the first time since World War II for a British government to accept responsibility for childcare policy. This strategy has had two main goals: "social investment" for children and promoting mothers' employment in order to reduce child poverty. At the same time, the strategy has promoted marketization of childcare. In 2010, the Labour Party lost power to a Conservative/Liberal Democrat Coalition, and lost again to the Conservative in 2015, so the policymaking emphasis has shifted toward strong austerity. I examine British childcare policy from the point of view of gender equality.

Key words : welfare state, contractualism, quasi-market, gender, care

The Marketization and Privatization of Social Welfare and Work Integration Social Enterprise: A New Perspective on Social Welfare Organization.

Akira YONEZAWA

In this paper, which focuses on work integration social enterprises (WISEs), I will make three assertions, based on third sector theory, about the marketization and privatization of social welfare. First, it has become important to analyze the varieties of organizations engaged in social welfare because the proportion of in-kind benefits in social expenditure increases in developed countries. This approach, which is based on sectors such as the "non-profit sector" or the "for-profit sector" (I call this framework "sector essentialism"), encounters difficulties when we analyze the relationship between the various social welfare organizations and the outcomes of social policies. Second, the "institutional logic model," which is based on neo-institutionalism in organization studies, could be an important analytical tool to replace "sector essentialism" as the new framework for the analysis of social welfare organizations. The "institutional logic model" is a framework that separates social normativity or rationality from the organizational form to deliver an analysis of a variety of social welfare organizations, including WISEs. Third, by applying the "institutional logic model" to the activation policies, WISEs can be divided into two types of organizational forms, which follow different sets of "institutional logics." This distinction provides important theoretical and policy implications.

Key words : third sector, neo-institutionalism in organization studies, institutional logic, social enterprise, restructuring of welfare state

An Analysis of the Process of Organizing Dispatch and Outsourced Workers in the Manufacture Sector: Focusing on the Relationship between Organizing Strategies and Their Struggles

Haruki KONNO

The purpose of this article is to examine the employment relationship of dispatch workers and employees of outsourcing companies in the manufacturing industry. As the number of such workers increased rapidly from the early 2000's, their work conditions gained national attention due to the problem of "disguised contracting" and the *Haken-mura* campaign. Although the labor campaign involving these workers had a large social impact, it has rarely been analyzed. This article focuses especially on the organization of these workers through the process of individual conflict resolution.

In order to conduct the analysis, I focused on the following two points: 1) the tension between the strategies focused primarily on organizing within particular companies and those focused on individual membership, and 2) the effect of the legal framework on organizing strategies. In theory, there can be multiple organizing strategies, but since the 2008 financial crisis, many campaigns began to use lawsuits to demand direct hiring of workers and cash payments for dismissed workers.

Key words : labor union, employment relationship, temporary employees, dispatch work, indirect employment

SUMMARY

Industrial Relations and Regulation of the Discretionary Labor System

Satomi MIKAMOTO

This paper explores the possibility of restricting excess work hours by examining the role of labor unions in adopting the discretionary labor system. According to various studies, this system has made work hours longer. In order to determine the relationship between the adoption of the system and excess work hours, however, it is important not to overlook the role of labor unions. The Labor Standards Act requires an agreement between labor and management for the system to be valid.

Thus, this paper clarifies the role of labor unions in the adoption of the discretionary labor system through interviews with labor union officials involved in selecting workers to whom the discretionary labor system is applied. It finds that in cases where a significant deviation occurs between deemed working hours and actual working hours, labor unions take steps to exclude such workers from the discretionary labor system. This investigation allows us to determine the effective means labor unions possess, through labor-management agreement, to restrict long work hours when the discretionary labor system is adopted.

Key words : discretionary labor system, labor union, long working hours, IT industry

Creating an Industrial Relations System in which Labor Unions can Counter "Black Corporations"

Kotaro AOKI

The weakening of the Japanese employment system has created new categories of workers, such as the "peripheral regular workers" who work for the abusive employers commonly referred to as "black corporations". These workers' poor working conditions, low wages, and economic insecurity have drawn public criticism, but conventional enterprise unions have failed to organize them.

During the 2010s, however, there has been movement towards forming new types of individual affiliate unions, which, unlike enterprise unions and earlier individual affiliate unions, aim to organize workers in burgeoning industries by industry and trade rather than by individual companies.

This presentation examines the structures and functions of labor unions seeking to assist the growing number of "peripheral regular workers". It also describes how and why these unions were established.

Key words : individual affiliate unions, "black companies", industrial relations

Improvements in the Benefits of the Mutual Aid Association for Agricultural, Forestry and Fishery Organization Personnel in the 1970s

Jun FUKUDA

This study investigates changes in the Mutual Aid Association for Agricultural, Forestry and Fishery Organization Personnel. (Nourin Nenkin) during the 1970s by analyzing the relationship between Nourin Nenkin and labor productivity, wages, and business structure in the agricultural cooperatives, the Employees' Pension Insurance system, and the National Public Service Personnel Mutual Aid Association. The main results are as follows: First, the Association's credit business exerted a positive effect on labor productivity by creating additional value per employee as it grew larger. However, neither the merger of the agricultural cooperatives nor the scale of the insurance business had any effect on labor productivity. Second, the contribution rate, already high, of the agricultural cooperatives increased by a nominal amount, and the reserve-financing scheme was maintained. Third, given the wages of agricultural cooperatives' employees, Nourin Nenkin realized high pension benefits. Finally, the study finds that the separation of the public pension schemes generated institutional competition between the schemes and improved pension benefits, as the revised rates and frameworks of the Employees' Pension Insurance system and the National Public Service Personnel Mutual Aid Association were adopted for Nourin Nenkin.

Key words : Mutual Aid Association for Agricultural, Forestry and Fishery Organization Personnel, agricultural cooperatives, wage, labor productivity, institutional competition

Wartime Labor Policies and Married Women: Social Status of Women's Employment during the Wartime Period

Yuuri HORIKAWA

This paper shows the effects of wartime labor policies on married female workers forced by economic necessity to work. It points out the problems they faced in the workplace and in raising children, and describes how such problems were dealt with.

In the wartime period, the government considered married women employed as wage workers for economic reasons prior to the mobilization policy as part of the labor force, although this was not clearly legally encoded in law or imperial edict. As the war situation worsened, the government had no choice but to mobilize unmarried women who had not previously been forced to work, so it gave them special consideration. For this reason, conflicts erupted in workplaces between the women's volunteer corps and the regular female workers. The differences in treatment accorded to the two groups of women were reduced in order to resolve conflicts, and it became possible to improve the work conditions of unmarried women. But the government expected married women forced to work by economic necessity to continue working without special consideration, and therefore did not improve these workers' conditions despite their continued employment.

Key words : wartime labor policies, social status, married women, childcare, continued employment

◇社会政策学会誌投稿規程

1．本誌の投稿者は，社会政策学会誌編集規程（以下，編集規程）4．に基づき，投稿時点で学会員資格を得ていなければならない。共同執筆論文の場合は，代表執筆者が学会員であることを要する。

2．本誌への自由投稿原稿のジャンルは，編集規程5．に掲げる各欄のうち，社会政策学に関する研究論文，研究ノート，研究動向紹介，政策動向紹介，史資料解題とする。このうち，研究論文ならびに研究ノートについては査読専門委員による審査を実施する。

3．投稿者は，投稿原稿についての専門分野を，下記の専門分野コードの中から選択しなければならない。複数の専門分野コードを選択してもよい。
  ①労使関係・労働経済　　②社会保障・社会福祉
  ③労働史・労働運動史　　④ジェンダー・女性
  ⑤生活・家族　　　　　　⑥その他

4．投稿原稿の使用言語は日本語とする。

5．投稿原稿の執筆は，別途定める社会政策学会倫理綱領の内容をふまえたものでなければならない。社会政策学会倫理綱領を逸脱していると学会誌編集委員会が判断する原稿については，受理されないことがある。

6．投稿原稿の採否は，社会政策学会誌投稿受領から掲載までの流れに基づき学会誌編集委員会が決定する。

7．投稿にあたっては，別途定める執筆要領に従って原稿を作成し，審査用原稿コピー4部，表紙（3枚）4部，添付資料がある場合も同じように4部，および電子データ記憶媒体（審査用原稿・表紙データをCD-R，USBフラッシュメモリなどに保存）を添付する。

8．投稿する原稿は未発表のものに限る。当該投稿論文と重複のあるテーマ，同一データ・事例・資料等を用いて執筆した既発表論文，もしくは投稿中の論文がある場合は，投稿時に添付しなければならない。疑義が生じた場合，編集委員会から説明を文書で求める場合がある。その結果，投稿を受け付けない場合もある。

9．投稿原稿は，1編ごとに完結したものと扱い審査に付すため，標題に「1報・2報」「上・下」「Ⅰ・

Ⅱ」等をつけない。

10．執筆要領に定められた字数等の制限を超えた場合には，受理できない。

11．投稿された原稿および電子データ記憶媒体は原則として返却せず，2年間保存のうえ廃棄するものとする。

12．著者による校正は，原則として初校のみとする。

13．投稿の締切は，毎年4月末日，7月末日，10月末日，1月末日とし，当日の消印有効とする。

14．原稿の送付先は，付則3．に定める編集委員会事務局業務委託先とし，問い合わせは，付則4．に定める編集委員長宛とする。

【付則】

1．この規程は，2009年8月1日より施行する。
  制定　2007年5月20日
  一部改正　2008年7月12日（別刷り贈呈の廃止）
  一部改正　2009年7月11日（問い合わせ先）
  一部改正　2013年4月25日（問い合わせ先，電子データ記憶媒体の変更）
  一部改正　2016年2月27日（二重投稿に関する編集委員会からの照会の追加）

2．投稿論文の審査手続きについて，著作権やプライバシーの保護ならびに査読の匿名性の遵守という原則をふまえつつ，迅速化・簡素化を推進するため，学会誌編集委員会が決定した場合には，電子メールの手段をもって郵送に代えることができる。

3．社会政策学会誌編集委員会事務局業務委託先
  ミネルヴァ書房編集部社会政策学会誌担当
  〒607-8494　京都市山科区日ノ岡堤谷町1
  Tel：075-581-0661
  Fax：075-581-8379

4．居神　浩
  〒658-0032　兵庫県神戸市東灘区向洋町中9-1-6
  神戸国際大学経済学部　居神研究室
  Tel：078-845-3303（研究室直通）
  Email：k.igami@kobe-kiu.ac.jp

◇社会政策学会誌執筆要領

1．投稿原稿は，原則として，ワープロまたはパソコンで作成し，縦置きのA4判用紙に横書きで，全角40字×40行で印字する。その分量（改行時の空白を含む。ただし，空白行は含まない）は，原則として以下のとおりとする。
  ①研究論文は，図表，注，引用文献等を含み，

16,000字（40字×400行）以上20,000字（40字×500行）以内とする。
  ②研究ノートは，図表，注，引用文献等を含み，8,000字（40字×200行）以上12,000字（40字×300行）以内とする。
  ③研究動向紹介，政策動向紹介，史資料解題は，図

表，注，引用文献等を含み，8,000字（40字×200行）以上12,000字（40字×300行）以内とする。

④特集企画論文，書評ならびに書評リプライの字数については，編集委員会からの依頼条件による。

2．原稿字数を計算する際，図表は便宜上，以下の3段階で換算する。

A4判で1頁相当の場合は1,600字，1/2頁相当の場合は800字，1/4頁相当の場合は400字にそれぞれ換算する。

3．原稿に利用したデータや事例等については，プライバシーの侵害がなされないよう，細心の注意を払う。また，研究倫理に照らし必要な手続きを経ていることを，本文または注に明記する。

4．投稿に際しては，原稿本文を4部印字し，それぞれに以下のように3枚の表紙をつける。添付資料がある場合も4部作成する。なお，査読審査結果に基づき修正した原稿を再提出する場合も同様とする。

①表紙1枚目
(1)原稿の種類，(2)原稿字数，(3)表題，(4)著者名・ふりがな・所属（共著の場合は全員記載），(5)連絡先（住所・電話・FAX・E-mail。共著の場合は，筆頭著者のみ）を記載。

②表紙2枚目
無記名で，和文表題，和文抄録（400字以内），和文キーワード（5語以内）を記載。

③表紙3枚目
無記名で，英文表題，英文抄録（200語以内），英文キーワード（5語以内）を記載。

5．投稿論文の査読は著者名を匿名にして行うため，文献等の表記の際には，本人の著であっても「筆者」「拙著」等とせず，著者名による表記とする。

6．査読による修正の要請があった場合には，論文の修正箇所を明示し，どのように対応したか，その概要を文書化して提出する。

7．原稿の書式は，以下のとおりである。

①注・引用文献等もすべて本文と同じ文字サイズ，同じ字詰めで印字する。なお，英数字は原則として半角とする。

②原稿は，無記名で，「本文，注，引用文献，図表等」の順に記載する。

③各頁の下中央部に，頁番号を印字する。

④「口語体」「常用漢字を用いた新かなづかい」による執筆を原則とする。

⑤論文の構成
＊節　1・2・3…（数字の前後に「第」「節」は付さない）

＊小見出し　(1)・(2)・(3)…

＊以下は，　(a)・(b)・(c)…

＊本文中の箇条書きなどは，①・②・③…を用いる。

また，見出し中の副題はコロン［：］でつなげる。

⑥年号は西暦表記を基本とする。和暦を併記する場合は，1987（昭和62）年とする。ただし，必要に応じて「昭和50年代」などの和暦表記を用いる。

⑦数の量などを表す数字の表記は，単位語（兆，億，万）を付ける。カンマは入れない。
例：12億8600万人，　15兆300億円

幅のある数字を記す場合は，上位のケタの数を省略しない（ただし，年代はこの限りではない）。
例：130～150万（130～50万とはしない），1970～80年。

⑧図表は本文とは別に添付し，挿入箇所を原稿の右の余白部分に指示する。図表番号は［図1］，［図2］，［表1］，［表2］のように示し，通し番号とする。出典は，必ず明記する。

必要に応じて原著者または著作権所有者から使用許可を得る。

⑨注は本文中の該当箇所に，(1)(2)…の肩番号を付し，本文のあとに番号順に記す。

8．引用文献の記載方法は，以下のとおりである。

①本文中の引用箇所の場合
1）引用部分の文末に，［　］を用いて示す。［　］内は著者名（姓のみ，ただし同年刊行・同姓の場合には姓名両方）・カンマ（,）・西暦発行年の順で示す。

2）引用文献が複数ある場合には，セミコロン［；］で区切って併記する。

3）著者が複数の場合には，［筆頭著者名（姓のみ）ほか，発行年］，または［筆頭著者名 et al.，発行年］とする。

4）同年に発行された同一著者の文献が複数ある場合には，発行年の後にアルファベットを付して区別する。

5）翻訳本出版年が原著出版年と異なる場合は，（著者名（姓のみ），原著出版年＝翻訳本出版年）とする。

②文献のリストの場合
1）雑誌論文の場合の表記
著者名，西暦刊行年，「論文表題および副題」『掲載雑誌名』巻（号）：頁－頁。〔欧文の場合：著者名，西暦刊行年，"論文表題および副題,"掲載雑誌名（アンダーライン），巻（号）：頁－頁.〕

2）著書の場合の表記
　ａ．単著・共著の場合
　著者名，西暦刊行年，『書名』出版社または発行所名。〔欧文の場合：著者名，西暦刊行年，書名（アンダーライン），出版社または発行所名.〕
　ｂ．編書に収録された論文の場合
　著者名，西暦刊行年，「論文表題および副題」編者名編『書名』出版社または発行所名，頁－頁。〔欧文の場合：著者名，西暦刊行年，"論文表題および副題," in 編者名（ed.），書名（アンダーライン），出版社または発行所名，頁－頁。〕
３）編書の場合の表記
編者名編，西暦刊行年，『書名』出版社または発行所名，頁－頁。〔欧文の場合：編者名（ed.），西暦刊行年，書名（アンダーライン），出版社または発行所名，頁－頁。〕
４）ウェッブサイトからの引用の場合の表記
著者名，公表年または最新の更新年，当該情報のタイトル，URL のあとに，引用のためのアクセス年月日を掲載する。
５）その他
　ａ．日本語・外国語の文献を分けずに，筆頭著者名［姓］のアルファベット順に記載する。
　ｂ．著者が複数の場合，日本語では中点（・），英語ではカンマ（,）でつなぎ，全員を記す。ただし，英語で，著者が２名から４名までの場合，最後の著者とその前の著者の間は，カンマでなく and でつなぐ。著者が５名以上の場合，５人目以降の著者名は省略し，ほか（日本語）あるいは et al.（英語）と記す。
　ｃ．外国語文献の場合，著者名は，ファミリーネームを先にし，カンマでファーストネーム等を続ける。ただし，２人目以降の著者名については，ファーストネームを先にし，ファミリーネームを後に記す。表記は原則として，原書大扉の表記に従う（ファーストネームおよびミドルネームはイニシャル表記の場合もある）。
　ｄ．大学紀要や研究機関紀要は誌名の後に機関名を表記する。
　ｅ．巻号の表記は「第12巻第１号」であっても12(1)と表記する。
　ｆ．英文の場合，名詞等の単語の始まりの１文字を除いては小文字で表記する。
　ｇ．シリーズ名等は，書名のあとに丸カッコ内に示す（『書名（シリーズ名）』）。
　ｈ．日本語・英語以外の言語の場合，著者の責任で，適切な表記を行う。

【付則】
　１．この要領は，2010年６月19日より施行する。
　　制定　　2007年６月20日
　　一部改正　2009年１月30日
　　一部改正　2010年６月19日
　　一部改正　2016年２月27日

編集後記

●2017年の7月より編集委員の大役を仰せつかりました。さっそく投稿論文を担当する機会を得ましたが，居神浩編集委員長・嵯峨嘉子編集副委員長のご指導ご教授を賜りながら，何とか前に進んでいる状況です。編集作業に携わったことのない私にとって，編集委員としての日常は，学会誌としての「質」を担保するために多くの先生方・出版社の方々が関わり，支えてくださっていることを実感し，そのことに驚く日々でもあります。まだまだ編集委員の役割を理解出来たとは到底言えませんが，貴重な研究成果を扱わせていただいていることを常に意識し，気持ちを引き締めながら作業を担っていきたく存じます。何卒よろしくお願い申し上げます。

（宮地克典）

●編集委員の仕事にもようやく慣れてきました。とくに，投稿論文の査読については，多くの先生方のご協力のもとで成り立っていることを改めて実感し，感謝しています。また，これまで論文を拝読させていただくだけで，直接お話しする機会が得られなかった先生方にも，査読依頼メールのやり取りができることを嬉しく思ったりもします。今後とも，ご協力のほどよろしくお願い致します。

（森　詩恵）

社会政策学会誌査読委員一覧（2017年6月12日現在）

赤堀正成	秋元美世	朝日吉太郎	阿部 彩	阿部 誠	阿部裕二	居神 浩	岩崎晋也
岩田正美	岩永理恵	禹 宗杬	Weathers, Charles		上田眞士	大沢真理	大前 眞
大森正博	岡部耕典	小笠原浩一	鬼丸朋子	小野塚知二	上村泰裕	禿 あや美	北 明美
北場 勉	木本喜美子	熊沢 透	嵯峨嘉子	佐口和郎	櫻井純理	佐藤卓利	鎮目真人
清水弥生	下平好博	田口典男	田中洋子	玉井金五	田宮遊子	丹波史紀	所 道彦
冨江直子	富田義典	野口定久	畑本裕介	久本貴志	久本憲夫	平岡公一	平木真朗
布川日佐史	松田亮三	松丸和夫	真殿仁美	森 ます美	山田篤裕	山村りつ	湯澤直美
吉村臨兵	米澤 旦						

社会政策学会誌編集委員一覧

編集委員長 居神浩（神戸国際大学），編集副委員長 嵯峨嘉子（大阪府立大学）

堅田香緒里（法政大学），橋本理（関西大学），早川佐知子（広島国際大学）

水野有香（名古屋経済大学），宮地克典（松山東雲女子大学），森詩恵（大阪経済大学）

山村りつ（日本大学），吉田健三（青山学院大学），吉村臨兵（福井県立大学）

英文校閲　Weathers, Charles（大阪市立大学）

社会政策　第 9 巻第 3 号（通巻第28号）

2018年 3 月30日　初版第 1 刷発行

編　　集　社 会 政 策 学 会
（代表幹事　遠藤公嗣）

発 行 所　社会政策学会本部
明治大学経営学部遠藤研究室気付
〒101-8301　東京都千代田区神田駿河台1-1
URL http://jasps.org/
Tel & Fax （03）3296-2064
E-mail : endokosh@meiji.ac.jp

発売元　株式会社　ミネルヴァ書房
〒607-8494　京都市山科区日ノ岡堤谷町 1
電話代表 （075）581-5191番
振替口座　01020-0-8076番

© 社会政策学会，2018

共同印刷工業・清水製本

ISBN978-4-623-08297-1
Printed in Japan

社会政策学会誌 社会政策

社会政策学会編 ■既刊 B5判美装 各2500円（税別）
幅広く斬新な視点と多様な分析方法に基づく研究の成果、諸課題に対応する社会政策のあり方を探究する

創刊号	社会政策研究に求められるもの
第1巻第2号	社会保障改革の政治経済学
第1巻第3号	雇用・労働政策の変容
第1巻第4号	ワーキングプア：労働・生活・運動
第2巻第1号	福祉社会の変貌と労働組合
第2巻第2号	最低賃金制度と生活保護制度：仕事への報酬と生活保障の整合性
第2巻第3号	地域の生活基盤と社会政策
第3巻第1号	現代日本の社会政策の評価と将来選択
第3巻第2号	ヨーロッパにおけるフレクシキュリティ
第3巻第3号	変化する教育訓練とキャリア形成
第4巻第1号	①オーラルヒストリーによる労働史の可能性 ②イギリスのミニマム・インカム・スタンダード(MIS法)を用いた日本の最低生活費研究
第4巻第2号	健康のための社会政策
第4巻第3号	①福島原発震災と地域社会 ②震災・災害と社会政策
第5巻第1号	「新しい公共」と社会政策
第5巻第2号	東アジア社会政策研究が問いかけるもの
第5巻第3号	ジェンダー平等と社会政策
第6巻第1号	居住保障と社会政策
第6巻第2号	①現代ヨーロッパの雇用流動化と所得保障 ②スウェーデン、デンマーク、日本の障害者雇用就業政策 ③日本の産業別組合機能の研究と手法
第6巻第3号	社会改革思想と現代
第7巻第1号	社会政策としての労働規制
第7巻第2号	小特集①東アジアにおける外国人労働者、移民と多文化主義 小特集②労働・職業教育の新地平
第7巻第3号	社会保障改革と地方自治体
第8巻第1号	外国人労働者問題と社会政策
第8巻第2号	小特集①欧州の就労支援と所得保障：自己決定への模索 小特集②子育て支援労働と女性のエンパワメント 小特集③生活困窮者支援策についての日韓比較研究
第8巻第3号	変わる公共部門の労働
第9巻第1号	財源調達と社会政策
第9巻第2号	小特集①日本における福祉国家論の再発掘：エスピン-アンデルセン以前 小特集②日韓医療保険における保険料賦課の課題 小特集③ケアの市場化と公共圏の再編

一冊でわかる 福祉の視点で世の中を捉える入門書シリーズ

福祉+α
Welfare Plus Alpha

[監修] **橘木俊詔/宮本太郎**

＊B5判美装カバー縦3段組／予価2500円〜3500円（税別）

シリーズ 最新刊

⑩ **貧 困**

駒村康平編著

ISBN978-4-623-08159-2
210頁／2800円（税別）／2018年2月刊

グローバル経済の展開や技術革新の影響により、貧困が新しい様態をみせている。それにともない貧困研究も進化し、その把握もより緻密で、実証的になり、加えて貧困を多角的、動態的に捉えるようになってきた。本書は、貧困問題を社会政策、社会福祉学、社会学、経済学などの研究分野から横断的に多様な方法論で接近し、貧困研究を体系的に提示する。

◇もくじ

第Ⅰ部　貧困総論部
第1章　総論……………………………駒村康平
第2章　貧困と生存権…………………冨江直子
第3章　貧困基準………………………山田篤裕
第4章　貧困研究の系譜………岩永理恵・岩田正美
第5章　日本における貧困率の推計…渡辺久里子・四方理人
　第Ⅱ部　貧困の原因と様態
第6章　単身世帯と貧困………………藤森克彦
第7章　母子世帯と貧困………………田宮遊子

第8章　貧困の世代間連鎖………………駒村康平／丸山　桂
第9章　就労と貧困……………………村上雅俊
第10章　障害者と貧困…………………百瀬　優
第11章　介護と貧困……………………齋藤香里
第12章　過重債務と貧困………………野田博也
　第Ⅲ部　貧困への対応
第13章　住居と貧困……………………阪東美智子
第14章　貧困と地方自治体の取組み……………大山典宏
文献案内／索引

シリーズ 既刊

① **格差社会**　橘木俊詔編著
「格差」「貧困」をめぐる現状と課題をあぶりだす。188頁／2500円（税別）／2012年10月刊
ISBN978-4-623-06374-1

② **福祉政治**　宮本太郎編著
1冊で福祉制度の形成・維持・再編を概説する。208頁／2500円（税別）／2012年10月刊
ISBN978-4-623-06275-1

③ **地域通貨**　西部 忠編著
これ1冊で地域通貨の全体像が把握できる。322頁／3000円（税別）／2013年1月刊
ISBN978-4-623-06319-2

④ **生活保護**　埋橋孝文編著
「働くことが割に合う」社会の実現をめざして。290頁／2800円（税別）／2013年3月刊
ISBN978-4-623-06540-0

⑤ **福祉と労働・雇用**　濱口桂一郎編著
福祉・社会保障政策と雇用・労働政策の密接な連携。244頁／2800円（税別）／2013年9月刊
ISBN978-4-623-06770-1

⑥ **幸 福**　橘木俊詔編著
経済学からの知見と、日本社会への具体的方策とは。208頁／2500円（税別）／2014年3月刊
ISBN978-4-623-07030-5

⑦ **ソーシャル・キャピタル**　坪郷 實編著
その多様な側面・特徴を国際比較から解明する。248頁／2800円（税別）／2015年8月刊
ISBN978-4-623-07386-3

⑧ **福祉レジーム**　新川敏光編著
各国比較からグローバルなレジームを模索する。256頁／2800円（税別）／2015年11月刊
ISBN978-4-623-07388-7

⑨ **正 義**　後藤玲子編著
不正義の視点から福祉国家を問う試み。204頁／2500円（税別）／2016年4月刊
ISBN978-4-623-07572-0

ミネルヴァ書房
〒607-8494 京都市山科区日ノ岡堤谷町1　☎075-581-0296　宅配可／価格税別
E-mail eigyo@minervashobo.co.jp　URL http://www.minervashobo.co.jp/

剥奪された資源と機会を子どもに取り戻し、社会全体が貧困を生まないための方途を探る2冊

子どもの貧困／不利／困難を考える

【Ⅰ】理論的アプローチと各国の取組み
埋橋孝文／矢野裕俊 編著
ISBN978-4-623-07405-1　3800円（税別）　2015年8月刊

【Ⅱ】社会的支援をめぐる政策的アプローチ
埋橋孝文／大塩まゆみ／居神浩 編著
ISBN978-4-623-07406-8　3800円（税別）　2015年8月刊

いま、子どもの貧困を考える　発達 151 2017 SUMMER
ISBN978-4-623-08095-3　1500円（税別）　2017年7月刊

特集執筆者

Ⅰ　子どもにかかわる貧困とは
　五十嵐　隆／山縣文治／浅井春夫／山村りつ／山野良一／内田伸子

Ⅱ　子どもたちの姿から考える貧困
　平松知子（けやきの木保育園）／村井琢哉（山科醍醐こどものひろば）／
　徳丸ゆき子（大阪子どもの貧困アクショングループ）／渡辺由美子（キッズドア）／
　髙橋悦子（AJAPE）／徳谷章子（ハートフレンド）／山下仁子（ビーンズふくしま）／
　重江良樹（映画監督）

定期購読のおすすめ　　季刊誌 発達 は…
1・4・7・10月各25日発売
B5判美装各120頁／各号1500円（税別）

発達・保育などの最新の情報をお届けする
発達の定期購読のお申し込みは、
小社営業部(075-581-0296)迄どうぞ

「貧困」って何だろう？ 学校で、家で、子どもといっしょに考えるための3冊

シリーズ・貧困を考える
池上　彰監修
稲葉茂勝著

＊全3巻／AB判上製カバー／各32頁／各1800円（税別）／オールカラー／総ルビ

① **世界の貧困・日本の貧困**
国際比較　世界と日本の同じと違いを考えよう！
ISBN978-4-623-07921-6　2017年1月刊

② **昔の貧困・今の貧困**
歴史的変化　変わる貧困と変わらない貧困を考えよう！
ISBN978-4-623-07922-3　2017年2月刊

③ **子どもの貧困・大人の貧困**
貧困の悪循環　子ども時代に貧困なら大人になっても？
ISBN978-4-623-07923-0　2017年3月刊

［本シリーズの特色］
平易な文章と豊富な写真で
多様な見方が身につく
地図やグラフ、用語解説
など資料も充実

ミネルヴァ書房
〒607-8494 京都市山科区日ノ岡堤谷町1　☎075-581-0296　宅配可／価格税別
E-mail eigyo@minervashobo.co.jp　URL http://www.minervashobo.co.jp/

理想に挑んだ人たちの熱情を余すところなくとらえた物語

福祉と格差の思想史

橘木俊詔著　ミネルヴァ現代叢書②　ISBN978-4-623-08146-2　2800円（税別）　2018年2月刊

◇もくじ
はしがき
序　福祉と格差に挑む
　Ⅰ　夫妻による福祉政策への貢献
　1　シドニー・ウェッブとベアトリス・ウェッブ
　2　グンナー・ミュルダールとアルヴァ・ミュルダール
　Ⅱ　欧米諸国での福祉改革
　3　マルクスとビスマルク
　4　ロイド・ジョージとチャーチル
　5　「ベヴァリッジ報告」をめぐって
　6　フランクリン・ルーズベルトと社会保障
　7　ピケティの格差論とフランス社会保障
　Ⅲ　日本の福祉制度と政治・学問
　8　日本の福祉とその推進者
　9　美濃部亮吉と田中角栄
　終　政治家と学者の役割は重要
参考文献／人名・事項索引

日本が「男性稼ぎ主モデル」から転換するための発想と道筋を提案

「稼得とケアの調和モデル」とは何か

田中弘美著
●「男性稼ぎ主モデル」の克服

ISBN978-4-623-08131-8　6500円（税別）　2017年10月刊

日本の生活保障の諸課題と現状に鑑みながら、規範論・政策論・動態論の全領域に目配りし首尾一貫したシャフトをとおす。

家内労働の変遷とその政策分析

家内労働と在宅ワークの戦後日本経済

髙野剛著
●授産内職から在宅就業支援へ

ISBN978-4-623-08227-8　5093円（税別）　2018年2月刊

在宅ワークを家内労働の情報サービス化と位置づけて、家内労働の変遷と在宅ワークの法的保護を考察する。

ひととしての生活の向上のために

ワーク・ライフ・バランスと経営学

平澤克彦／中村艶子編著
●男女共同参画に向けた人間的な働き方改革

ISBN978-4-623-08140-0　2800円（税別）　2017年11月刊

未来志向的な働きやすい職場環境とは。ワーク・ライフ・バランスの概念や分析視角を考察した上で、主要各国の施策の特徴を析出し、日本における実態を検証する。

ミネルヴァ書房　〒607-8494 京都市山科区日ノ岡堤谷町1　☎075-581-0296　宅配可／価格税別
E-mail eigyo@minervashobo.co.jp　URL http://www.minervashobo.co.jp/

国家性・普遍主義・平等は維持できるのか

北欧福祉国家は持続可能か

K・ペーターセン/S・クーンレ/P・ケットネン編著　大塚陽子/上子秋生監訳
●多元性と政策協調のゆくえ

ISBN978-4-623-07535-5　6500円（税別）　2017年11月刊

移民問題・グローバリゼーションの波に揺れる「北欧モデル」を学際的かつ多元的に考察する。

ウェルビーイングの実現に向けて
現場から福祉の課題を考える

子どもの豊かな育ちを支えるソーシャル・キャピタル

伊藤良高/牧田満知子/立花直樹編著
●新時代の関係構築に向けた展望

ISBN978-4-623-08122-6　3800円（税別）　2018年2月刊

子どもや若者の孤立、虐待、いじめ、非行、貧困、母子保健などを取り巻く問題を、「つながり」の視点から考える。すべての子どものこれからに向けた新たな提言。

時代を切り開いた大都市・横浜の地域福祉実践の記録

横浜発 助けあいの心がつむぐまちづくり

横浜市社会福祉協議会企画・監修　西尾敦史著
●地域福祉を拓いてきた5人の女性の物語

ISBN978-4-623-07852-3　1800円（税別）　2017年10月刊

横浜での地域福祉活動を、各々の選択と手法で支え守り続けてきた女性たち。彼女たちへのインタビューをもとに、住民同士の助け合い活動について考える。

5か国語でわかる介護用語集
英語・中国語・インドネシア語・ベトナム語・日本語

遠藤織枝/是枝祥子/三枝令子編著

ISBN978-4-623-08135-6　2000円（税別）　2018年2月刊

＊介護現場で必要な約1500語を厳選して収録
＊一つの日本語の用語を、英語、中国語、インドネシア語、ベトナム語に翻訳
＊説明は、わかりやすい日本語。すべての漢字によみがなつき
＊各国語別の索引項目すべてに、日本語訳（よみがな）つき
［収録用語の一例］
あぐら／腋窩／院内感染／刻み食／車いす／後期高齢者／脱健着患／失禁／自立歩行／装具／認知症／徘徊／膝／貧血／訪問介護／耳垢／虫歯／湯たんぽ／要介護者／リハビリパンツ／ほか

ミネルヴァ書房　〒607-8494 京都市山科区日ノ岡堤谷町1　☎075-581-0296　宅配可／価格税別
E-mail eigyo@minervashobo.co.jp　URL http://www.minervashobo.co.jp/